十二五

工学结合·基于工作过程导向的项目化创新系列教材

国家示范性高等职业教育土建类“十二五”规划教材

U0954427

公路养护与管理

GONGLU
YANGHU YU GUANLI

主　编　赵树青　王义国　樊兴华

副主编　邓小军　薛振华　赵巧明
　　　　高晶晶

主　审　沈洪涛

提供 课件PPT 教案 www.ibook4us.com

提供 习题/试题(含答案) www.ibook4us.com

提供 课程标准 教学计划 www.ibook4us.com

華中科技大學出版社
http://www.hustp.com
中国·武汉

内 容 简 介

全书分为绪论，公路路基养护与维修，公路沥青路面养护与维修，公路水泥混凝土路面养护与维修，桥涵构造物养护与维修，公路隧道养护与维修，公路沿线设施养护与维修、公路绿化与环境保护，公路维护机械设备及其管理，公路养护管理与内容九个学习情境。

本书可作为高职高专院校道路桥梁工程技术及相关专业教材，也可作为公路养护岗位培训教材，还可为从事公路养护施工与管理的人员及相关人员参考使用。

为了方便教学，本书还配有教学课件等教学资源包，任课教师和学生可以登录“我们爱读书”网(www.ibook4us.com)免费注册下载，或者发邮件至 husttujian@163.com 免费索取。

图书在版编目(CIP)数据

公路养护与管理/赵树青，王义国，樊兴华主编. —武汉：华中科技大学出版社，2015.5
国家示范性高等职业教育土建类“十二五”规划教材
ISBN 978-7-5680-0859-4

Ⅰ.①公… Ⅱ.①赵… ②王… ③樊… Ⅲ.①公路养护-高等职业教育-教材 Ⅳ.①U418

中国版本图书馆 CIP 数据核字(2015)第 099649 号

公路养护与管理
Gonglu Yanghu yu Guanli

赵树青　王义国　樊兴华　主编

策划编辑：康　序
责任编辑：倪　非
封面设计：原色设计
责任校对：刘　竣
责任监印：张正林
出版发行：华中科技大学出版社(中国·武汉)
武昌喻家山　邮编：430074　电话：(027)81321913
录　　排：武汉正风天下文化发展有限公司
印　　刷：武汉市籍缘印刷厂
开　　本：787mm×1092mm　1/16
印　　张：15
字　　数：378 千字
版　　次：2016 年 1 月第 1 版第 1 次印刷
定　　价：35.00 元

华中出版

本书若有印装质量问题，请向出版社营销中心调换
全国免费服务热线：400-6679-118　竭诚为您服务

前言

《公路养护与管理》是道路桥梁工程技术专业等相关专业的一门重要的专业课。本书包括绪论,公路路基养护与维修,公路沥青路面养护与维修,公路水泥混凝土路面养护与维修,桥涵构造物养护与维修,公路隧道养护与维修,公路沿线设施养护与维修、公路绿化与环境保护,公路维护机械设备及其管理,公路养护管理与内容九部分的内容。学生通过学习本课程,应全面了解公路维护技术与管理手段,掌握公路养护、维修与管理等基础知识和应用技术,以适应公路养护与管理市场的需求。

参加本教材编写的有:山东交通职业学院赵树青(编写学习情境 1、学习情境 9)、陕西铁路工程职业技术学院薛振华(编写学习情境 2)、陕西铁路工程职业技术学院樊兴华(编写学习情境 3)、陕西铁路工程职业技术学院高晶晶(编写学习情境 4)、无锡交通高等职业技术学校王义国(编写学习情境 5)、山东交通职业学院邓小军(编写学习情境 6、学习情境 8)、无锡交通高等职业技术学校赵巧明(编写学习情境 7)。全书由赵树青、王义国、樊兴华任主编,邓小军、薛振华、赵巧明、高晶晶任副主编。全书由潍坊市公路堪察设计院沈洪涛高级工程师负责统稿并任主审,沈洪涛在繁忙的工作之余对本书进行了认真审核并提出了很好的意见和建议,在此表示感谢。

本书在编写过程中,得到了上述院校领导和各位老师的关心和大力支持,在此深表感谢!同时,本书还参考了其他院校老师编写的同类教材和工程资料等,在此一并致以衷心的感谢!除参考文献中所列的署名作品之外,部分作品的名称及作者因无法详细核实而没有注明,在此表示歉意。

为了方便教学,本书还配有教学课件等教学资源包,任课教师和学生可以登录"我们爱读书"网(www.ibook4us.com)免费注册下载,或者发邮件至 husttujian@163.com 免费索取。

由于编者水平有限,加之编写时间仓促,错漏之处在所难免,敬请各位专家、同行和读者提出宝贵意见,我们将不断加以改进。

编　者

2015 年 12 月

目录

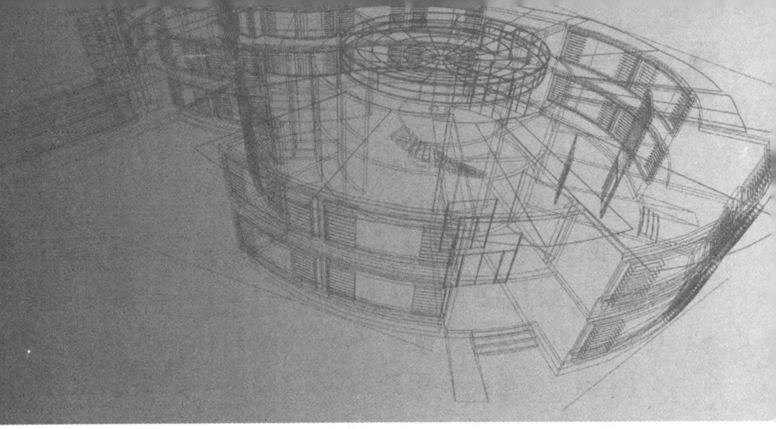

学习情境 1

绪论

【学习目标】

1. 学习目标

(1) 了解公路建设发展概况；

(2) 掌握公路养护工作的内容及工程分类；

(3) 掌握公路养护技术措施和组织管理内容；

(4) 了解公路养护的现状及发展趋势。

2. 能力目标

(1) 能够根据公路养护的内容进行正确地分类；

(2) 能够正确运用公路养护技术措施进行组织管理。

任务 1 公路发展概况与养护现状、趋势

一、公路发展概况

中国公路的发展大体经历了如下三个阶段。

1. 古代道路(公元前 21 世纪—公元 1911 年)

早在公元前 21 世纪,我国已出现可行驶牛车、马车的道路。秦朝时期,强调“车同轨、书同文”。公元前 2 世纪,我国通往中亚细亚和欧洲的丝绸之路开始发展起来。唐代是我国古代道路发展的鼎盛时期,初步形成了以城市为中心的四通八达的道路网。清代道路网系统分为三等,即“官马大路”“大路”“小路”。“官马大路”分东北路、东路、西路和中路四大干线,共长 2 000 多千米。

2. 近代道路(1912—1949 年)

我国第一条公路是1908年在广西南部边防兴建的龙州至那甚公路，长30 km。截至1927年，全国公路通车里程约为29 000 km。抗日战争时期(1937—1945年)，由于战争的影响和破坏，公路发展缓慢。截至1946年12月，全国公路总里程只有130 307 km。截至新中国成立前夕，全国通车里程只有75 000 km。

3. 现代公路(1949 年以后)

1949年以后，全国从上到下建立了公路管理机构，并建立了设计、施工和养护的专业队伍。国家还颁布了一系列有关公路建设的重要法规，进行了全国公路普查，恢复并改善了原有公路。截至1976年底，公路里程达82.3万千米，有路面里程达57.9万千米，桥梁达11.7万座、293万延米，公路绿化里程达25.4万千米。1978—1985年，这一阶段的国民经济恢复较快，交通紧张问题凸现，交通运输系统内结构不合理问题逐渐暴露，国家开始着力调整国民经济结构，加强以铁路为中心的运输基础设施的建设，对公路建设也给予了相应重视。国家计委、国家经委、交通部联合颁布了国道网规划，确定首都放射线12条、北南纵线28条、东西横线30条共70条国道，并采取措施加快发展公路建设，如允许省、市、自治区调整养路费收费费率、增加用于公路改造的费用。此阶段末期，国家开始利用国际金融组织贷款修建国际标准高速公路，允许利用贷款、集资修路收取车辆通行费偿还贷款等政策。“八五”初期，根据国民经济发展对交通运输的总体要求以及社会主义市场经济建设的特点，我国在总结以往公路建设经验教训后，提出公路建设的方针是“普及与提高相结合，以提高为主”，保证公路建设事业能够更好地适应经济结构转变以及人民生活水平提高对公路运输质量的要求。为突出重点，在国道网规划基础上研究形成了“五纵七横”12条国道主干线规划，设想用二、三十年时间逐步建成以二级以上汽车专用公路为主组成的国道主干线网。到1996年底，全国公路通车总里程已达118.6万千米，其中高速公路3 422 km，在一些大经济区域内，已经形成或正在形成以高速公路为主的高等级干线公路网，如沈阳、大连、北京、天津、石家庄、德州、济南、青岛等环渤海湾地区，武汉、合肥、南京、上海、杭州、宁波等长江中下游地区以及广州、深圳、珠海珠江三角洲地区。2001—2010年重点建设“五纵七横”国道主干线中余下的“两纵五横”主要路段；加快建设国道主干线系统以外交通特别繁忙的其他高等级公路，改善和提高边境口岸公路标准，完成川藏、青藏等国防公路的整治和改造；积极扶持未通车的行政村公路建设，实现行政村基本通公路。截至2008年底，全国公路通车总里程达到373.02万千米，比新中国成立初期的8万千米增长了45倍。到2015年，全国公路总里程达到450万千米，国家高速公路网基本建成，高速公路总里程达到10.8万千米，覆盖90%以上的20万以上城镇人口城市，二级及以上公路里程达到65万千米，国、省道总体技术状况达到良等水平，农村公路总里程达到390万千米。

二、公路养护现状

目前，我国公路进入了“全面养护时代”，随着我国公路养护体制从“管养一体”向“管养分离”的改革不断深化，随着我国公路养护体制改革的不断深入，社会化养护已成为必然发展趋势，必将迎来一个公路养护维修高潮，养护费用的投入也会快速增长，养护费用占公路建设费用的比例会逐渐超过建造费用。公路养护将迎来持续高速发展的黄金期，形成较大的市场规模。“十二五”期间，我国交通基本建设投资预计约6.2万亿元，预计年均投资1.05万亿元，到2015年基本建成国家高速公路网。交通运输部发布的《交通运输“十二五”发展规划》提出，到2015年，全国公路总里程达到450万千米，国家高速公路网基本建成，高速公路总里程达到10.8万千米，二级及以上公路里程达到65万千米，农村公路总里程达到390万千米。公路行业的高速发展以及汽车保有量的不断攀升，将为公路养护带来巨大的机遇。2011年交通运输部印发的《“十二五”公路养护管理发展纲要》指出，力争到2015年，全国公路的技术状况和网络结构明显改善，路网的整体服务水平和安全保障水平明显提高，加速公路养护市场发展。

三、公路养护管理存在的问题

1. 预防性养护严重滞后

我国高速公路建设速度非常快，20年时间就建成4万千米，而美国的建设速度则是80年修建8万千米。由于建设速度过快，养护管理明显滞后，从全国范围来讲，至今还未形成有效的管理体系。从专业层面探讨，预防性养护严重滞后，从各方面来讲对预防性养护都不够重视，而且没有形成规模，制约了养护工作的开展。如果积极开展预防性养护，就可以把一些问题消灭在萌芽状态，节省养护成本，提高养护效率。

2. 新材料的研究与应用规模化程度不高

该现象一方面体现在各地盲目引进新材料，往往连材料内在机理及运用中的关键技术都没有搞清楚就开始使用，结果以失败告终；另一方面是新材料的研究力度也不够，国内主要集中在大专院校、科研所等研究机构进行研究，仅限于研究传统问题，并且处于实验阶段，没有形成规模效应和材料品牌。

3. 国内新设备的研制没有形成产业

现在，国内很多新设备在研制过程中过多地注重建设时期的设备研究、制造，而真正以养护为出发点、适应养护市场的新设备研制不多，没有形成产业和气候。

4. 资源节约和环境友好绿色养护意识不强

国内建立资源节约型、环境友好型社会的意识还不是很强。就高速公路来说，体现在建设时期土地的大量占用造成水土的流失、水系及植被的破坏等问题。目前，在管理时期是否形成绿化带，材料再生利用是否最大化，等等，都值得好好研究。

5. 养护运行机制落后

对养护管理强制性要求缺乏足够的认识及有效的法律约束，主要表现为对养护责任事故追究不力，监管不严，处罚过轻；对养护资金投入不足，对科技进步重视不够，尚未建立现代企业制度。

四、公路养护发展趋势

1. 路面诊断智能化

路面诊断智能化分为两个阶段，首先是路面检测的自动化。与之相适应的许多路面检测设备应运而生，如路面综合检测车、横向摩擦力系数检测车、弯沉仪、激光平整度仪等，通过这些检测设备进行路面数据自动采集。大部分路面检测设备技术是成熟的，但是路面综合检测车目前在国内仍处于研究、探索、试用阶段，还没有形成规模。其次是路面管理专家系统，其功能是将路面检测数据进行储存和分析，通过数据处理评定路面使用性能和提出养护对策。

2. 预防性养护的常态化

从国内目前的养护情况看，基本上都是事后性养护，即出现病害后才去处理问题，而真正实行预防性养护有个过程，并且取决于智能化数字处理的准确性。

3. 养护设备的一体化

随着高速公路的不断发展，社会对高速公路的要求随之增高，要求高速公路提供快速、安全、高效的道路运输条件，如果继续采取传统的修补坑槽、裂缝等方法，耗时长、效果差，影响道路安全畅通，其发展趋势必然是养护施工设备的一体化。如美国、德国、日本等国家生产了现场热再生养护列车，它代表当今世界养护施工机械化、一体化的发展方向，集加热、铣刨、摊铺等功能于一体，每工作日可以对 1～2 km 沥青路面进行再生养护，大大提高了养护效率，减少了占道时间。

4. 养护材料的节能环保化

沥青路面材料再生利用可以缓解资源压力，有利于保护环境和降低养护成本，受到各国的普遍重视。欧美发达国家经过多年的系统研究，开发了五种再生方式以及一系列成套设备，已经形成了一套比较完整的再生技术，达到了规范化和标准化的成熟程度，部分国家出台了相应的政策法规强制规定废旧沥青路面材料必须进行再生利用。

5. 养护施工社会化

在世界范围内，发达国家高速公路管理部门与养护施工单位基本分离，其社会化程度高低取决于养护管理水平、技术能力的高低。我国养护管理也逐渐在向这个方向转化。

任务 2 公路养护的工作的内容及工程分类

公路养护就是对公路的保养与维护，保养侧重于从建成通车开始的全过程养护，维护侧重于对被破坏的部分进行修复。

公路建成通车后，因承受车轮的磨损和冲击，受到暴雨、洪水、风沙、冰雪、日晒、冰融等自然力的侵蚀和风化，以及人为的破坏和修建时遗留的某些缺陷，公路使用质量会逐渐降低。因此，公路建成通车后必须采取养护维修措施，并不断地更新、改善公路的技术指标。公路养护必须及时修复损坏部分，否则将导致修复工程的投资加大，缩短公路的使用寿命，并给用路者造成损失。公路维修还必须注意进行紧急服务和抢修，保持公路畅通无阻。在中国及其他发展中国家，公路养护还要对原有技术标准过低的路段、构造物和沿线设施进行局部改善、更新和添建，以提高公路的通行能力和服务水平。

一、公路养护的目的与任务

1. 公路养护的目的

公路养护的目的就是运用先进的技术和科学的管理方法，合理地分配和使用养护资金，通过养护维修使公路在设计使用年限内经常保持完好状态，并有计划地改善公路的技术指标，以提高公路的服务质量，最大限度地发挥公路的运输经济效益。

2. 公路养护的基本任务

公路养护的基本任务主要有以下五个方面的内容。

(1) 贯彻“预防为主、防治结合”的方针，加强预防性养护，提高公路的抗灾害能力，保持公路及其沿线设施良好的技术状况。

(2) 加强公路及其沿线设施的基本状况调查，及时发现和消除隐患。

(3) 保持公路及其沿线设施的良好技术状况，及时修复损坏部分，保障公路行车安全、畅通、舒适。

(4) 坚持和贯彻“科技兴交、科学养路”的方针，大力推广和运用先进的养护技术、机械装备和科学的管理方法。吸收和采用新技术、新工艺、新材料、新设备，采取科学的技术措施，不断提高公路养护工程质量，有效延长公路的使用寿命，降低路桥设施的全寿命周期成本，提高养护资金的使用效益。

(5) 加强公路技术改造，以适应公路交通事业的不断发展。

公路养护应重视资源节约和环境保护，保护农田、路旁景观和各种文物古迹，推广和运用路面、桥梁、隧道等管理系统，建立数据库，并注意生产安全、注意养护生产作业安全及减少对通行车辆的影响。

二、公路养护的分类

公路养护按其工程性质、技术复杂程度和规模大小，分为小修保养、中修工程、大修工程、改建工程四类。

(1) 小修保养工程：对公路及其沿线设施经常进行维护保养和修补其轻微损坏部分的作业。它通常是由养护道班在一年小修保养定额经费内，按月(旬)安排计划每日进行的工作。

(2) 中修工程：对公路及其沿线设施的一般性损坏部分进行定期的修理加固，以恢复公路原有技术状况的工程。它通常由基层养路机构按年(季)安排计划并组织实施。

(3) 大修工程：对公路及其沿线设施的较大损坏进行周期性的综合修理，以全面恢复到原技术标准的工程。它通常在基层养路机构或在其上级机构的帮助下，根据批准的年度计划的工程预算来组织实施。

(4) 改建工程：对公路及其沿线设施因不适应现有交通量增长和荷载需要而进行全线或逐段提高技术等级指标，显著提高其通行能力的较大工程项目。它通常由地区养路机构或省级养路机构根据批准的计划和设计预算来组织实施或招标完成。

各类养护工程的具体作业内容如表 1.2.1 所示。

表 1.2.1　各类养护工程的具体作业内容

工程项目	小修保养	中修工程	大修工程	改建工程
路基	保养： 1. 整理路肩、边坡，修剪路肩、分隔带草木，清除杂物，保持路容整洁； 2. 疏通边沟，保持排水系统畅通； 3. 清除挡土墙、护坡滋生的有碍设施功能发挥的杂草，修理伸缩缝，疏通泄水孔，及清除松动石块。 小修： 1. 小段开挖边沟、截水沟或分期铺砌边沟； 2. 清除零星塌方，填补路基缺口，轻微沉陷翻浆的处理； 3. 处理桥头接线或桥头、涵顶跳车； 4. 修理挡土墙、护坡、护坡道、泄水槽、护栏和防冰雪设施等局部损坏； 5. 局部加固路肩	1. 局部加宽、加高路基，或改善个别急弯、陡坡、视距； 2. 全面修理、接长或个别添建挡土墙、护坡、护坡道、泄水槽、护栏及铺砌边沟； 3. 清除较大塌方，处理大面积翻浆、沉陷； 4. 整段开挖边沟、截水沟或铺砌边沟； 5. 过水路面的处理； 6. 平交道路口的改善； 7. 整段加固路肩	1. 在原路技术等级内整段改善线形； 2. 拆除、重建或增建较大挡土墙、护坡等防护工程； 3. 大塌方的清除及善后处理	整段加宽路基、改善公路线形、提高技术等级
路面	保养： 1. 清除路面泥土、杂物，保持路面整洁； 2. 排除路面积水、积雪、积冰、积沙，铺防滑料、灭尘剂或压实积雪维持交通； 3. 刮平砂土路面，修理车辙 4. 碎砾石路面匀扫面砂，添加面砂，洒水润湿，刮平波浪，修补磨耗层； 5. 处理沥青路面的泛油、拥包、裂缝、松散等病害； 6. 水泥混凝土路面日常清缝、灌缝及堵塞裂缝； 7. 路缘石的修理和刷白。 小修： 1. 局部处理砂石路的翻浆变形，添加稳定料； 2. 碎砾石路面修补坑槽、沉降，整段修理磨耗层或扫浆铺砂； 3. 处理桥头、涵顶跳车； 4. 沥青路面修补坑槽、沉陷，处理波浪、局部龟裂、啃边等病害； 5. 水泥混凝土路面板块的局部修理	1. 砂土路面处理翻浆、调整横坡； 2. 碎砾石路面局部路段加厚、加宽，调整路拱加铺磨耗层，处理严重病害； 3. 沥青路面整段封层、罩面； 4. 沥青路面严重病害处理； 5. 水泥混凝土路面严重病害处理； 6. 水泥混凝土路面接缝材料整段更换； 7. 整段安装、更换路缘石； 8. 桥头搭板或过渡路面的整修	1. 整段用稳定材料改善土路； 2. 整段加宽、加厚或翻修重铺碎砾石路面； 3. 翻修或补强重铺铺装、简易铺装路面； 4. 补强、重铺或加宽铺装、简易铺装路面	1. 整线、整段提高公路技术等级，铺筑铺装、简易铺装路面； 2. 新铺碎砾石路面； 3. 水泥混凝土路面病害处理后，补强或发行为沥青混凝土路面

续表

工程项目	小修保养	中修工程	大修工程	改建工程
桥梁、涵洞、隧道	保养： 1.清除污泥、积雪、积冰、杂物，保持桥面清洁； 2.疏通涵管、桥下河槽； 3.伸缩缝养护，泄水孔疏通，钢支座加润滑油，栏杆油漆； 4.桥涵的日常养护； 5.保持隧道内及洞口清洁。 小修： 1.局部修理、更换桥栏杆和修理泄水孔、伸缩缝、支座和桥面的局部轻微损坏； 2.修补墩、台及河床铺底和防护圬工的微小损坏； 3.涵洞进出口铺砌的加固、修理； 4.通道的局部维修和疏通修理排水沟； 5.清除隧道洞口碎落岩石和修理圬工接缝，处理渗漏水	1.修理、更换大桥的较大损坏构件及防腐； 2.修理更换中小桥支座、伸缩缝及个别构件； 3.大中型钢桥的全面油漆除锈和各部件的检修； 4.永久性桥墩、台侧墙及桥面的修理和小型桥面的加宽； 5.重建、增建、接长涵洞； 6.桥梁河床铺底或调治构造物的修复和加固； 7.隧道工程局部防护加固； 8.通道的修理与加固； 9.排水设施的更换； 10.各类排水泵站的修理	1.在原技术等级内加宽、加高、加固大中型桥梁； 2.改建、增建小型桥梁和技术性简单的中桥； 3.增建、改建较大的河床铺底和永久性调治结构物； 4.吊桥、斜拉桥的修理与个别索的调整更换； 5.大桥桥面铺装的更换； 6.大桥支座、伸缩缝的修理更换； 7.通道改建； 8.隧道的通风照明、排水设施的大修或更新； 9.隧道的较大防护、加固工程	1.提高公路技术等级，加宽、加高大中型桥梁； 2.改建、增建小型立体交叉； 3.增建公路通道； 4.新建渡口的公路接线码头引线； 5.新建短隧道工程
交通工程及沿线设施	保养： 标志牌、里程碑、百米桩、界碑、轮廓标等埋置、维护或定期清洗。 小修： 1.护栏、隔离栅、轮廓标、标志牌、里程碑、百米桩、防雪栏栅等修理，或部分添置更换； 2.路面标线的局部补画	1.全线新设或更换永久性标志牌、里程碑、百米桩、轮廓标、界碑等； 2.护栏、隔离栅、防雪栏栅等的全面修理更换； 3.整段路面标线的画设； 4.通信、监控、收费、供配电设施的维修	1.护栏、隔离栅、防雪栏栅等增设； 2.通信、监控、收费、供配电设施的更新	1.整段增设防护栏、隔离栅等； 2.整段增设通信、监控、收费、供配电设施
绿化	保养： 1.行道树、草花的抚育、抹芽、修剪、治虫、施肥； 2.苗圃内幼苗的抚育、灭虫、施肥、除草。 小修： 1.行道树、花草缺株的补植； 2.行道树冬季刷白	更新、新植行道树、花草，开辟苗圃等		

任务 3 公路养护技术措施和质量考核

公路养护就是运用先进的技术和科学的管理方法，合理地分配和使用养护资金，通过养护维修使公路在设计使用年限内经常保持完好状态，并有计划地改善公路的技术指标，以提高公路的服务质量，最大限度地发挥公路的运输经济效益。

一、公路养护的技术政策和措施

（一）技术政策

（1）公路养护工作必须贯彻"预防为主，防治结合"的方针。根据积累的技术经济资料和当地具体情况，通过科学分析，预做防范，消除导致公路损毁的因素，增强公路设施的耐久性和抗灾能力，特别要做好雨季的防护工作，以减少水毁损失。

（2）因地制宜，就地取材，尽量选用当地天然材料和工业废渣；充分利用原有工程材料和原有工程设施，以降低养护成本。

（3）推广应用先进的养护技术和科学管理方法，改善养护生产手段，提高养护技术水平。

（4）重视综合治理，保护生态平衡、路旁景观和文物古迹；防止环境污染；注意少占农田。

（5）加强桥梁的检查、维修、加固和改善，逐步消灭危桥。

（6）加强以路面养护为中心的全面养护。

（7）大力推广和发展公路养护机械化。

（二）技术措施

（1）认真开展路况调查，分析公路技术状况，针对病害产生的原因和后果，采取有效、先进、经济的技术措施。

（2）加强养护工程的前期工作、各种材料试验及施工质量检验和监理，确保工程质量。

（3）推广路面、桥梁管理系统，逐步建立公路数据库，实行病害监控，实现决策科学化，使有限的资金发挥最大的经济效益。

（4）实施公路的科学养护与规范化管理，改变现有公路面貌，提高公路的整体服务水平。

（5）认真做好公路交通情况调查工作，积极开发、采用自动化观测和计算机处理技术，为公路规划、设施、养护、管理、科研及社会各方面提供全面、准确、连续、可靠的交通信息资料。

（6）改革养护生产组织形式，管好、用好现有的养护机具设备，积极引进、改造、研制养护机械，逐步实现养护机械装备标准化、系列化，以保障养护工程质量，提高养护生产效率，降低劳动强度，改善劳动环境。

(7) 加强对交通工程设施(包括标志、标线、通讯、监控等)、收费设施、服务管理设施等的设置、维护、更新工作，保障公路应有的服务水平。

二、公路养护的质量考核

公路养护质量的考核，应严格按照现行《公路技术状况评定标准》(JTG H20—2007)规定执行。公路技术状况用公路技术状况指数 MQI 和相应分项指标表示，MQI 和相应分项指标的值域为 0～100，分为优、良、中、次、差五个等级，公路技术状况等级按表 1.3.1 规定的标准确定。公路技术状况包含路面、路基、桥隧构造物和沿线设施四部分评价内容，其中路面包括沥青路面、水泥混凝土路面和砂石路面。

表 1.3.1　公路技术状况评定标准

评价等级	优	良	中	次	差
MQI 及各级分项指标	≥90	≥80，<90	≥70，<80	≥60，<70	<60

复习思考题

一、填空题

1. 根据公路技术状况评定标准，公路技术状况分为________________五个等级。

2. 公路技术状况包含________、________、________和________四部分评价内容。

二、选择题

1. 公路养护是保证汽车(　　)行驶的不可缺少的经常性工作。

A. 安全、稳定、畅通　　B. 安全、舒适、畅通

C. 安全、高速、顺利　　D. 高速、安全、畅通

2. 对公路及其沿线设施的一般性损坏部分进行定期的修理加固，以恢复公路原有的技术状况的工程属于(　　)。

A. 小修保养工程　　B. 中修工程　　C. 大修工程　　D. 改建工程

3. 对公路及其沿线设施因不适应现有交通量增长和荷载需要而进行全线或逐段提高技术等级指标，显著提高其通行能力的较大工程项目属于(　　)。

A. 小修保养工程　　B. 中修工程　　C. 大修工程　　D. 改建工程

4. 公路养护应贯彻(　　)的方针。

A. 预防为主，防治结合

B. 以人为本、用户至上

C. 建设是发展、养护管理也是发展，而且是可持续发展

D. 行业管理向为公众服务

5. 公路技术状况用公路技术状况指数（　　）和相应分项指标表示。

A. PQI　　B. PCI　　C. MQI　　D. TCI

6. 公路技术状况分为（　　）个等级。

A. 4　　B. 5　　C. 6　　D. 7

7. 公路技术状况评价等级中“良”的分项指标为（　　）。

A. <60　　B. $\geq 60, <70$　　C. $\geq 80, <90$　　D. ≥ 90

三、简答题

1. 公路养护必须坚持哪两个方针？哪两个重视？

2. 公路养护分为哪几类？并解释。

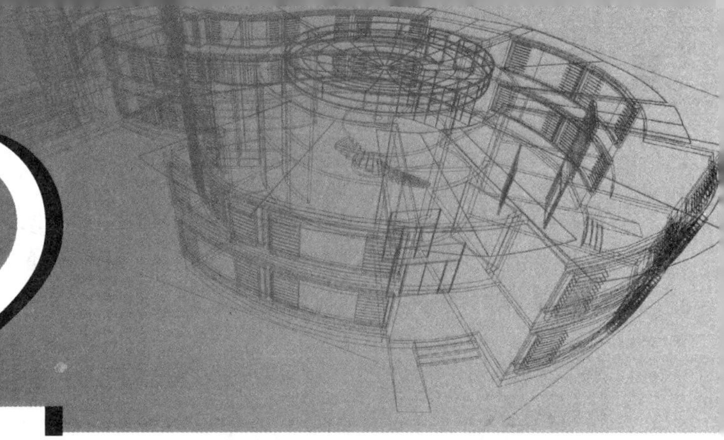

学习情境2 公路路基养护与维修

【学习目标】

1. 知识目标

(1) 能够掌握路基工程的日常养护与维修方法；

(2) 能够掌握路基变形、路基防护与支挡工程、路基排水设施的养护方法；

(3) 能够掌握特殊地区路基的养护方法。

2. 能力目标

(1) 能够正确认识路基工程的日常养护方法；

(2) 能够正确认识路基变形、路基防护与支挡工程、路基排水设施，掌握公路路基病害维修技术。

◈ 引导案例

路基是按照路线位置和一定技术要求修筑的带状构造物，是路面的基础，承受由路面传递下来的行车荷载。它贯穿公路全线，与桥梁、隧道相连，构成公路的整体。影响路基强度和稳定性的因素有两方面：一方面是自然因素和地质条件，其中最主要的是温度和湿度的影响；另一方面是人为因素，包括设计、施工和养护。路基工程完成后，路基的质量将主要取决于路基的养护水平。

任务1 路基养护的内容及基本要求

一、工作任务

路基是公路的重要组成部分，是路面的基础，与路面共同承担车辆荷载。路基的强度和稳定性是保证路面平整度、强度和稳定性的重要条件之一。所以，为保证公路的正常使用性能，必须对路基进行周期性、预防性、科学合理的养护，使其经常处于良好的技术状态，不发生较大的变形和其他病害。通过本任务的学习，学生应掌握公路路基养护的内容和基本要求，并掌握不同路基养护项目应达到何种养护要求。

二、相关配套知识

路基工程的基本技术指标有路基高度、路基宽度、路基边坡及排水系统等，所以路基的养护工作也是紧紧围绕这几方面进行的。

1. 路基养护的工作内容

为保证路基的坚实和稳定，保证排水性能良好，使各部分尺寸和坡度符合规定，及时消除不稳定的因素，并尽可能地提高路基的技术状况，必须对路基进行及时、经常地养护、维修与改善。路基养护工作的主要内容包括以下几个方面。

(1) 维修、加固路肩及边坡。

(2) 疏通、改善、铺砌排水系统。对边沟、截水沟、排水沟及暗沟(管)等排水设施，应及时排除堵塞，疏导水流保持畅通，并结合地形、地质、纵坡、流速等情况，综合考虑铺砌加固程度。

(3) 维护、修理各种防护构造物及透水路堤，管理保护好公路两旁用地。公路沿线的防护构造物包括护坡、护面墙、石笼、植物、铺草皮、丁坝、顺坝及各种类型的挡土墙等，要保证这些构造物完整无损，发挥其路基的防护与加固作用。

(4) 清除塌方、积雪，处理塌陷，检查险情，预防水毁。

(5) 观察、预防、处理滑坡、翻浆、泥石流、崩塌、塌方及其他路基病害，及时检查各种路基的险情并向上级报告，加强水毁的预防与治理。

(6) 有计划地局部加宽、加高路基及改善急弯、陡坡和视距，以逐步提高其技术标准和服务水平。

2. 路基养护的基本要求

路基养护的基本要求是通过日常和定期的检查，发现问题，分析原因，采取养护、维修措施。路基养护的基本要求如表 2.1.1 所示，公路路基养护应符合如下要求。

(1) 通过日常巡查，发现病害及时处治，使路基保持良好稳定的技术状况。

(2) 路肩无病害，边坡稳定。

(3) 排水设施无淤塞、无损坏，排水畅通。

(4) 挡土墙等附属设施良好。

(5) 加强不良地质中期边坡崩塌、滑坡、泥石流等灾(病)害的巡查、防治、抢修工作。

表 2.1.1 路基养护的基本要求

项目	基本要求	附注
路肩	1. 横坡适度，边缘顺直； 2. 表面平整、清洁、无杂物； 3. 保持无车辙、坑槽、隆起、沉陷、缺口	—
边坡	1. 边坡稳定； 2. 平顺无冲沟； 3. 坡度合乎规定	—

续表

项目	基本要求	附注
排水系统	1.保持无杂草、无淤泥； 2.纵坡适度，水流畅通； 3.进出口良好	包括边沟、截水沟、排水沟及暗沟等
防护构造物	1.保持构造物完整无损； 2.砌体伸缩缝填料良好； 3.泄水孔无堵塞	包括挡土墙、护坡及防冲刷、防雪、防沙设施等
路基病害	1.对翻浆路段应及时处理，并尽快修复； 2.对塌方、滑坡、水毁、泥石流、沉陷等，做好防护抢修，尽量缩短阻车时间	—

任务2 路基工程的日常养护与维修

一、工作任务

路基日常养护是根据路基养护的基本要求和内容，对路基各部分进行经常性的维修保养工作，以保持路基各部分的完整和功能完好。通过本任务的学习，学生应掌握路基工程日常养护的内容和基本要求，并掌握不同路基日常养护应采用的正确养护方法。

二、相关配套知识

路基日常养护的业务主要包括下列内容：维修、加固路肩和边坡，清除路肩杂草杂物，保持路容整洁；疏通改善排水设施，保持排水系统通畅；维修、处理各种防护构造物；消除塌方、积雪，处理塌陷，检查险情，防止水毁；观察、预防和处理翻浆、滑坡、泥石流等病害；有计划、有针对性地加宽、加高局部路基，改善急弯、陡坡和视距不良地段，使之逐步达到所要求的技术标准；对护栏、路缘石进行处理刷白工作，以保持其使用效果。

1. 路肩的养护

路肩位于行车道外缘至路基边缘地带，由外侧路缘带、硬路肩和保护土路肩组成。路肩的功能：一是保护路面；二是停置临时发生故障、事故的车辆；三是提供侧向余宽、显示行车道外侧边缘、引导视线、增加行车的安全舒适性；四是增加挖方弯道地段的视距；五是为设置交通安全设施（标志、防护栅等）或埋设地下管线及养护作业提供场地。

1）养护要求

（1）路肩应保持干净、清洁、无杂物。

（2）路肩的横坡应平整顺适，横坡与路面横坡一致。

（3）路肩的宽度应符合《公路工程技术标准》（JTG B01—2003）的规定。

（4）路肩上严禁堆放任何杂物，改善工程及修补路肩坑槽所需的砂石材料如需堆置放在路肩上时，应选择在较宽的路段顺一边堆放，但在桥头引道、弯道内侧及陡坡等处不得堆放。料堆内边离路面边缘应至少保持 30 cm，每隔 10～20 m 必须流出不小于 1 m 的空隙，以利排水。

2）日常养护维修

（1）路肩清扫。

路肩清扫包括机械清扫和人工清扫，进行路面清扫、保洁时，必须同时对硬路肩进行清扫和人工保洁；雨后路肩如有积水，应及时排除。

（2）护栏、路肩边缘的杂草修剪、清理。

应经常进行护栏、路肩边缘的杂草修剪、清理工作，主要清理路面与硬路肩接缝、硬路肩与土路肩接缝、硬路肩与桥台搭板接缝之间的杂草。杂草清理后应及时用 M7.5 砂浆或沥青灌缝料予以填筑、灌注，防止雨水渗入。

（3）路肩与路面边缘产生裂缝。

清理裂缝，保持裂缝干净无杂质，用 M7.5 砂浆或沥青灌封料灌注裂缝，防止雨水渗入。

（4）硬路肩病害的维修。

硬路肩如出现沉陷、缺口、车辙、坑槽、横坡不够等病害，应尽快组织维修。高速公路路肩应根据设计要求铺沥青混凝土或水泥混凝土面层，并铺筑路肩边缘带，此时，路肩的养护工作将转变成同类型路面的养护工作。

（5）路肩水的处理。

路肩松软，多因水的影响，所以路肩的养护与维修工作的重点就是减少或消除水对路肩的危害。路面范围的地表水通过路肩排出，因此必须经常保持路肩的横坡平整顺适。高速公路路肩与路面横坡相同。路肩过高妨碍路面排水时，应刨铣整平，达到规定要求。

2. 边坡的养护

1）养护要求

（1）边坡坡面应保持平顺、坚实、无裂缝。

（2）经常注意观察路堑高边坡，发现问题及时处理。

（3）及时清理边坡滑塌部分，避免堵塞路面、边沟。

（4）对边坡加固的各种设施应经常检查、维护，以保证其完整性良好。

（5）严禁在边坡上及路堤坡脚、护坡道上挖土取料、种植农作物或修建其他建筑物。

（6）土质边坡出现裂缝时，可用黏性土填塞捣实，以防表层水渗入路基体内。如出现潜流涌水，可开沟截断水源，将潜水引向路基外排出。

（7）填土路堤边坡处时，应将元坡面挖成阶梯形，然后分层填筑夯实，并应与原坡面衔接平顺。

2）日常养护维修

（1）边坡清理、修整。

① 边坡清理工作包括边坡的可视垃圾、路堑边坡上的高大树木等。

② 边坡垃圾的清理工作应经常进行，清理的垃圾应集中收集并运往指定地点，禁止焚烧。

③ 路堑边坡上的高大树木因雨水冲刷、台风等原因会倾倒在路面上，影响行车安全，应根据实际情况及时砍伐，砍伐时可只砍伐树干，保留树根。如因倾倒或砍伐在边坡形成空洞，应及时培土夯实并植草。

④ 人工铲平高出路堑边坡的土体，并使其与周围的边坡坡度协调，铲平后喷洒草籽或铺草皮进行绿化。

(2) 边坡裂缝的修补。

① 路基上边坡、碎落台、坡顶、坡脚等出现宽度小于 0.5 cm 的裂缝时，应及时用土进行填塞，应采用钢钎等细长工具分次进行填塞。

② 路基上边坡、碎落台、坡顶、坡脚等出现的裂缝超过 0.5 m 时，应及时进行处理，以防雨水渗入。处理时先沿裂缝挖宽、挖深，宽度以人工、机械方便操作为限，深度以挖到看不见裂缝为止。如裂缝较深，则至少挖深 1.0 m，开挖的沟槽两需坚实、平整。回填时需采用黏土，分层夯实，每层的松铺厚度不超过 25 cm，并在顶部做成鱼背形。

3. 排水设施的养护

1) 养护要求

(1) 各种排水设施应设置合理，保证功能完好。

(2) 汛前应对各种排水设施进行全面疏浚，及时维修发现的病害。雨天必须上路巡查，及时排除堵塞，保持水流通畅，以防止水流集中冲坏路基。下暴雨时，对新建公路应专门检查排水设施，检查出水口是否平顺、排水是否通畅、有无冲刷、排水设施是否完整、功能是否满足要求等。

(3) 暴雨后应对排水设施重点检查，如有冲刷、损坏，需及时修复加固；如有堵塞应立即清除。

(4) 拦水带的设置应合理，保证路面雨水及时排出；出水口设置不合理或排水不畅的拦水带，应及时进行改造。

2) 日常养护维修

(1) 地表排水设施清理、疏通养护。

① 地表排水设施每年安排在雨季前全面清理一次，雨季后对堵塞、淤塞的地表排水设施进行一次清理。清理的淤泥、杂草应运至指定的地点堆放，如在水沟边缘堆放，应距离水沟边缘 1.0 m 以外，且不能影响排水及景观功能，并保证四周码放整齐、表面平整，每隔 1～2 m 留 50～100 cm 的间隙。清理的垃圾物品应集中后运往指定的地点堆放，严禁抛撒或现场焚烧，以免造成环境污染、影响安全行车或造成火灾。

② 清理地面排水设施时，应固定松动的石块，并安排处理。

(2) 地下排水设施的清理、疏通养护。

① 地下排水设施的清理、疏通，每年安排全面清理一次。

② 清理、疏通地下排水设施时，清除沟口的杂草，对沟口堵塞的部位，应用水进行冲洗或剔除较小颗粒的砂石，补充大颗粒碎(砾)石，以保持空隙，便于排水。

(3) 中央分隔带排水设施的清理、疏通。

① 应经常检查，雨季前应进行清理工作，雨季应加强巡查，如发现损坏，应及时修补。

② 如排水不及时、位置设置不当，应根据情况进行改善或另行修建。

(4) 排水设施悬空处理。

① 由于冲刷、基础沉降等原因造成排水设施出现悬空的情况时，如不及时处理，会造成排水

设施的损坏。

② 处理时应先将冲刷面清理成规则断面，以便于机械或人工施工；如果悬空深度较高，应分段进行清理和回填，必要时应临时支撑加固。

③ 清理完成后，用黏土分层回填夯实，沟底不能垂直夯实的部分，从侧面分层夯实。夯实时，避免振动过大或直接对排水设施造成冲击。回填完成后，应使流水坡面与水沟连接平顺，排水顺畅，并及时补种草木以防止水土流失。

(5) 拦水带的日常养护。

① 拦水带的出水口应经常保持平顺，出水口的泥沙、杂草应及时清理。拦水带的裂缝、变形、损坏应及时进行维修。拦水带出水口与急流槽相接处如出现裂缝，应及时用水泥砂浆封堵。

② 如出水口附近坡度不顺，雨后经常积水，应对出水口进行维修。如因路肩原因造成积水或出水口设置不当，应对路肩进行维修。如重新布置出水口，应设置急流槽。

任务 3 路基变形的维护

一、工作任务

路基是公路的主体和路面的基础，它应为路面提供一个平整层，并在承受路面传递下来的荷载和水、气温等自然因素的反复作用下，具有足够的强度和整体稳定性，满足设计与使用要求。通过对路基变形养护等相关知识的学习，学生应掌握崩塌和滑坡的维护方法，指导现场路基变形维护的施工。

二、相关配套知识

路基裸露在大气中，经受着土体自重、行车荷载和各种自然因素的作用，路基的各个部位将产生变形。路基的变形分为可恢复变形和不可恢复变形两种情况。路基的不可恢复变形将引起路基标高和边坡坡度、形状的改变，严重时会造成土体位移，危及路基的整体性和稳定性，甚至导致路基破坏。

路基变形、破坏的形式主要有：路基沉陷，边坡滑塌、剥落、碎落、崩塌，路基沿山坡滑动。下面主要介绍路基崩塌和滑坡的维护。

1. 崩塌的维护

公路边坡崩塌是较常见的病害，危害严重，且经常阻断交通。崩塌是岩体突然而猛烈地从陡峻的斜坡上崩离、翻滚跳跃而下的现象。崩塌可发生在高峻的自然山坡上，也可发生在高陡的人工路堑边坡上。发生崩塌的物体一般为岩石，但某些土坡也会发生崩塌。

崩塌的规模有大有小，由于岩体风化、破碎比较严重，边坡上经常发生小块岩体坠落，这种现象称为碎落；一些较大岩块的零星崩落称为落石；规模巨大的崩塌也称山崩。

崩塌与滑坡的明显区别是：崩塌发生急促，破坏体散开，并有倾倒、翻滚现象；而滑坡体一般总是沿着固定滑动面整体地、缓慢地向下滑动。

公路路堑开挖过深，边坡过陡，或由于切坡使软弱结构面暴露，都会使边坡上的岩体失去支撑，在水流冲刷或地震作用下引起崩塌。崩塌按形成机理可划分为三类。

1）滑移式崩塌

这类崩塌的形成机理是崩塌首先沿已有的层面或其他结构面产生滑移，一旦崩塌体重心滑出坡外，这类崩塌就会发生。其断面如图 2.3.1 所示。

2）倾倒式崩塌

这类崩塌的形体多是柱状和板状岩体，其形成机理是岩体在失稳时绕根部一点发生转动性倾倒，一旦岩体重心偏离到坡外，岩体就会突然崩塌。此类不稳定岩体在强烈震动下或者遇有长时间暴雨，容易失稳发生倾倒式崩塌，如图 2.3.2 所示。

3）错断式崩塌

这类崩塌多为直立柱状或板状岩体，在失稳时不是发生倾倒，而是在自重作用下，下部与稳定岩体没完全断开的部分可能沿图 2.3.3 中虚线所示位置发生错段。不稳定岩体是否会发生崩塌，关键在于没有断开的部分在自重作用下最大剪应力是否大于岩石容许的抗剪强度，一旦最大剪应力大于岩石的容许抗剪强度，错断式崩塌就会突然发生。长期风化作用、强烈的振动以及特大暴雨的动静水压力都会促使和诱发这类崩塌的发生。

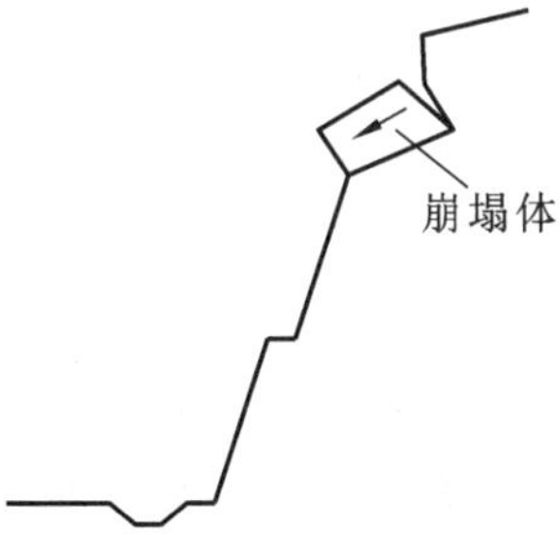

图 2.3.1 滑移式崩塌面示意图

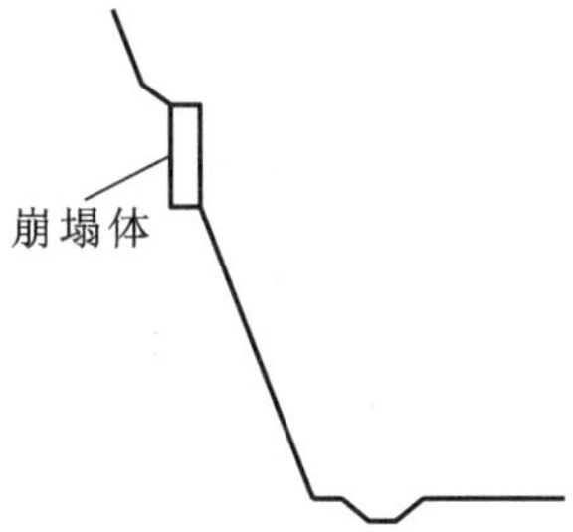

图 2.3.2 倾倒式崩塌面示意图

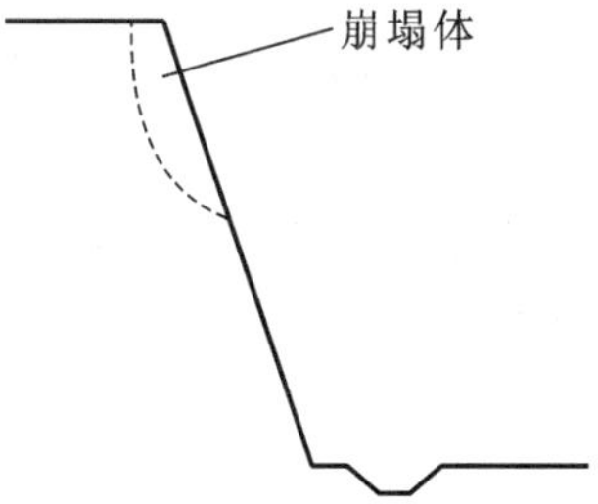

图 2.3.3 错断式崩塌面示意图

防治崩塌的措施主要有以下五种。

（1）路基上方的危岩及危石应及时清除，特别在雨季前要细致检查。如有威胁行车安全的路段，可根据地形和岩层情况，采用嵌补、支顶的方法予以加固。

（2）在小型崩塌或落石地段，应尽量采取全部清除的方法；在基岩破坏严重以及崩塌、落石的物质来源丰富的地段，则宜修建落石平台、落石槽等拦截结构物。

（3）由于存在软弱结构面而易引起崩塌的高边坡，可根据情况采用支挡墙或支护墙等措施，以支撑边坡，并防止软弱结构面张开或扩大。

（4）对边坡坡脚因受河水冲刷而易形成崩塌的地段，河岸要做防护工程。

（5）在可能发生崩塌的地段，必须做好地面排水设施。

2. 滑坡的维护

滑坡的类型很多，且成因复杂，在防治和处理滑坡时，要针对不同情况采取不同的防治措施。公路上的滑坡多发生于路基边坡，这是因为修筑公路破坏了地貌自然的平衡。因此，防治滑坡的措施应以排水疏导为主，再配合抗滑支撑或上部减重措施，维持边坡平衡。其主要方法有以下几种。

1）地面排水

滑坡体以外的地面水，应拦截引离；滑坡体上的地面水要注意防渗并尽快汇集引出。各种地面排水措施的适用条件、布置及设计施工原则列于表2.3.1。

表2.3.1 滑坡排水措施

名　　称	适用条件	布置及设计施工原则
环形截水沟	滑体外	截水沟应设在滑坡可能发展的边界5 m以外，根据需要可以设置数条，分段拦截地表水，向一侧或两侧的自然沟系排出。在坡度陡于1∶1的山坡上，常采用陡坡排水槽来拦截山坡上方的坡面径流。沟槽断面以满足排泄坡面径流为准，如土质渗水性强，应采用黏性土、石灰三合土或浆砌片石铺砌防渗层
树枝状排水系统	滑体内	结合地形条件，充分利用自然沟系作为排水渠道，汇集并旁引坡面径流于滑坡体外排出，排水沟布置应尽量横切滑坡，主沟宜与滑移方向一致，支沟与主沟斜交30°～45°。如土质松软，可将土夯成沟形，上铺黏性土或石灰三合土加固。通过裂缝处时，可采用搭叠式木质水槽或陶管、混凝土槽、钢筋混凝土槽，以防山坡变形拉断水沟，使坡面水集中下渗
明沟与渗沟相配合的引水工程	滑体内的泉水或湿地	目的在于排除山坡上层滞水和疏干边坡土体含水，埋入地下部分类似集中渗沟，露出地面部分是排水明沟
平整夯实自然山坡坡面	滑体内	如山坡土质疏松，坡面水易于阻滞下渗，应对坡面整平夯实，填塞裂缝，防止坡面径流汇集下渗
绿化工程（植树、铺种草皮）	山坡滑体内	绿化工程是配合表面排水的一项有效措施，特别对渗水严重的黏性土滑坡和浅层滑坡，效果显著。在滑坡面种植灌木及阔叶果树，可疏干滑坡体内水分，根系起加固坡面土层的作用。铺种草皮可滞缓坡面径流流速，防止冲刷，减少下渗，避免坡面泥土淤塞沟槽

2）地下排水

排除滑坡地下水的工程措施，应用较多的各式渗沟有以下三种。

（1）支撑渗沟。用以支撑不稳定的滑坡体，兼起排除和疏干滑坡体内地下水的作用，适用深度（高度）为2～10 m。

支撑渗沟有主干和分支两种。主干平行于滑动方向，布置在地下水露头处或土中水形成坍塌的地方，支沟应根据坡面汇水情况合理布置，可与滑坡移动方向成30°～45°交角，并可伸展到滑坡范围以外，以起挡截地下水的作用，如图2.3.4所示。

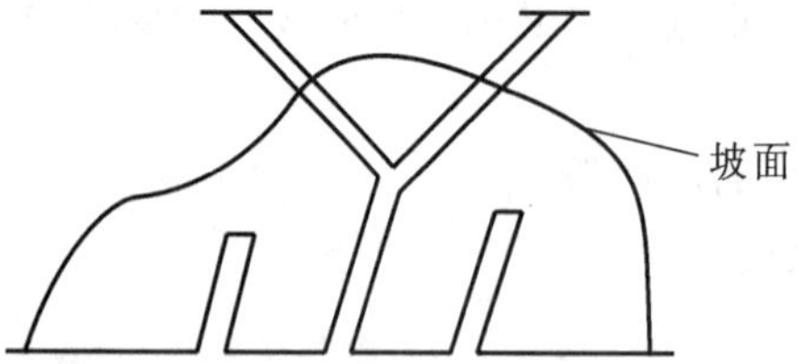

图2.3.4 支撑渗沟示意图

(2) 边坡渗沟。当滑坡前缘的路基边坡有地下水均匀分布或坡面大片潮湿时，可修建边坡渗沟，以疏干和支撑边坡，同时也能起到截阻坡面径流和减轻坡面冲刷的作用。

边坡渗沟的平面形状有垂直、分支及拱形三种形状。分支渗沟的主沟主要起支撑作用，而支沟则起疏干作用。分支渗沟可以互相连接成网状，如图2.3.5所示。

(3)截水渗沟。当有丰富的深层地下水进入滑坡体时，可在垂直地下水流的方向上设置截水渗沟，以拦截地下水，并排出滑坡体外，如图2.3.6所示。

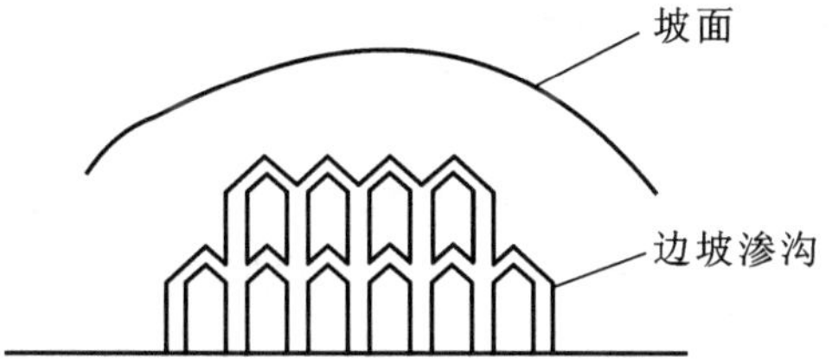

图2.3.5 网状边坡渗沟

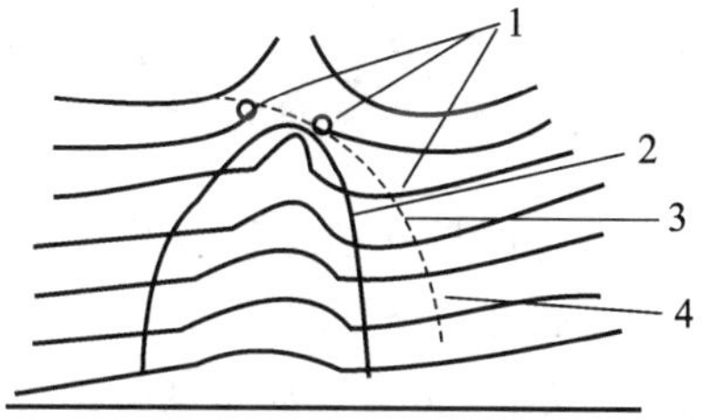

图2.3.6 截水渗沟示意图

3) 减重

减重就是在滑坡体后缘挖出一定数量滑坡体面，使滑坡稳定下来。这种措施适用于推动式滑坡，一般滑动面不深，滑床上陡下缓，滑坡后壁或两侧有岩层外露或土体稳定不可能再发展的滑坡。减重主要是减小滑体的下滑力，不能改变其下滑趋势，所以减重常与其他措施配合使用。

4) 支挡工程

支挡工程分如下三类。

(1) 抗滑垛。一般用于滑体不大、自然坡度平缓、滑动面位于路基附近或坡脚下部较前处的滑坡。片石垛可用片石干砌或石笼堆成，主要是依靠片石垛的自重，以增加抗滑力的一种简易抗滑措施。

(2) 抗滑挡土墙。在滑坡下部修建抗滑挡土墙，是整治滑坡常用的有效措施之一。对大型滑坡，常作为排水、减重等综合措施的一部分；对中、小型滑坡，常与支撑渗沟联合使用。优点是山体破坏少，稳定滑坡收效快。抗滑挡土墙多采用重力式结构，其尺寸经计算确定。

(3) 抗滑桩。抗滑桩是一种用桩的支撑作用稳定滑坡的有效抗滑措施，一般适用于非塑性体层和中厚度滑坡前缘，以及使用重力式支撑建筑物圬工量过大、施工困难的场合。

抗滑桩按制作材料分为混凝土桩、钢筋混凝土桩，按施工方法分为打入法、钻孔法、挖孔法等。图2.3.7为用混凝土桩使浅路堑边坡滑坡滑体稳定的示意图。

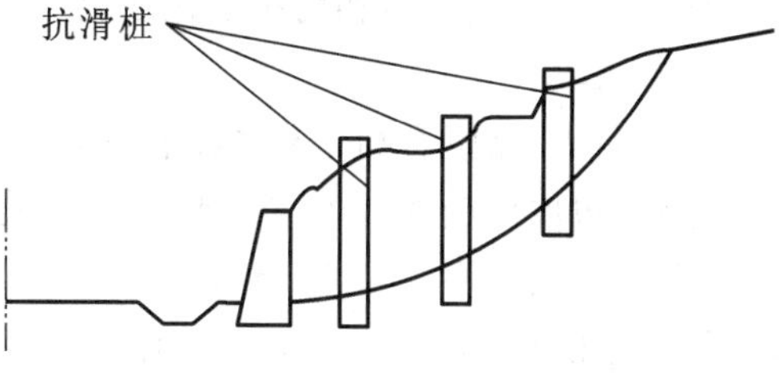

图2.3.7 抗滑桩示意图

任务 4 路基防护与支挡工程的养护

一、工作任务

路基防护与支挡工程按其作用不同，可分为坡面防护、冲刷防护和支挡建筑物三类（见图2.4.1）。通过对路基防护与支挡工程养护等相关知识的学习，学生应掌握坡面防护、冲刷防护和挡土墙养护，指导现场路基防护与支挡工程的施工。

- 路基防护工程
  - 坡面防护
    - 植物防护：种草、铺草皮、植树
    - 坡面处治：抹面、喷浆、勾缝、灌浆、嵌补
    - 护面墙
  - 冲刷防护
    - 石砌护坡：干砌片石、浆砌片石、钢筋混凝土、预制挂板护坡
    - 抛石防护
    - 石笼防护
  - 支挡建筑物：挡土墙、土垛、石垛及其他承重构造物

图 2.4.1 路基防护与支挡工程示意图

二、相关配套知识

1. 坡面防护工程养护

1) 植物防护

植物防护的方法有种草、铺草皮和植树。采用植物覆盖层对坡面进行防护，供需简单，效果较好。它可以减缓地面水流速度，调节表层水温状况，且植物根系深入土层在一定程度上对表层土起到固结作用。植物防护适用于具有适宜植物生长的土质边坡。

(1) 种草。

土质路堤、路堑有利于草类生长的边坡，或河面较宽、主流固定、流速小、路线与水流向接近平行、路堤边坡段受季节性浸水或冲刷轻微、土质适于草类生长的，均可种草。坡面上的土质不宜种草时，可铺一层5～10 cm厚的种植土，然后再种草。经常浸水或长期浸水的路堤边坡，不宜采用种草防护的方法。边坡上的防护种草已扎根时，可以允许暂时性的缓慢流水（0.4～0.6 m/s的流速）的作用。

草籽的选用，应根据当地的土壤和气候条件，选用易于生长、根系发达、叶茎低矮或有匍匐茎的多年生的草籽为宜。最好采用几种草籽混合播种，以利用植物优胜劣汰的办法促使草的生长。

(2) 铺草皮。

坡度不陡于1∶1.5,且浸水时水流速度在0.6 m/s以下时,用平铺草皮护坡;坡度陡于1∶1.5,且浸水时水流速度在1.5 m/s以下时,可用叠铺草皮防护。

铺草皮前,应将边坡表层土挖松整平,在不适于草类生长的土质边坡上,应铺一层6～10 cm厚的种植土,然后再铺设。铺草皮工作宜在春、秋季或雨季进行,不宜在冬季施工。如在气候干燥季节铺草皮,草皮铺后,应及时浇水至草皮扎根为止。当边坡上有地下水流出时,应注意使铺设的草皮不阻塞地下水的出口,以免影响边坡稳定。

(3) 植树。

在路基斜坡上和沿河堤之外河漫滩上植树,能加固路基和河岸,并使水流速度降低,防止和减少水流对路基或河岸的冲刷。林带既可以防风、防沙和防雪,还可以美化路容、调节气候。

植树的形式可以是带状或条形的,也可以是连续的,即将树植满整个防护区域。树种的选择,宜选用适合当地土质、气候并生长迅速、根系发达、枝叶茂盛、成活率高的乔木类或不怕水淹的灌木类。植树宜在春、秋季或雨季进行,如在干燥季节植树,要经常浇水,直至树长活为止,并应检查植树成活的情况,如有缺株,需及时补种。

2) 坡面处治

易风化的软质岩石或破碎岩石路堑边坡常受自然条件的影响剥落而破坏,采用植树防护比较困难,可选用抹面、喷浆、勾缝、灌浆和嵌补等方法进行处治,以保证路基稳定。

(1) 抹面。

抹面防护适用于易风化而表面较完整、尚未剥落的岩石边坡,选用混合材料涂抹坡面,防止表层岩石风化的进一步发展。但必须注意,抹面仅起到防护层作用,不能承受荷载,故边坡必须是稳定的。施工时要注意:抹面前,对被处治坡面进行清理,并将坡面上的坑洼用小石块嵌补填平,然后用水洒湿坡面,使灰浆与坡面结合良好。抹面应均匀,待灰浆稍干即进行夯拍,直至表面出浆为止,并应洒水养护。

(2) 喷浆。

喷浆防护是将灰浆均匀地喷射在岩层表面,使之形成一个保护层,是防治坡面风化破坏的一种措施,适用于易风化而仍较完整的岩石路堑边坡。这种方法施工简便、效果较好,但水泥用量较大。

通常采用的方法为重心喷浆法,即将浆桶置于高处,接近桶底处开一小洞接胶皮管,借助重力作用喷出,所用的机具设备较简单。施工要点是:①喷浆前应对坡面进行清理,并用水冲洗干净;②喷浆材料可用纯水泥浆或水泥砂浆,也可用水泥石灰砂浆;③喷浆厚度视坡面岩石风化程度而定,一般为2 cm左右,需较厚者可以分层喷射,喷浆后应洒水养护。

(3) 勾缝。

勾缝防护适用于较坚硬、不易风化、节理裂缝多而细的岩石路堑边坡,用以防止雨水沿裂缝浸入岩层内部造成病害。

(4) 灌浆。

灌浆防护适用于较坚硬、裂缝较大且较深的岩石路堑边坡,借砂浆的黏结力把裂开的岩石黏结为一体,维护边坡稳定。

(5) 嵌补。

嵌补防护可用浆砌片石或水泥混凝土嵌补,适用于补平岩石坡面中有较深的局部凹坑,以防坡面继续破损碎落，维护边坡稳定。

(6) 锚固。

锚固防护适用于岩石边坡的层理或构造面倾向于路基并有可能顺层面下滑的情况。这种方法是垂直于岩面坡面钻洞，将钢筋直穿至稳定基岩内，然后向洞内灌入水泥砂浆，使钢筋串联岩层，阻止岩层下滑。

3) 护面墙

护面墙适用于边坡较陡(边坡坡度在1:0.3～1:1)的情况，常在软质岩层节理裂缝较发育、易于风化的路堑边坡上设置。护面墙一般不承受墙后土体的侧压力，所防护的岩面边坡应无滑动或滑塌现象，路堑应符合边坡稳定的要求。

(1) 坡面清理。

在铺砌前应对坡面进行清理，清除松动的石块。

(2) 基础。

护面墙的基础应置于坚固地基之上，并埋入冰冻线以下0.25 m处。如果地基承载力不足，应进行加固，或采用拱形结构跨过。

(3) 墙身。

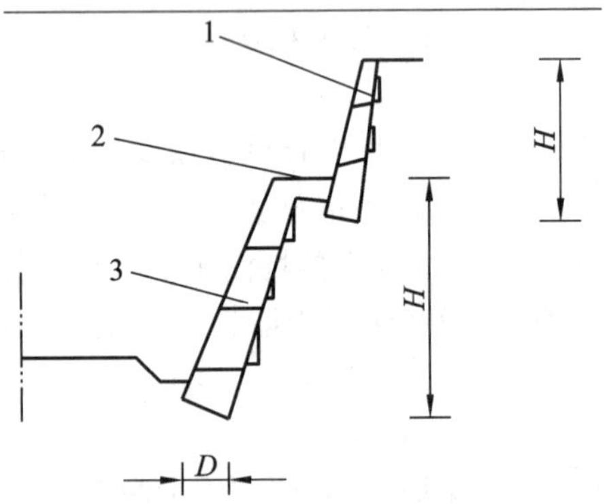

图2.4.2　护面墙平台与错台

1—错台；2—平台；3—泄水孔

为增加护面墙的稳定性，根据坡面岩石的状况，每6～10 m高设宽度不小于1 m的平台；墙背每4～6 m高设置一宽度为0.5～1.0 m的错台，如图2.4.2所示。

护面墙的厚度随边坡轮廓而变化，底厚度要稍大于顶宽，并应设伸缩缝与泄水孔。顶部需用厚土夯实或砂浆抹平，以防水浸入。

2. 冲刷防护工程养护

沿河路堤和桥头引道，直接受到水流的冲刷和掏空，为维护路基坚固、稳定，必须采取措施予以防护。冲刷防护有两种类型：一种是直接防护，以加固岸坡为主要措施；另一种是间接防护，以改变水流方向、降低流速为主要措施。

直接防护除植物防护、坡面防护外，还有砌石、抛石、石笼、浸水挡土墙等防护方法。间接防护包括各种导流与调治构造物，如丁坝、顺坝及拦河坝等，也可以将河沟改道，引导水流排至路基之外。

1) 石砌护坡

石砌护坡用于因水流冲刷的河岸和路基，可分为干砌和浆砌两种。

(1) 石砌护坡用以保护边坡免受地表水的侵害及河水的冲刷，可用于土质边坡，边坡坡度一般为1:1.5～1:2。水流速度在1.5 m/s以下，石砌护坡对所防护的边坡本身应该是稳定的。

(2) 浆砌片石护坡适用于水流流速较大(在1.5 m/s以上)，波浪作用较强，以及可能有流水、流水冲击作用时的防护加固工程。

(3) 钢筋混凝土预制挂板护坡适用于严重冲刷地段。预制板尺寸为边长0.5～1.0 m的正方形或长方形，厚0.2～0.4 m。安放后，用钢筋套勾将板与板相互勾连，以增强整体性。

2) 抛石防护

抛石防护主要用于防护水下部分的边坡和坡脚，避免或减少水流对护坡的冲刷及淘刷，也可用于防止河床冲刷。

3) 石笼防护

石笼防护用于防护河岸或路堤边坡，同时也可作为加陡边坡、减少路基占地宽度以及加固河床、减少淘刷的措施。在缺少大块石料时，用较小石块(5～20 cm)填塞于铁丝笼或竹木笼内，一般可适用于流速为4～5 m/s的水流中。有漂石冲击的河流不宜采用石笼防护，因铁丝易被磨坏。

3. 挡土墙的养护

挡土墙是用来支撑天然边坡或人工填土边坡，以保持土体稳定的建筑物。在公路工程中，它广泛应用于支撑路堤或路堑边坡、隧道洞口、桥梁及河流岸壁等。

挡土墙的日常养护除经常检查其有否损坏外，每年应在春秋两季各进行一次定期检查，北方冰冻严重地区尤应注意，主要检查挡土墙在冰冻融化后墙身及基础的变化情况，以及冰冻前所采取的防护措施效果。另外，在反常气候、地震或重型车辆通过等特殊情况后应进行及时检查，发现裂缝、断裂、倾斜、鼓肚、滑动、下沉或表面风化、泄水孔堵塞、墙后积水、周围地基错台、空隙等情况，应查明原因，并观察其发展情况，采取相应的修理、加固等措施。对检查、修理和加固情况，应做好工作记录，设立技术档案备查。

挡土墙发生裂缝、断裂并且已停止发展时，可将缝隙凿毛，清除碎渣和杂物，然后用水泥砂浆堵塞。水泥混凝土或钢筋混凝土挡土墙的裂缝也可用环氧树脂黏合。挡土墙发生倾斜、鼓肚、滑动或下沉，可选用下列加固措施。

(1) 锚固法。适用于水泥混凝土或钢筋混凝土挡墙。采用高强度钢筋做锚杆，穿入预先钻好的孔内，用水泥砂浆灌满锚杆插入岩体部位，固定锚杆，待砂浆达到一定强度后，对锚杆进行张拉操作，然后用锚头固紧，如图2.4.3所示。

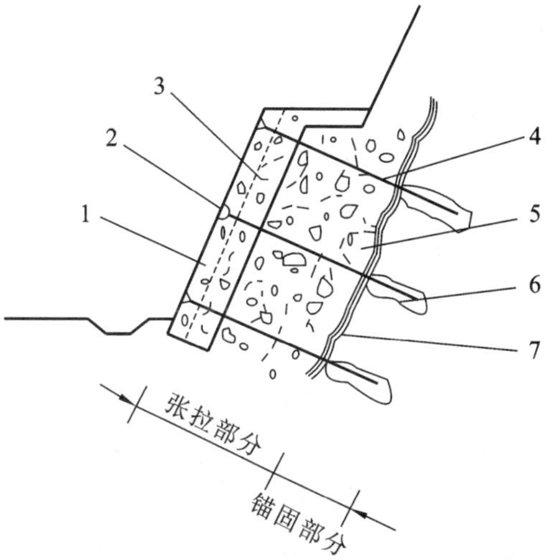

图2.4.3 锚固法加固挡墙

1—现浇混凝土；2—锚头；3—原墙体；4—预应力钢筋；5—墙后；6—灌入水泥浆；7—锚固岩基的推算线

(2) 套墙加固法。在原墙外侧加宽基础，加厚墙身，如图2.4.4所示。施工时，应挖出一部分墙后填土，减小土压力，同时应注意新旧基础和墙身的接合。方法是凿毛旧基础和旧墙身，必要时设置钢筋锚栓或石榫，以增强联结。墙后回填土必须分层填筑并夯实。

(3) 增建支撑墙加固法。在挡墙外侧，每隔一定间距，增建支撑墙。支撑墙的基础埋置深度、尺寸和间距应通过计算确定，如图2.4.5所示。

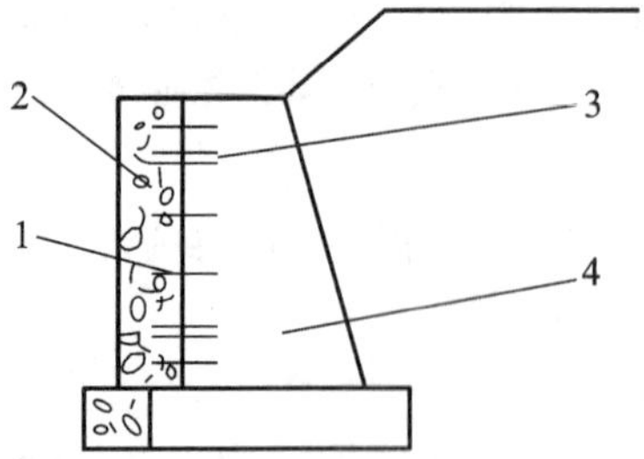

图 2.4.4　套墙示意图

1—钢筋锚栓；2—套墙；3—连系石榫；4—原挡墙

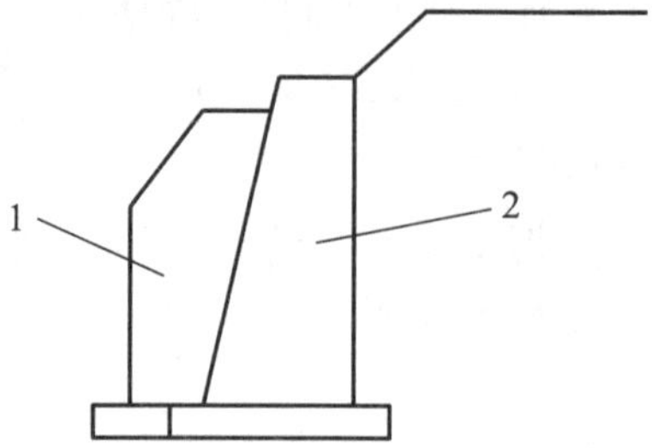

图 2.4.5　支撑墙

1—支撑墙；2—旧挡墙

（4）拆除重建。原挡土墙损坏严重，采用以上加固方法不能达到设计强度要求时，则应考虑将损坏部分拆除重建。为防止不均匀沉降，新旧挡土墙之间应设置沉降缝，并应注意新旧挡土墙接头协调。

挡土墙的泄水孔应保持畅通。如有堵塞，应及时疏通；如无法疏通，应另行选择适当位置增设泄水孔，或在墙后沿挡墙增加墙后排水设施。一般可增设盲沟将水引出路基之外，以防止墙后积水，引起土压力增加或冻胀。

挡土墙表面出现风化剥落时，应将风化表层凿除，喷涂水泥砂浆保护层。当风化剥落严重时，应将风化部分拆除并重砌。

锚杆式及加筋挡土墙应经常注意是否变形、倾斜或肋柱以及挡板是否损坏、断裂。如有损坏，应及时修理、加固或更换。对暴露的锚头、螺母、垫圈应定期涂刷防锈漆，同时应经常检查锚头螺母是否松动、脱落，如有松动、脱落，应及时紧固和补充。

浸水挡土墙除平时经常检查其有否损坏外，应在洪水前后详细观察、检查。汛前检查的目的是确定其作用、效果以及结构是否完整稳定，能否承受洪水的袭击，以便采取的防护、加固措施；汛后检查的目的是观察其是否损坏，如有损坏，应及时修理和加固。

浸水挡土墙受洪水冲刷，出现基础被掏空但未危及挡土墙本身时，可采取抛石加固或用块（片）石将掏空部分塞实并灌浆的措施。当挡墙本身出现损坏，如松动、下沉、倒塌、开裂等，应按原样修复。

任务 5　路基排水设施的维护

一、工作任务

水是造成路基及沿线设施产生病害以致破坏的一项重要影响因素。路基排水系统能否正常工作，直接影响到路基的稳定性。因此，必须对排水设施进行经常性、预防性的养护和维修，确保其功能完好、排水顺畅。同时根据实际使用情况，要不断改善路基排水条件。通过对路基排水设施维护等相关知识的学习，学生应掌握排水设施养护方法，指导现场路基排水设施维护的施工。

二、相关配套知识

对路基有危害的水分为地表水和地下水两大类。地表水主要包括降水(包括雨水、雪水)形成的地面径流及大小河沟溪水等，这是路基排水的主要方面，也是对路基造成危害的主要水源。同时，路面上的水如不能及时排出，会给行车带来很大的安全隐患。地下水包括上层滞水、潜水及层间水等。暴雨径流、冰雪融水、上层滞水、潜水、泉水及路旁积水均能软化、冲刷甚至毁坏路基，造成路基边坡滑塌、道路翻浆等病害的产生。在公路养护过程中，要保持路基排水设施完好无缺，应根据实际情况，补充完善排水设施，并与沿线桥涵配合良好的排水系统，以保证路基的强度及边坡的稳定。

1. 路基排水设施的作用

路基排水设施的主要作用是将路基范围内的土基湿度降低到一定限度以内，保持路基常年处于干燥状态，确保路面具有足够的强度和稳定性。路基排水设施分为地面排水设施和地下排水设施。地面排水设施通常有边沟、泄水槽、排水沟、跌水及急流槽、拦水带等；地下排水设施有明沟、暗沟、盲沟、有管渗沟、洞式渗沟及防水隔离层等。

2. 排水设施的维护

在春融前，特别是汛期前，应对各种排水设施进行全面检查疏浚。雨天必须上路巡查，及时排除堵塞，保持水流畅通，防止水流集中冲坏路基。暴雨后应重点检查：如有冲刷、损坏，需要及时修复加固；如有堵塞，应及时清除。

对暗沟应经常进行检查，如发现堵塞、淤泥，应冲洗清除。特别是雨水季节，应保持暗沟的流水通畅。如发现渗沟洞口堵塞、长草，应及时进行冲洗和清理；如碎石层淤塞不通时，应翻修，并剔除颗粒较小的砂石；如位置不当，应根据情况另行修建。

排水沟渠的加固措施应结合当地地形、地质、纵坡和流速条件，因地制宜，就地取材，且应简便易行、经济实用。

1）增设排水设施

(1) 增设边沟。

① 边沟应按图纸规定施工，并应符合现场的地质、地形条件，边沟和涵洞接合处应与涵洞洞口建筑配合，以便水流通畅进入涵洞。

② 平曲线处边沟施工时，沟底纵坡应与曲线前后沟底纵坡平顺衔接，不允许曲线内侧有积水或外溢现象发生。曲线外侧边沟应适当加深，其增加值等于超高值，但曲线在坡顶时可不加深边沟。

③ 边沟的尺寸应符合规定。对于土质地段，当沟底纵坡大于3%时，边沟必须采取加固措施。采用干砌片石对边沟进行铺砌时，应选用有平整面的片石，各砌缝要用小石子嵌紧；采用浆砌片石铺砌时，砌缝砂浆应饱满，沟身不漏水；若沟底采用抹面时，抹面应平整压光。

(2) 增设截水沟。

① 截水沟应按规定施工。截水沟的位置:在无弃土的情况下,截水沟的边缘离开挖方路基坡顶的距离视土质而定,以不影响边坡稳定为原则。若为一般土质,至少应离开坡顶 5 m。截水沟挖出的土,应及时平整夯实,使沟两侧形成平顺的斜面。

路基上方有弃土堆时,截水沟应离开弃土堆坡脚 1～5 m,弃土堆坡脚离开路基挖方坡顶不应小于 10 m,弃土堆顶部应设倾向为 2%的截水沟横坡。

② 山坡上路堤的截水沟距离路堤坡脚至少 2 m,并用挖截水沟的土填于路堤与截水沟之间,修筑向沟倾斜坡度为 2%的护坡道或土台,使路堤内侧地面水流入截水沟排出。

③ 截水沟长度超过 250 m 时,应选择适当地点设出水口,将水引至山坡侧的自然沟中或桥涵进水口;截水沟必须有牢靠的出水口,必要时需设置排水沟、跌水槽或急流槽;截水沟的出水口必须与其他排水设施平顺衔接。

④ 为防止水流下渗和冲刷,截水沟应进行严密的防渗和加固处理。地质不良地段和土质松软、透水性较大或裂隙较多的岩石路段以及沟底纵坡较大的土质截水沟或截水沟的出水口等,均应采取加固措施防止渗漏,防止冲刷沟底及沟壁。

(3) 增设排水沟。

① 排水沟的线形要求平顺,尽可能采用直线形,转弯处宜做成弧形,且半径不宜小于 10 m。排水沟长度根据实际需要而定,通常不宜超过 500 m。

② 排水沟沿路线布设时,应离路基尽可能远一些,距路基坡脚不宜小于 3～4 m。

③ 当排水沟、截水沟、边沟因纵坡过大导致水流速度大于沟底、沟壁土的容许冲刷流速时,应采用边沟表面加固措施。

(4) 增设跌水槽与急流槽。

① 跌水槽与急流槽必须采用浆砌圬工结构。跌水的台阶高度可根据地形、地质等条件决定,多级台阶的各级高度可以不同,其高度和长度之比应与原地面坡度相适应。

② 急流槽的纵坡应按规定进行施工,一般不宜超过 1:1.5,同时应与天然地面坡度相配合。较长的急流槽,槽底可设几个纵坡,一般是上段较陡,下段逐渐放缓。

③ 当急流槽较长时,应分段砌筑,每段不宜超过 10 m,接头用防水材料填塞,密实无空隙。

④ 急流槽的砌筑应使自然水流与涵洞进、出口之间形成一个过渡段,基础应嵌入地面以下,其底部应按图纸要求砌筑抗滑平台并设置端护墙。路堤边坡急流槽的修筑,应能为水流入排水沟提供一个顺畅通道,路缘石开口及流水进入路堤边坡急流槽的过渡段应连接圆顺,如采用喇叭口接入。

⑤ 边沟、急流槽接入涵洞进口处,应加设消力池,当急流槽水流大且流速较大时,为防止水溅上路基,宜在急流槽下部槽口上加设盖板。

2) 排水设施的加固

(1) 土沟表面夯实。

① 适用范围。

a. 一般适用于土质边沟和排水沟,不适用于堑顶截水沟或堑顶排水沟。

b. 沟内水流平均流速不大于 0.8 m/s。

c. 沟底纵坡不大于表 2.5.1 所列数值。

表 2.5.1 沟底纵坡

边坡坡率	1∶1		
断面 $B\times H/\mathrm{m}^2$	0.4×0.4	0.4×0.6	0.6×0.6
纵坡/(%)	1.5	0.7	0.6

② 施工。

a. 开挖水沟时，沟底及沟壁部分均少挖 0.05 m。

b. 将沟底、沟壁夯拍密实，使土的干密度不小于 1.66 $\mathrm{t/m^3}$，土层厚度不小于 0.05 m。

c. 沟渠开挖时应随开挖随夯实，以免土中水分消失，不易夯拍坚实。

d. 施工中如发现沟底、沟壁有洞穴，应用原土补填夯实。

(2) 用三合土或四合土捶面的方法加固。

① 适用范围。

a. 一般适用于无冻害及无地下水段的水沟。

b. 沟内水流平均流速 1.0～2.5 m/s。

c. 在常流水的水沟加固表面，可加抹 1 cm 厚的 M7.5 水泥砂浆。

d. 混合土厚 0.1～0.25 m，视沟内平均流速或沟底纵坡大小而定。

② 材料的配合比。

a. 三合土。水泥∶砂∶炉渣＝1∶5∶1.5(质量比)；无炉渣地区可试用石灰∶黄土∶砂石＝1∶3.3∶2.3(体积比)。

b. 四合土。水泥∶石灰∶砂∶炉渣＝1∶3∶6∶2.4(质量比)。

c. 水泥可采用低强度等级的；炉渣需用高温烧化且含碳量不超过 5%，其粒径不超过 5 mm。

③ 施工。

a. 施工前两周将石灰水化，使用前 1～3 d 将黄土或炉渣掺入拌匀，使用时将卵(碎)石或水泥及砂，反复拌和均匀。

b. 沟渠开挖后趁土质潮湿时立即加固。如土质干燥，则宜洒水湿润后再加固。

c. 沟渠铺混合土前，应将沟底及沟壁表面夯拍平整，然后安装模板，以保证加固厚度一致。

d. 沟渠铺混合土后，应拍打提浆，然后再抹水泥砂浆护层。待稍干后，用大卵石将表面压紧磨光。然后用麻袋或草席覆盖，并洒水养护 3～5 d。

e. 施工季节以春秋季为宜，不宜在冬季，以免混合土尚未干燥即发生冻胀。

f. 养护时，如发现裂缝或表面剥落，应及时修补。

(3) 单层干砌片石加固。

① 适用范围。

a. 一般用于无防渗要求的沟渠加固地段。

一般土夹砂卵石、软石、风化严重的岩石沟渠纵坡在 5%以上、水流流速在 2 m/s 以上时，必须加固。对于砂土质地段，纵坡不小于 1%以上，即需加固。

沟内水流平均流速在 2.0～3.5 m/s 时，干砌片石尺寸可采用 0.15～0.25 m。水流流速在

4 m/s 以上时，应加设急流槽或跌水槽。

当沟壁沟底为细粒土，应加设卵石、(碎)砾石垫层，其厚度按水流平均流速大小及土质情况，在 0.10～0.15 m 范围内选用。

② 施工。

a. 垫层石料以粒径为 5～50 mm 者占 90%(质量比)以上为宜。

b. 片石间空隙应用碎石填塞紧密，片石大面应砌向表面，减少面部粗糙程度。

(4) 单层浆砌卵石加固。

① 适用条件。

a. 一般用于无严格的防渗要求，且容许水流流速在 2.0～2.5 m/s 以内的防冲沟渠加固地段。

b. 所用卵石的尺寸与容许流速的大致关系如表 2.5.2 所示。

表 2.5.2　卵石尺寸与容许流速关系

卵石直径 a/cm	0.15	0.20
v/(m/s)	2.0	2.5

c. 当沟壁、沟底为细颗粒时，需加设砾石垫层，其厚度视容许水流流速及土质情况而定(见表 2.5.3)。

表 2.5.3　砾石垫层厚度

土质及厚度 / v/(m/s)	一般细粒土厚度/cm	黏土厚度/cm
小于 2.5	0.10	0.10
2.5～3.0	0.15	0.10

② 施工。

a. 垫层可采用平均粒径 2～4 mm 的干净砂砾，其含土量应在 5%以下。

b. 一般应先砌沟底，后砌沟壁。沟底选用好的大卵石，坡脚两行尤应注意选料砌牢。砌筑可自下而上逐步选用较小的卵石，最上一层则用较长卵石平放封顶压牢。

c. 所用卵石均应浆砌，大头朝下，每行卵石需大小均匀，两排之间保持错缝。

d. 卵石下部及卵石之间的空隙，均应用小石子填塞紧密。

(5) 浆砌片石加固。

① 使用条件。

a. 一般用于沟内水流速度较大且防渗要求较高的地方。

b. 在有地下水及冻害地段，沟壁、沟底外侧应加设反滤层(或垫层)，并在沟壁上预留泄水孔。

② 施工。

a. 沟渠开挖后应整平夯拍，如土质干燥应洒水湿润，遇有洞穴应堵塞夯实。

b. 水泥砂浆随砌随拌，砌筑完后注意养护。

（6）混凝土预制板加固。

① 适用条件。

a. 一般缺少砂、石地段，用混凝土预制板施工较方便。

b. 填方地段采用混凝土预制板，比安装模板现浇混凝土更为合适。

c. 垫层可用砂砾材料或8%石灰剂量的石灰土，拍打坚实平整。

d. 混凝土预制板的板厚为5～10 cm，无冻胀破坏地区可采用4～8 cm。

e. 混凝土预制板一般采用C15混凝土制成。

f. 流量与衬砌厚度的关系如表2.5.4所示，供参考。

表2.5.4 流量与衬砌厚度关系

基础及其他条件	流量/(m^3/s)	板厚/cm	备注
砂砾石、砾石、风化石，无浮托力	<2 >2	5～6 4～10	3～4 cm厚的混凝土衬砌渠道，一般采用压力喷射施工
密实的砂砾土、砂土挖方渠道，无浮托力	<2 >2	4～8 6～12	需要砾石垫层
黄土、普通土、冲积土、细砂粒的填方渠道	<2 >2	6～10 8～12	需要垫层和排水设备，黏性土地段需采取防冻胀措施。无冻胀，不加垫层

② 伸缩缝。

a. 基于温度变化会引起混凝土板的伸缩以及基础的不均匀沉陷等原因，需设置伸缩缝，纵向缝一般设在边坡与沟底连接处；当沟底宽度超过6～8 m时，可在渠底中部设置纵缝。

b. 混凝土预制板采用M5水泥砂浆砌缝时，横向缝间距与现浇混凝土板相同，其参考值如表2.5.5所示。

表2.5.5 横向缝间距

加固板厚度/cm	伸缩缝间距/m	加固板厚度/cm	伸缩缝间距/m
5～7	2.5～3.5	≤10	4.0～5.0
8～9	3.5～4.0		

c. 采用预制板加固时，沟底与边坡的伸缩缝间距需一致。

d. 伸缩缝宽取决于伸缩缝间距、湿度变幅、干缩系数、线膨胀系数、填料伸缩性能、黏结力、施工要求等，一般为1～4 cm。

e. 伸缩缝填料的性能是决定衬砌效果和寿命的主要因素，要求高温不流淌，低温不冻裂、剥落；伸胀时不挤出，收缩时不裂缝，黏结力强；负温下仍能黏着不脱离，耐久性好。目前采用的填料有沥青混合料、聚氯乙烯胶泥和沥青油毡板等。

③ 防冻胀措施。

在地下水位高、天气寒冷、有冻胀影响的地区，沟渠混凝土板的平整度会受到影响。砂砾垫层的厚度可按最大冻深的70%考虑。

④ 施工与养护中的注意事项。

a. 加固板的接缝除按照操作规程选料和施工外，在沟渠的使用中应密切注意接缝料，如有脱落或裂隙，应随时修补，修补时应将原接缝料清理干净。

b. 混凝土板损坏后，应及时更换。

任务 6 特殊地区路基的维护

一、工作任务

特殊地区的路基工程包括黄土地区路基、沙漠地区路基、多年冻土路基和盐渍土地区路基，以及泥石流、泥沼及软土地区路基等。通过对路基排水设施维护等相关知识的学习，学生应掌握排水设施养护方法，指导现场路基排水设施维护的施工。

二、相关配套知识

1. 黄土地区路基工程养护

黄土主要分布于昆仑山、秦岭、山东半岛以北的干旱和半干旱地区，其中以黄土高原的黄土沉积最为典型。

1）常见病害

黄土具有疏松、湿陷、遇水崩解、膨胀等特性，常见的病害有如下几种。

(1) 坡面在多次干湿循环后，出现裂缝、小块剥落、小型塌方、大小沟、陷穴。

(2) 边沟被水冲深、蚀宽，使路肩、边坡脚受到破坏。

(3) 边坡土体受积水浸润后发生滑塌，或在地下水及地面水的综合作用下，形成泥流。

2）病害的治理

下面将有关黄土边坡防护与加固的措施，以表格形式汇总于表 2.6.1。

表 2.6.1 黄土路堑边坡的防护与加固

措施名称	图例	说明
边坡坡面拍实	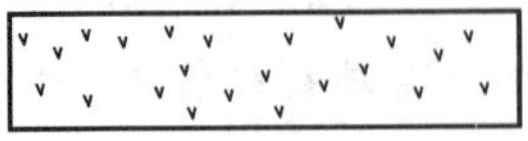	1. 适用于土质疏松的边坡； 2. 用三棱板拍打密实，或用小轻碾自坡顶沿坡面碾实
种草和铺草皮	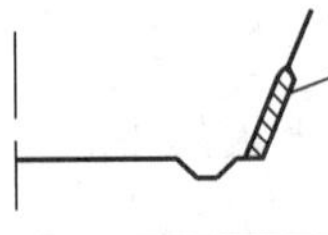	1. 适用于边坡缓于 1∶1，草坪能就地取材，且雨量多，适宜草类生长的地区； 2. 阴雨天施工为宜

续表

措施名称	图　　例	说　　明
草泥抹面	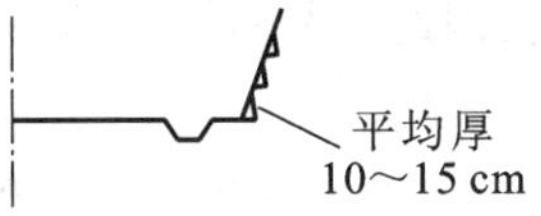	1.适用于年降雨量较小,冲刷不太严重的地区,边坡缓于1:1; 2.采用较黏的土,其配合比为每立方米黏土掺入切碎的草10～12 kg; 3.为增强草泥与边坡连接,在边坡上打入一些木楔,其间距为30～40 cm
三合土、四合土抹面	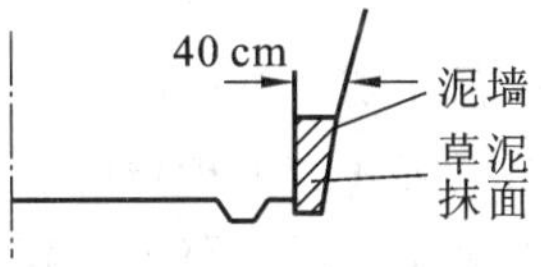	1.适用于雨雪量大的任何坡度边坡; 2.材料配合比(重量比),三合土:石灰:细砂:黄土=1:2:5,四合土:石灰:黄土:细砂:炉渣=1:3:5:9
土护墙	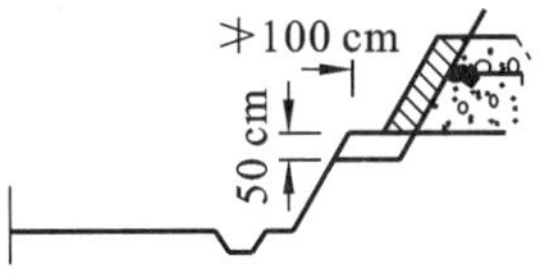	1.适用于坡脚已破坏路段; 2.修筑方法同挡土墙
浆砌片石护墙	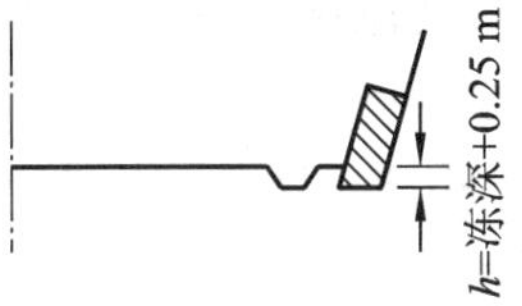	适用于坡脚易被水冲刷、坡面剥落严重、坡脚已破坏、边坡含有夹砂层的路段
格状防护	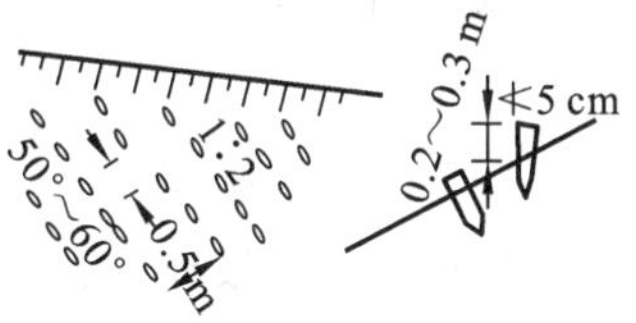	1.适用于土质疏松及多雨地区,边坡缓于1:1.5; 2.木桩应垂直坡面打入
腰岘土桥	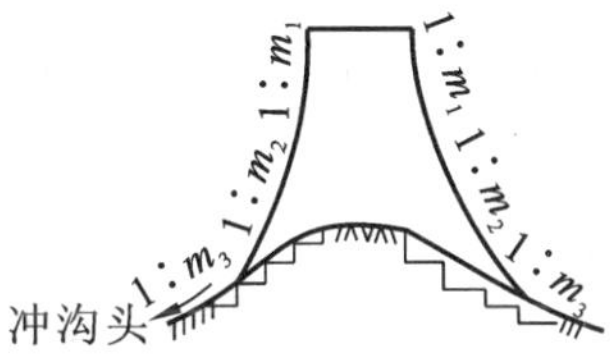	1.设置在两侧冲沟的沟头之间; 2.无水流,不需设泄水构造物; 3.施工比较简单,工程量少; 4.当有被冲沟溯流侵蚀的危险时,需对冲沟头进行处理,如修堤坝、种草、植树等
跨越冲沟土桥	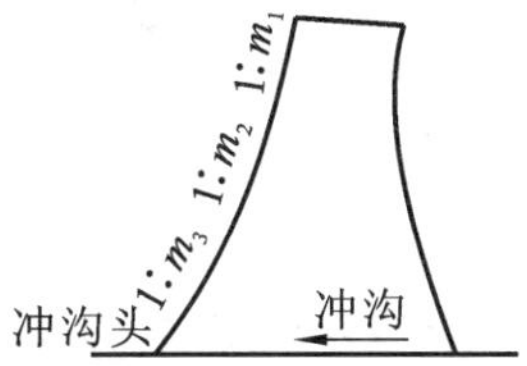	1.设在冲沟的中上游,沟窄而浅,无不良地质现象; 2.底部有水流通过时,则需设置泄水孔或泄水构造物,如石拱涵、砖拱涵等
半土桥	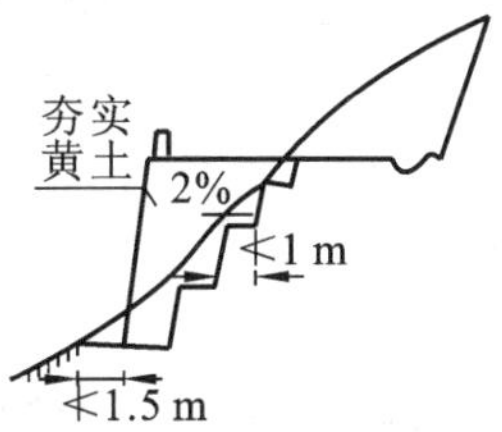	可作为道路养护补路基缺口之用

2. 沙漠地区路基工程养护

我国沙漠地区主要分布在北方干旱、半干旱地区。这些地区由于气候比较干燥、雨量稀少、风沙大以及地表植被均稀疏、低矮，容易发生边坡或路肩被风蚀，或整个路基被风积沙掩埋等病害。沙漠地区路基的养护往往需要大量的防护材料，因此，要在养护中做好备料工作。

1）沙漠路基病害的防治措施

（1）路基两侧原有的沙障、石笼、风力加速堤或用黏土覆盖的植被、防沙栅栏及防沙设置的一切设施，如有被淹埋、倾倒、损坏和失效的情况，应拔高、扶正或修理补充。

（2）路基的砌石护坡或草格防沙设施如有塌方破坏，应及时修理，保持完好状态。

（3）必须维护路基两侧现有植物的正常生长，并有计划地补植防沙树木和防护林。

（4）路基边坡上出现的风蚀、空洞、坍缺，应予以填实并加强护坡防护能力。

（5）路肩上严禁堆置任何材料或杂物，以免形成沙丘。对公路上的积沙，应及时清除并运到路基下风侧 20 m 以外的地形宽阔处并摊撒、平顺。

2）沙质路基的防护措施

（1）柴草类防护。

① 层铺防护：采用麦草、稻草、芦苇、沙蒿、野麻或其他草类，将其基杆砍成 30～50 cm 短节，从坡脚开始向上每层按 5～10 cm 厚度层铺、灌沙、捣实。如采用沙蒿等带有根系的野生植物时，可将其根茎劈开，并使根系向外，按上述方法进行层铺。沙蒿可用 10 年以上，其他多为 3～5 年，材料用量大。

② 平铺植物束成笆块：采用各种枝条、芦苇、芨芨草等扎成直径 5～10 cm 的束把，或编织成笆块，沿路基坡脚向上平铺，以桩钉固定，可用 5～10 年，材料用量大。

③ 平铺或叠铺草皮，挖取 40 cm×50 cm 大小的草皮，其厚为 10～15 cm，沿路基坡脚向上错缝平铺或叠铺。一般可用 3～5 年，如能成活，可起永久稳固边坡作用。

（2）土类防护。

① 黏土防护：采用塑性指数大于 7 的黏性土，用于边坡时，厚为 5～10 cm；用于路肩时，厚为 10～15 cm。为增加抗冲蚀强度避免干裂，可掺 10%～15%的砂或 20%～30%的砾石（体积比）。

② 盐盖防护：可将盐盖打碎成 5 cm 的碎块，予以平铺（松软的盐盖可直接平铺而形成硬壳）。

（3）砾、卵石防护。

① 平铺砾、卵石防护。分平铺、整平、夯实几步进行。用于边坡时，厚 5～10 cm；用于路肩时，厚 10～15 cm。

② 格状砾、卵石防护。用于边坡时，厚 5～7 cm，先用 10 cm 以上的卵石在边坡上做成 1 m×1 m 或 2 m×2 m 并与路肩边缘成 45°角的方格，格内平铺粒径较小的砾石。用于路肩时，厚 10～15 cm，路肩平铺砾石，应整平并夯（或拍）实。

（4）沥青防护。

① 平铺沥青沙：采用 10%～20%热沥青与 80%～90%的风积沙混合，直接在边坡上平铺、拍实。

② 直接喷洒沥青或渣油：将高标号沥青、渣油熬热后洒在边坡上，然后撒一薄层风积沙。

3. 多年冻土地区路基工程养护

在兴安岭和青藏高原的高寒地区分布有成片的多年冻土，天山、阿尔泰山及祁连山等地区有零星分布。冻结状态保持两年或两年以上的土(岩)，称为多年冻土。多年冻土往往含有大量水分或夹有冰层，并有一些不良的物理地质现象，易引起的路基病害主要有：路堑边坡坍塌；路基底发生不均与沉陷；由于水分向路基上部集聚而引起冻胀、翻浆；路基底的冰丘、冰堆往往使路基鼓胀，引起路基、路面的开裂与变形，且融化后发生不均匀沉陷。针对其病害的不同情况，可以采取以下措施。

(1) 防雪设施应维护原状态，对捣毁残损的设施，应修理、加固或补充，使其发挥防雪作用。

(2) 多年冻土地区地面水无法下渗，容易造成地表潮湿或积水，宜将积水引向路基以外排出，避免危害路基。

(3) 疏浚边沟、排水沟，且要防止破坏冻层。若导致冻土融化，将产生边坡坍塌。

养护用土或砂石材料，不宜在路堤坡脚或路堑坡顶 20 m 以内采掘，防止破坏冻土，影响路基稳定。

(4) 治理冰冻方法。

① 将路基上侧的泉水及夹层、透水层的渗水，从保温暗沟导流出路基外。如含水层尚有不冻结的下层含水层，可将上层水导入下层含水层中排出。

② 提高溪旁路基的高度，使其高于涎流冰面 50 cm 以上。涎流冰是指在寒冷气候条件下，地下水或地面水漫溢到地面或路面上，自下而上逐层冻结，形成涎流冰，东北地区常称为“冰湖”。因受地形或纵坡限制，路基无法提高时，可在临水一侧路外缘点，或在路侧溪流初结冰后，从中凿开一道沟，用树枝杂草覆盖并加铺土或雪保温，使水流沿水沟流动，避免溢流上路。也可将溪流改至远离公路的地方通过。

③ 在多年冻土区，可在公路上侧远处开挖与路线相平行的深沟，以截断活动层泉流。在冬季时，应使延流冰聚集在公路较远处，保障公路不受涎流冰的影响。

④ 根据涎流冰的数量，在公路外侧修筑储水池，使涎流冰不上公路。

⑤ 多年冻土地区的路基养护，应采取“保护冻土”的原则。做到宜填不宜挖，除满足不同地区、气候、水文、土壤等路基填筑的最小高度外，并另加 50 cm 保护层。路基填方高度不宜小于 1 m。

4. 盐渍土地区路基工程养护

1) 盐渍土地区路基常见病害

当距离地表 1 m 内含有容易溶解的盐类，如 $NaCl$、$MgCl_2$、$CaCl_2$、Na_2SO_4、$MgSO_4$、Na_2CO_3、$NaHCO_3$(碳酸氢钠)等，其含量超过 0.3%，即属盐渍土。我国西北、东北的干旱地区及沿海平原地区分布着大面积的盐渍土，其含量通常是 5%～20%，有的甚至高达 60%～70%。由于土中含有易溶盐，土的物理、力学上的筑路性质发生变化，将引起许多路基病害。盐渍土在干旱季节和干旱地区，因盐类的胶结和吸湿、保湿作用，有利于路基稳定。但一旦受到雨水、冰雪融化的淋溶，含水量急增，则会出现湿化坍塌、溶陷、路基发软，致使路基强度降低，丧失稳定，甚至失去承载力，导致路基容易出现下列病害。如道路泥泞；加重路基翻浆及冻胀病害；受水浸时，强度显著下降，发生沉陷；硫酸盐发生盐胀作用，使土体表面结构破坏和疏松，以至发生路面被拱裂及路肩、边坡被剥蚀等。

2) 盐渍土地区路基养护主要技术措施

(1) 排水沟要保持 0.5%～1% 的纵坡；在低矮平坦、排水困难的地段，应加宽、加深边沟或在边沟外增设横向排水沟，其间距不宜大于 500 m，沟底应有向外倾斜 2%～3%的横坡。

(2) 加深、加宽边沟形成的弃土，可堆筑在边沟外缘，形成护堤，以保护路基不被水淹。

(3) 在盐湖地区用盐晶块修筑的路基表面，原来没有覆盖层或有而失散的，宜用砂土混合料进行覆盖和恢复。路肩出现车辙、坑凹、泥泞，应清除浮土，洒泼盐水湿润，再填补碎盐晶块整平夯实，仍用砂土混合料覆盖压实。

(4) 秋季或春融时期，路肩容易出现盐胀隆起，甚至翻浆。隆起部位应铲去，以使地面水及时排出。

(5) 边坡经受雨水或化雪冲融后出现的沟槽、溶洞、松散等，可采用盐壳平铺或黏土掺砾铺上、拍紧，防止疏松。

(6) 防止边坡水土流失，应结合当地植物生长情况，种植一些耐盐性的树木或草本植物(如红杨、甘草、白茨之类)以增强边坡稳定。

(7) 在过盐边坡地区，对高等级的道路，为防止路基吹蚀、泥泞以及防止水分从路肩部分下渗而造成路面沉陷，其路肩可考虑采用下列加固措施。①用粗粒渗水材料掺在当地土内封闭路肩表层；②用沥青材料封闭路肩；③就地取材，用 15 cm 厚的盐壳加固。

(8) 对硫酸盐渍土路基，为处治边坡疏松、风蚀和人畜踩踏而造成的破坏，可根据需要和可能，采取用卵石、砾石、黏土或盐壳平铺在路堤边坡上等措施。

5. 其他特殊地区路基工程养护

1) 泥石流地段路基工程养护

泥石流是一种突然爆发的含大量泥沙石块的洪流。其对路基的危害主要是通过堵塞、淤埋、冲刷、撞击等造成的；也可通过压缩、堵塞河道时水温雍升，以致淹没上游沿河路基，或者迫使主河槽改道、冲刷，造成间接水毁。我国泥石流主要分布在西南、西北及华北的山区，华南、台湾及海南岛等地山区也有零星分布。

对泥石流病害，应通过访问、测绘、观测等获得第一手资料，掌握其活动规律。可以采取以下措施对泥石流进行防治。

(1) 植树造林、封山育林。对流泥、流石的山坡，特别是在分水岭、山坡、洪积扇上及沟谷内，应在春秋两季大量植树造林、铺植草皮。树木以生长快、根系多的柳树等为宜。铺草皮要先修整边坡，铺后要用木槌拍紧、拍平，使接缝紧密。但因草坡只能预防坡面冲刷、侵蚀，因此，对滑动没有停止的边坡不宜种植。同时，应控制放牧，不允许在同一坡面上伐树采挖草皮，以防止造成新的泥石流。

(2) 平整山坡，填充沟缝，修筑梯阶、土埂，以控制水土流失，防止滑坡发展。

(3) 修筑排水及支挡工程，如修筑截水沟、边坡渗沟等排水工程，以及设置支撑挡墙加固沟头、沟底、沟坡，以稳定山坡。

(4) 在地质条件好的上游，分级修建砌石或混凝土挡渣坝，以起到沉积、拦阻泥石的作用。坝址宜选在有充分停淤的沟谷狭窄处，基础要设置在可靠的地基上。沉积在坝后的泥石，要随时清除。

(5) 对小量的泥石流，应在路肩外缘设置碎落台或修建拦渣挡墙，并随时清除冲积的泥石。

(6) 采用桥梁或涵洞跨越泥石流，但要考虑淤积的问题。

(7)采用明洞及隧道，这一措施一般用于路基通过堆积区，且泥石流规模大、经常发生、危害严重而采取其他措施有困难时的情况下。

(8) 设置渡槽。

(9) 设置排导设施,如排洪道、急流槽、导流堤,如图 2.6.1、图 2.6.2 所示。

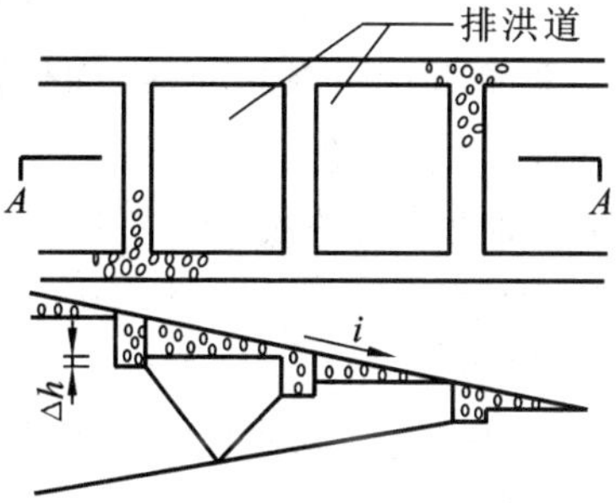

图 2.6.1 排洪道平面图

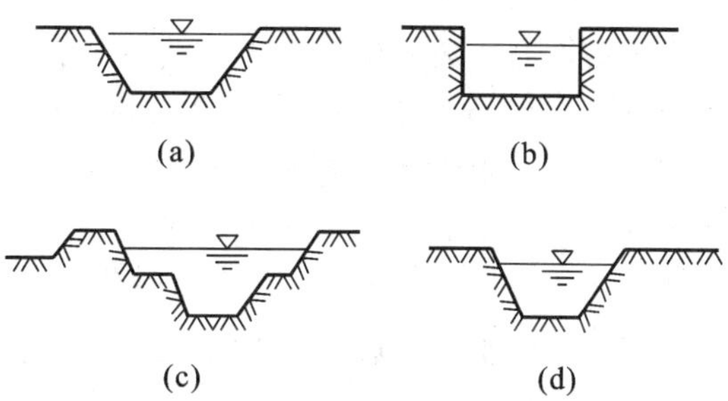

图 2.6.2 排洪道断面形式

(10) 采取滞流及挡截措施,如做谷坊坝、挡渣坝、停淤场等,如图 2.6.3 所示。

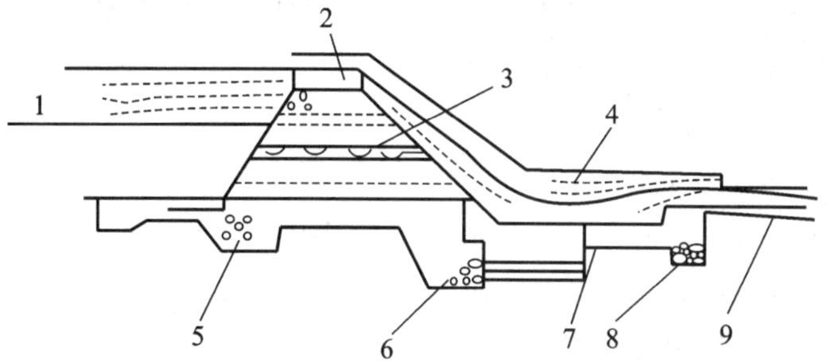

图 2.6.3 谷坊坝的结构形式及各部分

1—泄水孔;2—导水墙;3—坝体;4—消力池;5—上底槛;6—下底槛;7—护埂;8—消力槛;9—海漫

2) 泥沼及软土地带的路基工程养护

我国东北的大小兴安岭、长白山、三江平原、松辽平原等地及青藏高原和西北地区的湖盆洼地、高寒山地均分布有泥沼;在内陆湖塘盆地、江河湖海沿岸和山河洼地则分布有近代沉积的软土。泥沼、软土地带的路基,多因地面低洼、降水充足、地下水位高、含水饱和、透水性小、压缩性大、抗剪强度低,在填土荷载和行车荷载下,容易出现沉降、冰冻膨胀、弹簧、沉陷、滑动、基底向两侧挤出淤泥等病害。路基损坏的整治,应针对病害情况,采取下列措施。

(1) 处理沉降,可用填筑土石来恢复,使其与两端衔接平顺。

(2) 治理膨胀、弹簧、沉陷病害,可通过打石灰桩吸收水分来防止溶冻翻浆。

(3) 对滑动、基底挤出淤泥病害,可采用支挡设施,如在坡脚打木桩、做干砌块石挡墙等方法,予以治理加固。

(4) 路基两侧的下边坡,宜种柳、枫、杨等亲水、根系发达的树,以增强路基抵抗冲刷和浸蚀的能力。

(5) 综合加固。

① 砂井与反压护道并用。

② 反压护道和砂垫层并用。

③ 反压护道与片石齿墙并用。

④ 柴排与砂垫层并用。

⑤ 反压护道与换土并用。

⑥ 降低水位，视情况加深两侧边沟，以促进路基土渗透固结。

3）透水路堤的养护

透水路堤的边坡应保持稳定和完好，若发现有冲塌缺陷，应选用与原来相同的材料填补加固。透水路堤伸出路基坡脚以外部分，应经常清理，保持原有的宽度，防止边坡土塌落，淤塞石缝。透水路堤上游的路基护坡，应保持高出洪水位于 1 m，如雨季后检查出高度不足时，应采取补救加固措施。上游护底的铺砌，必须保持平顺、密实、无淤积，如发现松动变形，需及时修补。

透水路堤顶面与路基之间所铺的隔离层，是防止毛细水上升的措施，如路基出现发软变形，证明隔离层失去作用，应进行返修恢复工作。透水路堤在养护加固中，如遇不能清除淤塞阻水的情况，则应改建为桥梁或涵洞，以利宣泄。

4）沿河路堤护岸的养护

护岸设施应在洪水期前后观察其作用和效果，检查是否完整稳固。当护岸受到洪水冲刷与波浪、漂浮物等冲击损坏时，应采取抛石加固措施，其方法是用坚硬的石料堆成 1∶1～1∶2的坡度，抛石体厚度不小于石块尺寸的 2 倍。

6. 土工织物在路基工程养护中的作用

土工织物指土工建筑物中的合成纤维制品。土工织物与土工薄膜同为合成纤维，但前者在构造上是透水的，而后者在设计上的要求使其渗透性尽量地小或者不透水。两者可以结合使用，也可独立使用，以满足使用要求为原则。

1）土工织物的分类

土工织物的类型有：编织型，纺织型，无纺型（包括化学黏合型、热黏合型、针织机缝合型），专用土工织物，包括带状织物、席垫、网织品、土工格栅、成型塑料片（块），组合型人工织物等。

（1）编织型。由一系列单丝（或丝股）或纱经纬交织而成的平面结构，厚度为 0.1～1.0 mm，具有较高的抗拉强度和较大的渗透系数。

（2）纺织型。由两组平行的细丝或纱交织而成，可为平纹、斜纹和缎纹，厚度约为 0.5 mm，但多丝、细纱、原纤维纺织型一般厚度为 3～5 mm，具有质地稳定、强度较高的特点。

（3）无纺型。由连续丝纤维或短纤维按定向排列或任意排列而成的针织品，然后将其黏合在一起，包括化学黏合、热黏合、针织机缝合等。

（4）专用土工织物。

① 带状织物：由几厘米的条带制成很粗的纺织型组合物。

② 席垫：由粗而硬的曲形丝，在交织处黏合而成，厚度为 1～2 cm。

③ 网制品：由两组平行的压制条带以一定角度交叉并在交织点黏合的制品。

④ 格栅：由一个或两个垂直方向拉成的带孔的塑料板。

⑤ 成型塑料片（板）：按要求的截面形状，制成尖瓦棱形、蜂巢形等结构，由压制、模制而成。

（5）组合型土工织物。由几种土工织物制而成，如由几层编织、纺织的制品，通过缝合、针刺、热合、化学黏合等方法而组合在一起的织物，如将席垫、网制品或成型的塑料片以一层或两层土工织物作为滤层而形成一种预制的排水结构物制品。

2）土工织物的特性与功能

（1）特性。了解特性，是正确选用织物的关键。

① 物理特性：主要指纤维的粗细、密度、质量、孔径大小、孔隙率及孔眼分布等，特别是孔径大小、孔隙率影响其透气性、透水性。

② 力学特性：主要指抗拉强度（经、纬）、断裂强度、顶破强度、穿刺强度、耐磨强度、摩擦系数、压缩和延伸率等，其中抗拉强度是主要指标，一般以 5 cm×10 cm 或 5 cm×20 cm 试件作为拉力测定得到。

③ 水力学特性：主要指透水性、吸湿性、缩水性、产生淤塞或管涌的水力降坡等。

④ 环境特性：主要指耐酸、耐碱、耐腐蚀、抗老化等性能。

⑤ 抗自然因素特性：主要指在不同季节抵抗高温（如产生膨胀发软等）和低温（如产生收缩或变脆）及抗水（如雨季的抗潮湿能力）等性能。

（2）功能。了解功能是正确选用织物的关键。

土工织物的功能主要有：①隔离作用；②排水反滤作用；③加筋作用；④防冲作用；⑤模板作用。

3）土工织物在路基养护中的应用示例（见表 2.6.2）

表 2.6.2　土工织物在路基养护中的应用示例

说　明	图　示	说　明	图　示
提高路堤整体稳定性，在软土地基上隔垫，可使荷载力均匀分布传递于土基，避免局部损坏，适用于软路基路段	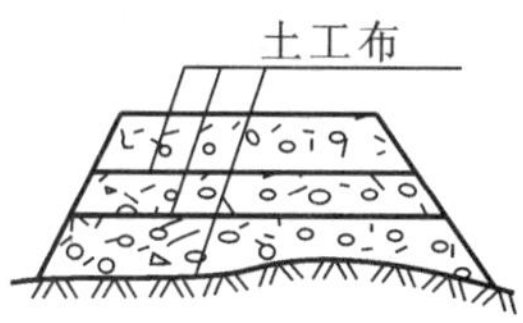	用于路面中，提高受重复荷载的能力。土工布的可压缩性和弹性起到消震作用，改善受力状态	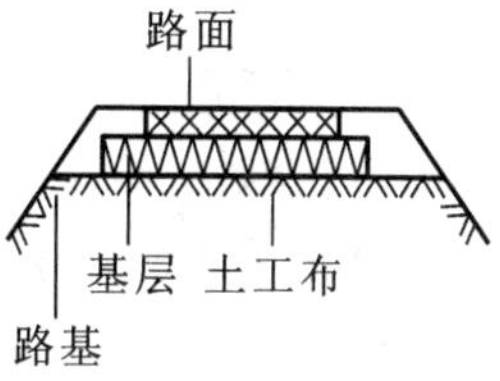
用于施工便道及应急公路	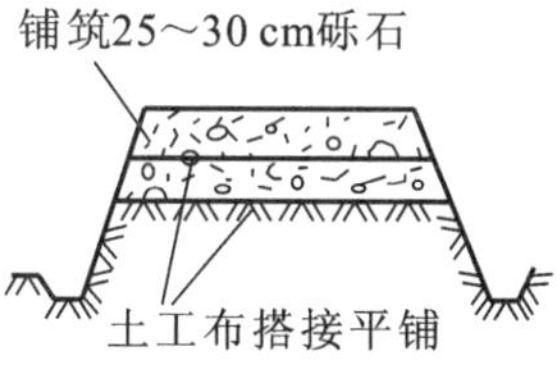	用于特松软土基的路堤，并可以护坡，有利排水土工布摊铺层之外并折向覆盖至堤身，可提高基底刚性	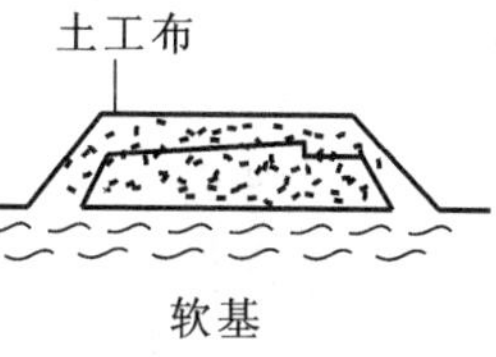
双层或多层土工布用于提高稳定性，有利于减少路面疲劳裂纹，刚性基层上用土工布对防止反射裂纹有利	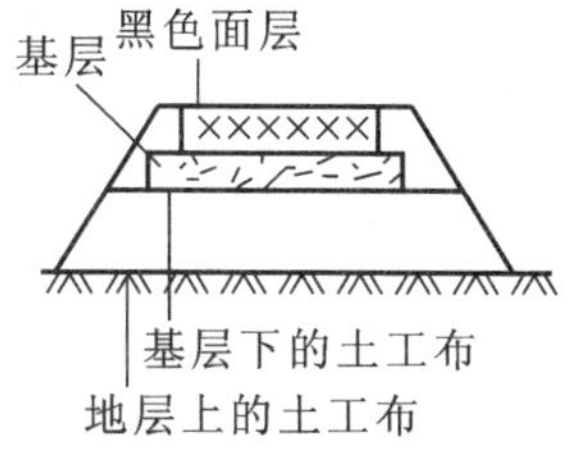	用于排水夹层和竖向排水，加速固结，适用于泥炭饱和淤泥地带地基处治	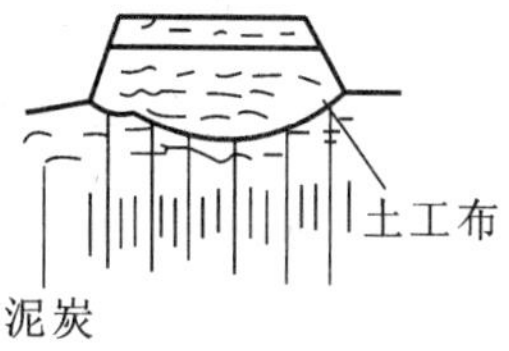

续表

说　　明	图　　示	说　　明	图　　示
用于分隔带排水	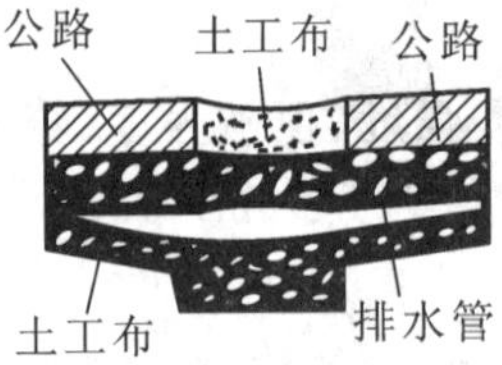	用于公路路肩排水	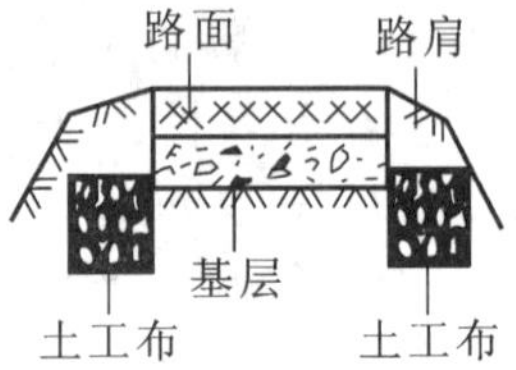
用于排水管作滤网层以利排水、土粒不流失、水管不被泥沙淤塞	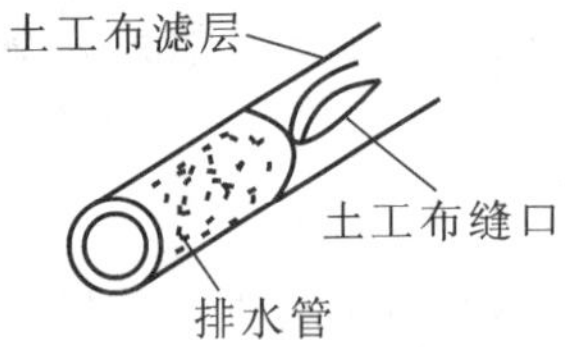	用于排水沟的隔层	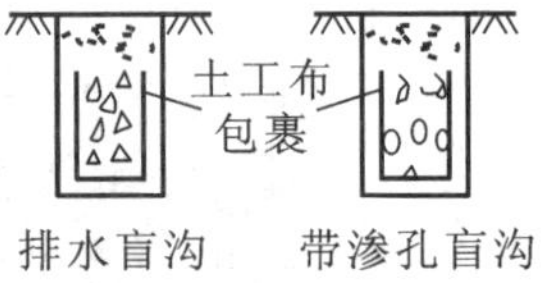
用于钻孔桩浇筑混凝土作套袋，减少混凝土消耗，不易稀释并改善与土的接触条件	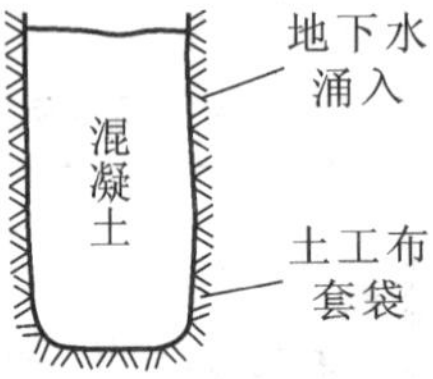	用于挡土墙中排水	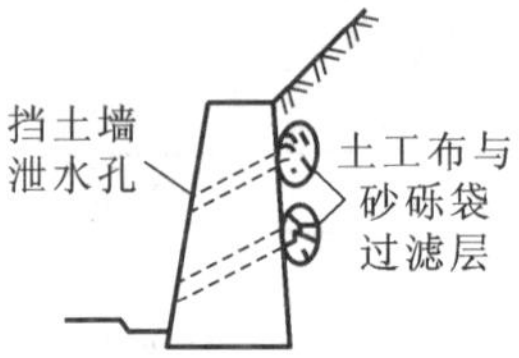

复习思考题

1. 路基养护的工作内容有哪些？
2. 路基养护的基本要求是什么？
3. 路基日常养护都包括哪些内容？
4. 简述崩塌和滑坡的养护方法。
5. 边坡的防护包括哪些？
6. 地面排水设施都包括哪些？应如何维护？
7. 地下排水设施包括哪些？应如何维护？
8. 盐渍土地区路基如何养护？
9. 土工织物在路基工程养护中的作用是什么？

学习情境 3 公路沥青路面养护与维修

【学习目标】

1. 知识目标

(1) 能够掌握沥青路面的日常养护方法；

(2) 能够掌握沥青路面常见病害及其维修技术；

(3) 能够掌握沥青路面罩面、补强、加宽与再生技术以及微表处技术。

2. 能力目标

(1) 能够正确认识沥青路面损坏的状况调查；

(2) 能够正确认识沥青路面常见病害的种类，掌握各种沥青路面病害维修技术。

◈ 引导案例

在行车荷载和自然因素的反复作用下，沥青路面在使用过程中将产生各种各样的破损。路面的破损对车辆的行驶速度、承载能力、机械磨损、燃油消耗、行车舒适性、交通安全以及环境保护会造成较大的影响，因此，路面的养护维修成为保证其服务质量和使用寿命的重要手段。在进行沥青路面养护维修前，首先应该进行路面状况调查和使用品质评价，然后确定采用哪种维修方法。不同的破损类型对应不同的养护维修方法，在进行维修前还要对施工单位招标，确定施工单位后，施工单位才可以进行维修。

任务 1 沥青路面养护的内容及基本要求

一、工作任务

在行车荷载和自然因素的反复作用下，沥青路面在使用过程中将产生各种各样的破损。路面的破损对车辆的行驶速度、荷载能力、机械磨损、燃油消耗、行车舒适性、交通安全以及环境保护会造成较大的影响，因此，路面的养护与维修就成为保证其服务质量和使用寿命的重要手段。通过本章的学习，学生应掌握沥青路面养护基本要求、工作内容、质量标准、材料要求和机械设备相关知识。

二、相关配套知识

为保证路面经常处于良好的技术状态，延长路面的使用寿命，保障行车舒适、安全与畅通，应提高公路沥青路面的养护水平。

1. 沥青路面养护的基本要求

（1）沥青路面必须强化预防性、经常性和周期性养护，加强路况日常巡视，随时掌握路面的使用状况，根据路面的实际情况制订日常小修保养和经常性、周期性养护工程计划。对较大范围路面维修和超龄路面的维修，应及时安排大、中修工程和改建工程。

（2）沥青路面的养护必须依靠科技进步，加强养护技术管理，采用先进的检测仪器设备采集路况资料，应用路面管理系统，正确评价路况，提出科学的养护对策；必须积极推广应用新技术、新材料、新工艺，发展现代化沥青路面的养护技术；必须以机械化养护为主，保证养护工程质量。

（3）沥青路面的养护必须加强计划及施工管理，根据计划做好进度安排、人员组织、物资设备供应，确保养护工作按计划实施；同时，必须加强沥青路面的养护经济核算和成本分析，提高经济效益。

（4）沥青路面的养护必须贯彻安全生产的方针，制订技术安全措施，加强安全教育，严格执行安全操作规程，确保安全生产、文明施工、交通畅通、保护环境。

2. 沥青路面养护工作内容

1）养护工作内容

沥青路面的养护可分为日常巡视与检查、小修保养、中修、大修、改建和专项养护工程等，各类养护工作的内容如下。

（1）日常巡视与检查。

为及时掌握路面的技术状况，必须对路面进行经常性地检查与巡视。日常巡视与检查内容如下。

①路面上是否有明显的坑槽、裂缝、拥包、沉陷、松散、泛油、波浪、麻面、冻胀、翻浆等病害，以及其危害程度和趋势。

②路面上是否有可能损坏路面或妨碍交通的堆积物等。

（2）小修保养。

小修保养是指对沥青路面进行的预防性养护和轻微损坏部分的维修工作。小修保养又可分为日常保养和小修。

① 属于日常保养的内容有：a. 清扫路面泥土、杂物，保持路面整洁；b. 排除路面积水、积雪、积冰、积沙，铺防滑料、灭尘剂等，以维持安全畅通；c. 拦水带（路缘石）的刷白、修理；d. 清理边沟、维修护坡道、培土等；e. 春融期间油路灌缝。

② 属于小修的内容包括：修补路面的泛油、拥包、轻微裂缝、坑槽、沉陷，处理波浪、局部网裂、松散、麻面、啃边等病害。

(3) 中修工程。

对沥青路面的一般性磨损和局部损坏进行修理、加固或局部改善，中修工程的内容有：①整段(500 m以上)铺装、更换路缘石；②沥青路面整段(500 m以上)罩面或封面(稀浆封层)；③沥青路面严重病害处理。

(4) 大修工程。

大修工程是指对沥青路面较大范围内的损坏部分进行综合性的修理工作，以全面恢复原设计标准或原技术等级。大修工程的内容包括路面的翻修、补强等。

2) 改建工程

对原有沥青路面因不适应现有交通要求而进行的翻修、加固补强、局部改线等较大的工程项目，主要包括以下内容。

(1) 翻修。沥青路面出现大面积病害造成破损严重时，应采用机械设备刨铣或挖除后，重新铺筑沥青面层。

(2) 补强。沥青路面强度不足，应在原有路面上进行补强，以提高路面技术状况，改善路面的使用性能。

(3) 局部改线。对不适合交通要求，不符合路线标准的路段，通过局部改线，提高公路等级，使其符合技术标准要求。

3) 专项养护工程

沥青路面因遭受突然自然灾害，而需要申请专款修复受损害路段的工程项目。

4) 养护工程要求

沥青路面养护及大、中修和改建工程、专项养护工程的实施要求如下。

(1) 应及时对路面进行经常性的保养和维修，防止路面松散、裂缝和拥包等各种病害的产生和发展。

(2) 通过对路面的养护及小修保养，保持路面的平整度和抗滑能力，从而确保路面具有安全、舒适的行驶性能。

(3) 应通过对路面的大、中修和改建工程，保持和提高路面的平整度、抗滑能力和路面的强度，从而确保路面的使用性能和耐久性能。

(4) 应避免因路面损坏和养护操作污染沿线环境。

5) 周期性养护

通过路况的调查，分析路面技术状况的变化，确保合理的路面使用周期，安排周期性养护工作计划。在进行周期性养护安排时，必须结合GBM工程实施和超龄路面的改造，确保路面养护的良性循环。

6) 冬季除雪与路面排水

(1) 为确保行车安全，路面积雪应予以清除，冬季扫雪工作应符合以下规定。

① 高速公路、一级公路和二级公路应及时清除路面积雪，并排除到路肩以外，同时可适当在行车范围内撒融雪材料。

② 三级公路、四级公路应及时清除路面积雪，路肩积雪在解冻前一次清除。交通量小于100辆/昼夜的路线(段)，如除雪有困难，可将积雪压实、整平以维持通车，在陡坡、急弯、平交道

口等处撒布防滑砂石材料。

(2) 沥青路面养护应重视路面排水，及时修补沥青路面的坑槽和裂缝，防止地表水渗入基层；对已渗入基层的积水，应设纵、横向盲沟排水；地下水位较高的，在排水沟下面设置腹式盲沟。路面排水设施应加强养护工作，保持良好的排水功能。路面应保持横坡适度，以利排水。

3. 沥青路面养护质量标准

1) 沥青路面养护质量标准

(1) 沥青路面平整度、抗滑性能及破损状况的养护质量标准应符合表3.1.1的规定。

表3.1.1 平整度、抗滑性能及破损状况的养护质量标准

序号	项目		高速公路、一级公路	其他等级公路
1	平整度/mm	平整度仪 σ	≤3.5	≤4.5(≤5.5或≤7.0)
		三米直尺 h	≤7	≤10(≤12或≤15)
2	抗滑性能	构造深度/mm	≥0.4	≥0.3
		横向力系数SFC	≥40	≥30
		摆式仪摆值BPN	—	≥32
3	路面状况指数PCI		≥70	≥55

注：① 对于其他等级公路的平整度方差 σ：沥青碎石、贯入式应取低值4.5，沥青表面处治取中值5.5，碎砾石及其他粒料类路面取高值7.0；
② 对于其他等级公路的平整度三米直尺指标：沥青碎石、贯入式应取低值10，沥青表面处治取中值12，碎砾石及其他粒料类路面取高值15；
③ 二级公路沥青混凝土路面可参照高速公路、一级公路的质量标准。

(2) 沥青路面强度的养护质量标准应符合表3.1.2的规定。

表3.1.2 沥青路面强度的养护质量标准

评价指数	高速公路、一级公路	其他等级公路
路面强度系数SSI	≥0.8	≥0.6

(3) 沥青路面车辙养护质量标准应符合表3.1.3的规定。

表3.1.3 沥青路面车辙养护质量标准

评价指数	高速公路、一级公路	其他等级公路
路面车辙深度/mm	51	—

注：对于其他等级公路不对车辙深度作要求。

(4) 沥青路面应保持横坡适度，以利排水，各种路面类型的路拱横坡宜符合表3.1.4的规定。

表 3.1.4　沥青路面横坡度

路面类型	路拱坡度/(%)	路面类型	路拱坡度/(%)
高速公路、一级公路	1.0～2.0	其他等级公路	—

注：对于高速公路、一级公路路拱横坡的养护标准可视情况比表列值低 0.5%，其他等级公路的路拱横坡度可视公路等级的情况比《公路工程技术标准》(JTG B01—2003)中相应的设计值低 0.5%作为养护标准。

2) 大修、中修、改建、专项工程的质量标准

(1) 对沥青路面采取大修补强、中修罩面、改建及实施专项养护工程时，应参照《公路工程质量检验评定标准》(JTG F80/1—2004)规定执行。

(2) 沥青路面平整度、抗滑性能、路面状况、强度、车辙及路拱横坡度的养护，若达不到表 3.1.1 至表 3.1.4 的规定标准时，应采取适当的措施对其进行处治、修复，以达到规定的要求。

4. 沥青路面养护材料要求

1) 基本要求

沥青路面养护维修材料主要有道路石油沥青、乳化石油沥青、液体石油沥青、改性沥青等沥青材料，以及各种规格粗细集料、填料等砂石材料。这些材料必须具有足够的强度、耐久性和稳定性，以承受车辆的荷载和抵抗自然环境的影响。各种维修养护材料都应进行必要的试验，不得使用不符合要求的材料。

2) 技术要求

沥青路面养护维修材料的技术要求符合《公路沥青路面设计规范》(JTG D50—2006)、《公路沥青路面施工技术规范》(JTG F40—2004)。这些材料应遵照《公路工程沥青及沥青混合料试验规程》(JTG E20—2011)、《公路工程石料试验规程》(JTG E41—2005)、《公路工程集料试验规程》(JTG E42—2005)的规定执行。

5. 沥青路面养护机械配备

1) 机械配备

沥青路面的养护维修应根据实际要求配备各种机械设备。其机械设备的品种及规格，可根据各地实际情况进行配置。

2) 机械选用

沥青路面改建工程所需机械可参照《公路沥青路面施工技术规范》(JTG F40—2004)的有关规定配备。路面状况调查设备可参照表 3.1.5 执行。

表 3.1.5　路面状况调查设备表

调查内容	调查设备	备注
路面破损状况	直尺等直观调查设备	可配备路况摄影车
路面结构强度	贝克曼梁弯沉仪及弯沉车	可配备自动弯沉仪或落锤式弯沉仪
路面平整度	路面平整度仪或三米直尺	可配备激光路面平整度仪
路面抗滑能力	摆式摩擦系数仪	可配备横向力系数仪
路面车辙深度	路面车辙测定仪	—

3）机械保养

养护机械应配备具有上岗证书的技术工人，并注意做好机械的保养维修工作，确保安全使用，提高机械设备的完好率和使用率。

任务 2 沥青路面损坏的状况调查与评价

一、工作任务

沥青路面状况调查和评价的目的及用途为省市公路管理部门计划资金需求和资源分配的决策提供依据，为制订公路大、中修项目的对策提供依据。此外，为确定日常养护维修工作也进行调查和评价。通过本任务的学习，学生应掌握沥青路面损坏的状况调查与评定，并掌握小修、中修和大修维修养护对策。

二、相关配套知识

1. 路面的破损类型

沥青路面破损可分为裂缝类、松散类、变形类及其他四类。具体种类及严重程度描述如表3.2.1所示。

表 3.2.1　沥青路面破损分类与分级

破损类型		分级	外观描述	分级指标	计量单位
裂缝类	龟裂	轻	初期龟裂，缝细，无散落，裂区无变形	块度：20～50 cm	m^2
		中	裂块明显，缝较宽，无或轻散落或轻度变形	块度：<20 cm	
		重	裂块破碎，缝宽，散落重，变形明显，急待修理	块度：<20 cm	
	不规则裂缝	轻	缝细，不散落或轻微散落，块度大	块度：>100 cm	m^2
		重	缝宽，散落，裂块小	块度：<50～100 cm	
	纵裂	轻	缝壁无散落或轻微落，无或少支缝	缝宽：<5 mm	长度×0.2 m
		重	缝壁散落重，支缝多	缝宽：>5 mm	
	横裂	轻	缝壁无散落或轻微散落，无或少支缝	缝宽：<5 mm	长度×0.2 m
		重	缝壁散落多，支缝多	缝宽：>5 mm	

续表

破损类型		分级	外观描述	分级指标	计量单位
松散类	坑槽	轻	坑浅，面积小（＜1）	坑深：＜25 mm	m^2
		重	坑深，面积大（＞1）	坑深：＞25 mm	
	麻面	—	路面因细小嵌缝料散失而出现的粗麻表面	—	m^2
	脱皮	—	路面面层层状脱落	—	m^2
	啃边	—	路面边缘破碎脱落，宽度 10 cm 以上	—	m^2
	松散	轻	细集料散失，路面磨损，路表粗麻	—	m^2
		重	粗集料散失，多量微坑，表面剥落		
变形类	沉陷	轻	深度浅，行车无明显不适感	深度：＜25 mm	m^2
		重	深度深，行车明显颠簸不适	深度：＞25 mm	
	车辙	轻	变形较浅	深度：＜25 mm	长度×0.4 m
		重	变形较深	深度：＞25 mm	
	搓板	—	路面产生纵向连续起伏，似搓板状，峰谷高差大于 1.5 cm	—	—
	波浪拥包	轻	波峰波谷高差小	高差：＜25 mm	—
		重	波峰波谷高差大	高差：＞25 mm	
其他类	泛油		路表呈现沥青膜，发亮，镜面，有轮印	—	m^2
	磨光		路面原有粗构造衰退或丧失，路表光滑	—	m^2
	冻胀		路基下部分向上聚集开始冻成冰，引起路面结构膨胀，造成路表拱起和开裂	—	m^2
	翻浆		因路基湿软，路面出现弹簧、破裂、冒浆的现象	—	m^2
	修补损坏		因破损或病害而采取修复措施进行处治，路表外观上已修补的部分与未修补部分明显不同	—	m^2

2. 调查内容与方法

1）路面调查的目的

路面调查的目的是运用各种仪器设备，按照规定调查频率对路面状况各项指标进行检测，以了解路面现状、建立路面管理系统、积累数据进行评价，为制订养护处治方案、编制计划、加强养护、提高科学管理水平提供依据。

2）路面调查内容与频率

路面调查内容主要包括路面破损状况、路面结构强度、路面平整度、路面抗滑能力四项。根据需要还可增加对桥头、通道两侧以及涵洞的不均匀沉降观测。

路面调查可采用全面调查或抽样调查的方式。路面调查频率应遵照表 3.2.2 的规定。

表 3.2.2　路面调查频率

公路等级	评价指标			
	破损	平整度	强度	抗滑
高速和一、二级	每年一次		1～3 年一次	
三、四级	每年重点调查		必要时调查	

3）破损调查

路面破损的调查指标为综合破损率(DR)。高速公路和一级公路路面破损数据调查，宜采用先进快速的调查方法。其他等级公路可采用人工调查的方法。

4）强度调查

路面强度的调查指标为路面弯沉值。高速公路和一级公路路面弯沉值的调查，宜采用自动弯沉仪或落锤式弯沉仪进行调查，但应建立与贝克曼梁弯沉仪测定结果的对应关系。其他等级公路可采用贝克曼梁弯沉仪进行调查。

5）平整度调查

路面平整度的调查指标为国际平整度指数(IRI)。路网的全面调查，宜采用车载式检测设备快速检测；小范围的抽样调查可采用连续式平整度仪或三米直尺检测。各种方法的测定结果应建立与国际平整度指数之间的对应关系。

6）抗滑能力的调查

路面抗滑能力的调查指标为横向力系数(SFC)和摆值(BPN)。调查设备可采用横向力侧定车和摆式仪，高速公路和一级公路宜采用横向力系数测定车。

7）交通量观测

当调查与评价路段有交通量观测数据时，应直接采用；如交通量观测数据不能满足要求时，可按要求进行补测。

3. 数据的采集与管理

1）现有路面数据采集

一般应由地(市)级公路管理机构负责组织，由县级公路部门组成测试小组进行，也可委托专门的检测机构进行。参与数据采集人员必须严肃认真，有较丰富的养护路面实践经验，并熟悉路面病害类型区分，确保数据真实、可靠。

2）路面破损数据的采集与管理

(1) 调查方法。

仔细查看路面上存在的损坏状况，正确区分病害类型和严重程度，丈量其损坏面积，按病害类型及其严重程度，记入沥青路面损坏情况调查表，准确至平方米。不规则形状的损坏面积计算时，先按当量面积计算，然后根据破损程度乘上系数确定；评价段次按 100 m 设定，每张表为一个路段的实测记录。

各种单条裂缝，其损坏面积按裂缝长度乘以 0.2 m 计算；车辙的损坏面积按车辙的长度乘以 0.4 m 计算；车辙、拥包、波浪、坑槽、沉陷等类损坏，可用三米直尺测其最大垂直变形，以确定其严重程度。

(2) 数据校核。

地(市)公路部门应组织复核小组进行抽查，抽查数量占实际调查路段的 5%～10%，偏差范围在±10%以内为合格，不合格时应重新进行调查。

4. 使用品质的评价指标与评价方法

1) 路面现有使用质量评价的内容

路面现有使用质量评价内容包括路面破损状况、行驶质量、强度及抗滑性能。各项评价内容所用的指标及其关系如图 3.2.1 所示。

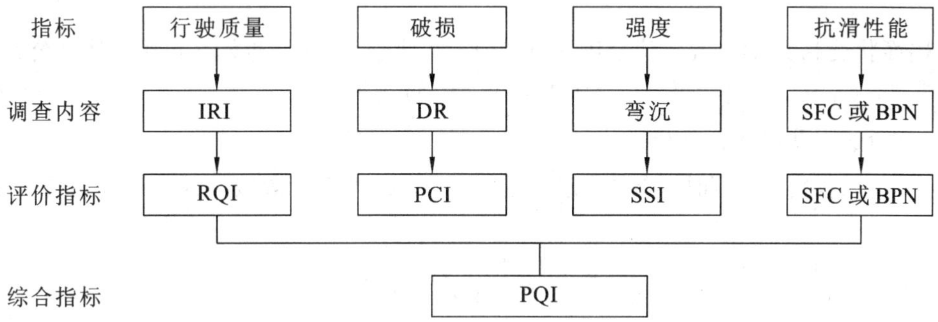

图 3.2.1 评价指标关系图

2) 路面破损状况

(1) 路面破损状况采用路面状况指数(PCI)进行评价，路面状况指数由沥青路面破损率(DR)计算得出。

① 路面破损的具体种类及严重程度描述如规范表 3.2.1 所示。

② 路面破损换算系数(K)根据路面破损的严重程度和范围，按表 3.2.3 确定。

③ 路面综合破损率(DR)按式(3.2.1)计算：

$$\mathrm{DR} = \frac{D}{A} \times 100\% = \frac{\sum\sum D_{ij} K_{ij}}{A} \times 100\% \tag{3.2.1}$$

式中：DR——路面综合破损率，以百分数计；

D——调查路段内的折合破损面积(m²)，$D = \sum\sum D_{ij} \cdot K_{ij}$；

A——调查路段的路面总面积(m²)；

D_{ij}——第 i 类损坏、j 类严重程度的实际破损面积(m²)；如为纵、横向裂缝，其破损面积为裂缝长度(m)×0. 2 m，车辙破损面积为长度(m)×0.4 m；

K_{ij}——第 i 类损坏、第 j 类严重程度的换算系数，可从表 3.2.3 查得。

表 3.2.3　路面破损换算系数 K

破损类型	严重程度	换算系数 K	破损类型	严重程度	换算系数 K
龟裂	轻/中/重	0.6/0.8/1.0	泛油	—	0.1
不规则裂缝	轻/重	0.2/0.4	修补损坏	—	0.1
纵裂	轻/重	0.4/0.6	脱皮	—	0.6
横裂	轻/重	0.2/0.4	啃边	—	0.8
坑槽	轻/重	0.8/1.0	搓板	—	0.8
松散	轻/重	0.2/0.4	翻浆	—	1.0
沉陷	轻/重	0.4/1.0	冻胀	—	1.0
车辙	轻/重	0.4/1.0	磨光	—	0.6
波浪	轻/重	0.4/0.8	麻面	—	0.1
拥包	轻/重	0.4/0.8			

④ 路面状况指数 PCI 的数值范围为 0～100，其值越大，路况越好。PCI 的计算公式为：

$$PCI=100-15DR^{0.412} \tag{3.2.2}$$

(2) 路面破损状况的评价标准。

根据路面破损情况，可将路面质量分为优、良、中、次、差五个等级。评价标准应符合表 3.2.4 规定。

表 3.2.4　路面破损状况评价标准

评价等级 评价指标	优	良	中	次	差
路面状况指数 PCI	≥85	≥70～＜85	≥55～＜70	≥40～＜55	＜40

(3) 路面强度。

① 路面强度指数 SSI。沥青路面强度采用强度指数作为评价指标。路面强度指数按式(3.2.3)计算：

$$SSI=路面设计弯沉值/路段代表弯沉值 \tag{3.2.3}$$

路段代表弯沉值可依据现行《公路沥青路面设计规范》(JTG D50—2006)的有关规定进行计算。

② 路面强度评价标准应符合表 3.2.5 的规定。

表 3.2.5　路面强度评价标准

标准 公路等级　评价指标	优		良		中		次		差	
	高速一级	其他等级	高速一级	其他等级	高速一级	其他等级	高速一级	其他等级	高速一级	其他等级
路面强度指数 SSI	≥1.0	≥0.83	＜1.0～0.83	＜0.83～≥0.66	＜0.83～≥0.66	＜0.66～≥0.5	＜0.66～≥0.5	＜0.5～≥0.3	＜0.5	＜0.3

(4) 行驶质量指数。

路面的行驶质量采用行驶质量指数(RQI)作为评价指标,行驶质量指数由国际平整度指数(IRI)计算。

① 国际平整度指数。国际平整度指数可由反应类设备测定,测定结果需经试验标定。IRI与其他设备的标定关系式一般为:

$$\mathrm{IRI}=a+b\times \mathrm{BI} \tag{3.2.4}$$

式中:BI——平整度测试设备的测试结果;

a、b——标定系数,在使用中,各地可根据实际的标定结果确定其取值;

IRI——国际平整度指数,单位为 m/km。

② 行驶质量指数。路面行驶质量指数与国际平整度指数的关系为:

$$\mathrm{RQI}=11.5-0.75\times \mathrm{IRI} \tag{3.2.5}$$

式中,RQI 为行驶质量指数,数值范围为 0～10。如出现负值,则 RQI 值取 0;如计算结果大于 10,RQI 取值 10。

路面行驶质量评价标准应符合表 3.2.6 的规定。

表 3.2.6 路面行驶质量的评价标准

评价标准 \ 等级	优	良	中	次	差
行驶质量指数 RQI	≥8.5	<8.5～≥7.0	<87.0～≥5.5	<5.5～≥4.0	<4.0

(5) 路面抗滑性能。

路面抗滑性能采用抗滑系数作为评价指标,抗滑系数以横向力系数(SFC)或摆式仪的摆值(BPN)表示。评价标准应符合表 3.2.7 的规定。

表 3.2.7 路面抗滑能力评价标准

评价指标 \ 评价等级	优	良	中	次	差
横向力系数 SFC	≥50	≥40～<50	≥30～<50	≥20～<30	<20
摆值 BPN	≥42	≥37～<42	≥32～<37	≥27～<32	<27

(6) 路面的综合评价。

① 路面的综合评价指标 PQI。路面的综合评价采用 PQI 作为评价指标,PQI 用分项指标加权计算得出。PQI 的数值范围为 0～100,其值越大,路况越好。

$$\mathrm{PQI}=\mathrm{PCI}'\times P_1+\mathrm{RQI}'\times P_2+\mathrm{SSI}'\times P_3+\mathrm{SFC}'\times P_4 \tag{3.2.6}$$

式中,P_1、P_2、P_3、P_4 为相应指标的权重,按 PCI、RQI、SSI、SFC(或 BPN)的重要性确定。建议值如表 3.2.8 所示。PCI′、RQI′、SSI′、SFC′的赋值如表 3.2.9 所示。

表 3.2.8 P_1、P_2、P_3、P_4 权值建议值

权重 \ 取值	建议值		
	高速公路、一级公路	二级公路	三级以下公路
P_1	0.25	0.3	0.35

续表

权重 \ 取值	建议值		
	高速公路、一级公路	二级公路	三级以下公路
P_2	0.35	0.25	0.2
P_3	0.1	0.25	0.35
P_4	0.3	0.2	0.1

表 3.2.9　PCI′、RQI′、SSI′、SFC′的赋值

权值 \ 等级	PCI、RQI、SSI、SFC(或 BPN)评定结果				
	优	良	中	次	差
相应指标的赋值	92	80	65	50	30

② 路面综合评价的评价标准。路面综合评价的评价标准应符合表 3.2.10 的规定。

表 3.2.10　路面综合评价标准

评价指标 \ 等级	优	良	中	次	差
路面综合评价指标 PQI	≥85	≥70～<85	≥55～<70	≥40～<55	<40

5. 维修养护对策

沥青路面养护对策应根据公路等级、交通量、分项路况评价结果确定。分项路况评价指标包括:路面破损状况、行驶质量、路面强度和抗滑性能等。路面综合评价指标仅用于对路面质量的总体评价。

各地公路养护管理部门应结合路面管理系统的使用,根据路面分项评价结果和养护资金的情况,统筹安排本地区公路网的资金需求计划和资金分配方案,确定公路养护的优先次序。

公路养护管理部门可根据公路等级、交通量、分项路况的评价结果,结合养护资金情况,采取如下维修、养护对策。

(1) 在满足强度要求的前提下(路面的结构强度系数为中等以上时):若高速公路及一级公路的路面状况指数评价为优、良或者二级及二级以下公路的路面状况指数评价为优、良、中时,以日常养护为主,并对局部破损进行小修;若高速公路及一级公路的路面状况指数评价为中及中以下,或者二级及二级以下公路的路面状况指数评价为次及次以下,应采取中修罩面措施。

(2) 在不满足强度要求的前提下(路面的结构强度系数为中等以下时),应采取大修补强措施以提高其承载能力。

(3) 若高速公路及一级公路的行驶质量指数评价为优、良,或者二级及二级以下的公路的行驶质量指数评价为优、良、中时,以日常养护为主;若高速公路及一级公路的行驶质量指数评价为中及中以下,或者二级及二级以下公路的行驶质量指数评价为次及次以下时,应采取罩面等措施改善路面的平整度。

(4) 高速公路及一级公路的抗滑能力不足(SFC<40)的路段,或者二级及二级以下公路抗滑能力不足(SFC<30 或 BPN<32)的路段,应采取加铺罩面层等措施提高路面的抗滑能力。

(5) 因路面不适应现有交通量或载重的需要，应通过提高现有路面的等级，或通过加宽等改建措施提高道路的通行能力和服务质量。

大、中修及改建工程的结构类型和厚度，可根据公路等级、交通量、当地经济条件和已有经验，通过设计确定，具体要求应符合规定。

任务3 沥青路面的日常养护

一、工作任务

通过沥青路面日常养护等相关知识的学习，学生应掌握一般公路和高速公路沥青路面日常养护的要求和规定。

二、相关配套知识

1. 一般公路沥青路面日常养护

1) 初期养护规定

(1) 热拌沥青混合料路面的初期养护。

① 摊铺、压实后的热拌沥青混合料路面，待摊铺层自然冷却，混合料表面温度低于50℃后方可开放交通。

② 纵横向的施工接缝是沥青路面的薄弱环节，应加强初期养护，随时用三米直尺查找暴露出来的轻微不平，铲高补低，经拉毛后，用混合料垫平、压实。

(2) 沥青贯入式路面的初期养护。

① 路面竣工后，开放交通时，行驶车辆限速在15 km/h以下，根据表面成型情况，逐步提高到20 km/h。

② 设专人指挥交通或设置临时路标，按先两边、后中间控制车辆易辙行驶，做到全面压实。

③ 应随时将行车驱散的嵌缝料回扫、扫匀、压实，以形成平整密实的上封层。当路面泛油后，要及时补撒与施工最后一层矿料相同的嵌缝料，同时控制车速行车碾压。

(3) 沥青表面处治路面的初期养护。

① 层铺法施工的沥青表面处治路面的初期养护与贯入式路面的要求基本相同。

② 拌和法施工的沥青表面处治路面的初期养护与热拌沥青混合料的要求基本相同。

(4) 乳化沥青路面的初期养护。

乳化沥青路面的初期稳定性差，压实后的路面应做好初期养护，设专人管理，按实际破乳情况，封闭交通2～6 h；在未破乳的路段上，严禁一切车辆、人、畜通过；开放交通初期，应控制车速不超过20 km/h，并不得制动和调头。路面有损坏时，应及时修补。

2）沥青路面日常养护规定

(1) 加强路况巡查，及时发现病害，研究分析病害产生的原因，并有针对性地、及时地对病害进行维修处理。

(2) 路面清扫应按如下规定进行。

① 巡查过程中，发现路面上有杂物，需及时清扫，保持路面清洁。

② 沥青路面的日常清扫，应根据实际情况，采用机械或人工的方法进行清扫。

③ 沥青路面的清扫作业频率应根据路面污染程度、交通量的大小及其组成、气候和环境条件等因素而定，长、大隧道内和桥梁上沥青路面的清扫频率应适当增加。

④ 为防止清扫路面时产生扬尘而污染环境、危及行车安全，机械清扫时宜配备洒水装置，并根据路面的扬尘程度确定适当的洒水量。

(3) 严禁履带车和铁轮车在沥青路面上直接行驶，如必须行驶，应采取相应措施。

(4) 雨后路面有积水的地方要及时排除。

(5) 排水设施的养护。在春融期，特别是汛前，应对排水设施进行全面检查并疏通。雨天必须上路巡查，及时排除堵塞并疏通，防止水流直接冲刷路基、路面及路肩。暴雨过后应重点检查，如有冲刷、损坏应及时修补。

(6) 除雪防滑。

① 当降雪影响正常通行时，应组织人员与机械清除路面积雪，对重要道路要争取地方政府组织沿线人员和设备除雪。

② 在冬季降雪或下雨后，路面出现结冰时，应在桥面、陡坡、急弯、桥头引道撒铺一层防滑料。在环保允许情况下，也可撒布融雪材料(氯化钙、氧化钠等)。

(7) 路肩养护。

① 路肩上应保持适当的横坡，坡度应平整顺适，硬路肩横坡坡度可与路面横坡相同或略大，植草路肩应比路面横坡度大 1%～2%。当路肩的横坡过大或过小时，应及时整修。

② 堆料台应设置在路肩以外，堆料应距离适当、排列规整。

③ 路肩应经常保持平整坚实，对出现的坑槽、车辙、缺口应及时修补。

④ 雨天积水、淤泥应及时排除和清理，铲除的淤泥、土石及杂物不得堆放在边沟内或边坡上。

⑤ 宜结合 GBM 工程，用块石、水泥混凝土预制块铺砌路肩外侧边缘带。应加强养护边缘带，由于路表水冲刷及车辆碾压造成的松动、破损，应及时修复或更换。

⑥ 可在路肩上种植(或保留)草皮，并要经常修整，草高不宜超过 15 cm，并以不影响路面排水为原则，保护路肩不被冲刷。

(8) 边坡养护。

① 路基边坡的坡面应保持平顺、坚实、无冲沟，其坡度应符合设计规定。应经常检查路堑，特别是深路堑边坡的稳定情况。如发现有危岩、浮石等，应及时清除，避免坍落危及行车、行人安全和堵塞边沟。当土路堑边坡出现冲沟时，应及时用黏土填塞捣实；如出现潜流涌水，可开集水沟，将水引向路基以外。

② 填土路堤边坡因雨水冲刷，易出现冲沟和缺口，应及时用黏结性良好的土修补拍实。修理较大的冲沟和缺口时，应将原边坡开挖成台阶形，然后分层填筑夯实，并注意与原坡面衔接平顺，另增加植被防护。

③ 边坡、碎落台、护坡道、沿河路堤等受水流冲刷及浸淹，出现缺口、冲沟、沉陷、塌落滑坡

时，应根据水流、地质、边坡坡度等情况，选用种草、铺草皮、栽灌木丛、投放石笼、干砌或浆砌片石护坡等防治措施。

3）季节性预防养护

沥青路面对气温比较敏感，应根据各地不同季节的气候特点和水、温度变化规律，按照“预防为主、防治结合”的原则，结合本地区成功经验，针对如下所列不同季节病害根源，因地制宜，采取有效的技术措施，做好预防性养护工作。

（1）春季。

春季气温较暖，路基内的水分开始转移，是各种病害集中暴露的季节。养护中应抓住时机，及时防治路面病害。

① 随着解冻，路基含水量较大的路段路基强度减弱，面层在行车作用下容易出现裂缝病害；含水量已达饱和且强度和稳定性差的路段，经车辆碾压容易出现翻浆。

② 施工质量差的路面，在气温回升时容易变软，矿料经碾压产生松动，油层不稳定，容易出现拥包、波浪等。

③ 秋末冬初低温施工路段，随着温度上升，容易出现泛油。

④ 春融季节路面出现网裂后，如不及时处理，容易发展为坑槽。

（2）夏季。

夏季气候炎热，地面水分蒸发快，是沥青路面各种病害全面发展的季节。养护中要充分利用夏季气温高、操作方便的条件，及时消灭病害。

① 新铺的沥青路面在高温作用下容易出现泛油。

② 基层含水量较大或质量差的路段，路面在行车作用下容易发软、产生车辙。

③ 沥青用量过多，矿料过细或沥青黏度差的沥青路面容易出现拥包、波浪、发软等病害。

（3）秋季。

秋季气温逐渐降低，且雨水较多，应及时处理病害，为冬季沥青路面的正常使用打下基础。

① 秋季雨水较多，容易积水的路面，如果有裂缝和基层不密实的情况，易出现坑槽。

② 强度不够的路肩受雨水侵蚀或积水影响，在行车碾压下，易产生啃边。

③ 基层含水量较大、强度不够，或地基受水泡而发软的路段，路面稳定受到影响，在行车碾压下易出现网裂。

（4）冬季。

冬季气候寒冷，路基路面冻结，是沥青路面比较稳定的季节，但是也要注意沥青路面的养护。

① 路面在低温下发生不同方向的收缩，容易产生横向、纵向裂缝。

② 积雪地区做好除雪防滑工作。

2. 高速公路沥青路面日常养护

1）一般规定

（1）高速公路沥青路面应进行经常性和预防性的日常养护，以保证路面经常处于良好的技术状态。

（2）高速公路沥青路面日常养护的工作程序应符合下列要求。

① 建立完善的巡视检查制度和技术检测系统，建立完善的信息网络。及时、准确地掌握路面状况及相关信息，科学、客观地评定路面使用品质，有依据、有计划、有针对性地安排养护

项目。

② 树立高度的交通服务意识和安全意识，在路面养护作业中，应满足正常行车的需要，尽量避免完全封闭交通。

③ 严格按照有关技术规范和标准进行养护作业，宜采取机械化养护作业方式，迅速、优质、高效地处理各类路面损害和障碍，确保运行质量。

④ 不断地探索和应用新材料、新设备、新技术、新工艺，提高养护作业的时效性、机动性、安全性和可靠性。

(3) 对高速公路沥青路面上出现的各类病害，必须及时、快速地处理。当发现直接危及正常交通和行车安全的病害，应立即修复或采取临时过渡措施，再按有关要求进行修复。

(4) 路面的日常养护，应根据实际需要配置适用的机具设备，建立适当的材料储备，并组织可靠的养护材料供应网络，以确保路面养护作业正常进行。

(5) 在高速公路上进行路面养护作业的人员，必须事前接受专门的安全教育和养护作业规程的培训。

2) 巡查和检测

(1) 高速公路沥青路面的日常养护，应坚持巡视检查制度，及时发现路面及其附属设施的损坏情况和可能影响交通的路障，以便养护部门及时、合理地安排维修和清理，尽快恢复路面正常使用状态。

① 巡视检查分为日常巡查、定期巡查、特殊巡查和专项巡查，各类巡查的内容、频率、方法、装备按有关规定执行。

② 巡查作业中，巡查人员应强化自身保护意识，按规定穿戴安全标志服。巡查车速一般控制在 40～50 km/h，并按规定开启示警灯。如遇到需要停车检查的情况，应停在紧急停车带上。如必须停在行车道上时，应开启巡查车的危险报警闪光灯，并采取必要的安全措施，巡查人员应在巡查车的前方迅速完成检查或测量作业。

③ 巡查作业中，应由专人记录巡查情况，巡查结束后应尽快整理、汇总巡查记录，并通知有关部门采取相应的养护措施。

(2) 路面的日常养护中，应注意采集、利用气象信息和交通信息等相关信息。

① 应每天记录当地的天气预报和实际天气情况。在多风、多雨、多雾、多雪、多冰冻季节，应随时注意天气的变化，必要时应与当地气象台(站)保持联系，随时获取最新气象信息，以便及时采取相应措施。

② 应按规定进行交通量调查。

(3) 高速公路沥青路面应进行路面破损、强度、平整度和抗滑性能检测，以及必要的专项技术检测。

(4) 各项巡视检查、专项调查和技术检测的结果，均应及时地进行整理和初步分析，并输入公路路面管理系统，由该系统每年对路面的技术状况和使用品质进行一次综合评价，作为制订下一年度养护工作计划的依据。当在各类巡查或专项检测中发现路面某一方面的技术状况和使用品质明显下降时，应及时通过该系统做出阶段性评价，以便及时地采取相应的养护对策。

(5) 对修建于软土地基的高速公路沥青路面应定期进行路面高程测量。当桥头引道的不均匀沉降出现下列情况，应及时予以修复。

① 与桥台的连接部位沿桥台靠背产生错台，且最大高差达 2 cm 以上。

② 台后接近桥台部位的纵向坡度差超过5‰。

3）清扫和排水

(1) 对尘土、落叶、杂物等造成的路面污染，应进行日常清扫，保持高速公路良好的运行环境。

① 日常清扫应以机械作业为主，机械清扫沿路面右侧或左侧进行，并应尽量避免在中间行车道进行清扫作业及变换车道进行清扫作业。对清扫机械无法扫及的路面死角，应人工辅助清扫。

② 日常清扫的作业频率应根据路面污染程度而定，一般为每日一次全程清扫，清扫时间应尽量避开车流量高峰时段。

③ 清扫机械必须配备洒水装置，机械清扫作业时，应根据路面的扬尘程度确定适当的洒水量。

④ 路面清扫后的垃圾不得随意倾倒，应运至指定地点或垃圾场妥善处理。

⑤ 桥面、隧道内沥青路面及收费广场的日常清扫作业按以上要求进行，但隧道内沥青路面及收费广场的清扫频率应适当加大。

(2) 除定期的日常清扫作业外，还应根据路面污染的特殊情况，及时进行不定期的特殊清扫保洁作业。

① 当发现路面上有妨碍正常交通的杂物时，应立即清除。

② 当意外事件、事故等因素造成路面污染时，应及时清扫。

③ 当沥青路面被油类物质或化学物品污染时，应先撒砂、撒木屑或用化学中和剂处理，然后进行清扫，必要时再用水冲洗干净。

(3) 高速公路沥青路面应保持排水畅通，路面无积水。

① 对中央分隔带集水井、横向排水管、路侧拦水缘石及泄水槽、桥面泄水孔等路面排水系统，应经常进行清理和疏通，发现损坏部位应及时修复。

② 应经常检查沥青路面的排水情况，检查时间一般以在雨间或雨后1～2 h为宜。发现路面明显积水的部位，应分析原因，分别采取下列不同措施：对虽未破损，但造成雨后明显积水的行车道路面局部沉陷部位，应及时清扫并予以整平；对设置有路侧拦水带及泄水槽的路段，如因拦水带开口及泄水通道的位置不妥而造成路面积水时，应及时调整；对因横坡不适而造成积水的路段，应采取临时措施，尽量减少行车道部位的积水，并在罩面及翻修工程中彻底调整解决。

③ 在雨季到来之前，应对全部路面排水系统及路堤边沟、涵管、泵站、集水井、沉淀池等所有排水设施进行全面检查和疏通，修复损坏部位，处理水毁隐患，清除路肩和边坡高草，确保雨季排水畅通。应加强雨季排水能力，及时处理路面水毁部位，减轻水害损失。

4）排障和清理

(1) 为及时处理并尽量减轻因不可抗拒因素和突发事件所造成的损害，高速公路管理机构应建立完善的应急抢险机制，全天候不间断地值班，随时掌握、分析各类有关信息，做好各种应急抢险准备工作，一旦发生险情，快速做出反应，指挥应急抢险工作。该机制的基本功能如图3.3.1所示。

(2) 应根据实际需要配置必要的排障、抢险、救援设备和可靠的通讯指挥设施，对排障、抢险、救援人员应进行专门的业务培训，并预先制订排障、抢险、救援作业程序。一旦出现妨碍正常交通、危及行车安全的路面险情和障碍物，应急抢险指挥中心应立即组织人员、设备，按程序进行排障、抢险、救援工作，迅速排除路障和路面险情，恢复正常交通。必要时可请求当地政府

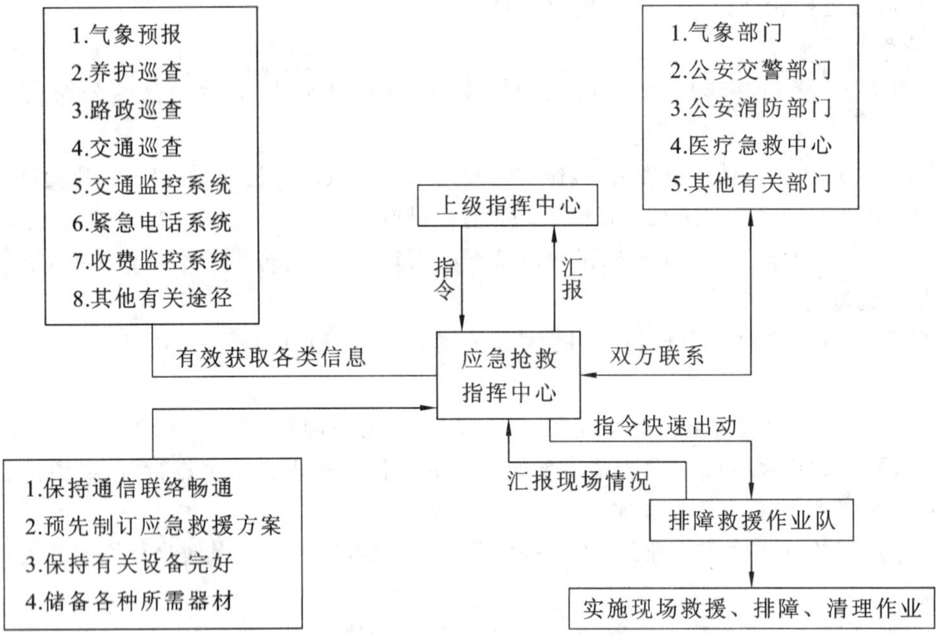

图 3.3.1　应急抢险机制及功能框图

和当地驻军支援。

③ 排障作业结束后，应按有关规定，尽快清理现场，发现路面及附属设施受到损害时，应尽快修复。

5）除雪和防冻

(1) 严寒地区的除雪和防冻是路面冬季养护的重点，应根据当地历年气象记录资料、气象预测资料、路面结构、沿线条件等，事先制订切合实际情况的除雪和防冻工作计划，制订适用于各种不同的气温、降雪量和积雪深度条件下的除雪和防冻作业规程，落实相应的除雪、防冻作业人员和机具设备，并按实际需要储备防冻、防滑材料。

在严寒降雪季节到来后，应随时监测气象变化情况，一旦降温、降雪，立即按计划部署相应的除雪和防冻作业，特别注意桥面、坡道、弯道、匝道、收费广场等重点区段，尽量减轻积雪和冰冻对行车安全造成的危害，缩短影响正常交通的时间。

(2) 路面除雪应以机械作业为主，人工作业为辅。在降雪过程中，当路面积雪厚度超过 1 cm 时，即可开始除雪作业。一般以铲为主，除雪机械的作业方向宜与正常行车方向相同，行驶速度为 30～50 km/h，且从路面左侧向右侧依次进行。当降雪量较大、难以在降雪过程中清除全部积雪时，应在雪停后及时清除路面全部积雪。

(3) 当路面上的压实雪、融化的雪水、未及排除的雨水可能形成冰冻层时，应及时采取防冻、防滑措施。当气温低于 0 ℃时，在大、中型桥面、桥头引道纵坡大于 2.5%的路段或平面曲线半径小于 500 m 的匝道范围内，应撒布盐、盐水、盐砂混合料或其他融雪剂等防冻防滑材料。撒布的时间和频率宜与除雪作业同步。待雪停后，应将残留在路面上的防冻防滑材料与积雪一并清除干净。

(4) 除雪和防冻作业应不分昼夜快速进行，作业现场必须实行统一指挥，并落实与作业形式相适应的安全作业措施和交通控制措施。

任务 4 沥青路面常见病害及维修技术

一、工作任务

沥青路面常见病害包括裂缝、拥包、沉陷、车辙、波浪与搓板、冻胀与翻浆、坑槽、麻面与松散、泛油、脱皮、啃边、磨光等。通过对沥青路面常见病害的学习，学生应掌握沥青路面各种病害的维修方法。

二、相关配套知识

1. 一般要求

(1) 分析各种路面病害产生的原因，并根据路面的结构类型、设计使用年限、维修季节、气温等实际情况，采取相应维修措施。

(2) 为防止病害发展和破损面积的扩大，应及时处治病害。

(3) 高速公路和一级公路路面病害的维修应采用机械作业，所使用的沥青混合料应集中厂拌，并采取保温措施。其他等级的公路也应逐步提高维修作业的机械化水平。

(4) 对病害的维修，事先应有周密的计划，做好材料准备，保证工序之间的衔接，对坑槽、沉陷、车辙等需将原路面面层挖除后进行机械修补作业的病害，宜当日开挖当日修补，并设置警示标志以保证行车安全。

(5) 修补面积应大于病害的实际面积，修补范围的轮廓线应与路面中心线平行或垂直，并在病害面积范围以外 10～15 cm。应采取措施使修补部分与原路面连接紧密。

(6) 在病害的处治中，凡需重新做面层的，其技术要求应符合现行《公路沥青路面施工技术规范》(JTG F40—2004)的规定；凡需重做基层的，其技术要求应符合现行《公路路面基层施工技术规范》(JTJ 034—2000)的规定。

2. 裂缝的维修

(1) 在高温季节全部或大部分可愈合的轻微裂缝，可不加处理。在高温季节不能愈合的轻微裂缝，可采用以下两种方法进行处治。

① 将有裂缝的路段清扫干净并均匀喷洒少量沥青(在低温、潮湿季节宜喷洒乳化沥青)，再匀撒一层 2～5 mm 的干燥洁净石屑或粗砂，最后用轻型压路机将矿料碾压。

② 沿裂缝涂刷少量稠度较低的沥青。

(2) 对于路面的纵向或横向裂缝，应按裂缝的宽度按以下步骤分别予以处治。

① 缝宽在 5 mm 以内。

a. 清除缝中杂物及尘土。

b. 将稠度较低的热沥青(缝内潮湿时应采用乳化沥青)灌入缝内，灌入深度约为缝深的 2/3。

c. 填入干净石屑或粗砂，并捣实。

d. 将溢出缝外的沥青及石屑、粗砂清除。

② 缝宽在 5 mm 以上。

a. 除去已松动的裂缝边缘。

b. 用热拌沥青混合料填入缝中，并捣实。缝内潮湿时，应采用乳化沥青混合料。

(3) 因沥青性能不好、路面设计使用年限较长或油层老化等原因出现的大面积裂缝(包括网裂)，且基层强度尚好时，通过技术经济比较，可选用下列维修方法。

① 乳化沥青稀浆封层，封层厚度宜为 3～6 mm。

② 加铺沥青混合料上封层，或先铺设土工合成材料后，再在其上加铺沥青混合料上封层。

③ 改性沥青薄层罩面。

④ 单层沥青表处。

(4) 由于土基、基层强度不足或路基翻浆等引起的严重龟裂，应先处治好基层后再重做面层。

3. 拥包的维修

(1) 属于因施工操作不慎将沥青漏洒在路面上形成的拥包，将拥包除去即可。

(2) 已趋于稳定的轻微拥包，应将拥包用机械刨削或人工挖除。如果除去拥包后，路表不够平整，应予以处治。

(3) 因面层沥青用量过多或细料集中而产生较严重拥包，或路面连续多次出现拥包且面积较大，但路面基层仍属稳定，则应用机械或人工将拥包全部除去，并低于路表面约 10 mm。扫尽碎屑、杂物及粉尘后用热沥青混合料重做面层。

(4) 因基层局部含水量过大，使面层与基层间结合不良而被推移变形造成的拥包，应将拥包连同面层挖除，将水分晾晒干，或用水稳定性较好的材料更换已变形的基层，再重做面层。

(5) 由于基层局部强度不足或水稳性不好，使基层松软而导致的拥包，应将面层和基层完全挖除。如土基中含有淤泥，还应将淤泥彻底挖除，换填新料并夯实。在地下水位较高的潮湿路段，应采取措施引出地下水，并在基层下面加铺一层水稳性好的材料，最后重做面层。

4. 沉陷的维修

(1) 因路基不均匀沉降而引起的局部路面沉陷，若土基和基层已经密实稳定，不再继续下沉，可只修补面层，并根据路面的破损状况分别采取下列处治措施。

① 路面略有下沉，无破损或仅有少量轻微裂缝，可在沉陷处喷洒或涂刷黏层沥青，再用沥青混合料将沉陷部分填补，并压实平整。

② 因路基沉陷导致路面破损严重，矿料已松动、脱落形成坑槽的，应按照坑槽的维修方法予以处治。

(2) 因土基或基层结构遭到破坏而引起路面沉陷，应参照上述有关要求处治好基层后再重做面层。

(3) 桥涵台背因填土不实出现不均匀沉降的，可视情况选择以下处理方法。

① 挖除沥青面层，在沉陷部分加铺基层后重做面层。

② 对台背填土密实度不够的，应重新处理压实，台背死角处的压实宜采用夯实机械。

③ 对含水量和孔隙比均较大的软基或含有有机物质的黏性土层，宜采取换土措施处理。换土深度应视软层厚度而定。换填材料应选择强度高、透水性好的材料，如碎石土、卵砾土、中粗

砂及强度较高的工业废渣，且要求级配合理。

④ 采用注浆加固处理。

5. 车辙的维修

(1) 车道表面因车辆行驶推移而产生的车辙，应将出现车辙的面层切削或铣刨清除，然后重铺沥青面层。在高速公路及一级公路上，可采用沥青玛蹄脂碎石混合料(SMA)，或SBS改性沥青混合料，或聚乙烯改性沥青混合料来修补车辙。

(2) 路面受横向推挤形成的横向波形车辙，如果已经稳定，可将凸出的部分削除，在波谷部分喷洒或涂刷黏结沥青并填补沥青混合料，找平、压实。

(3) 因面层与基层间有不稳定的夹层而形成的车辙，应将面层挖除，清除夹层后，重做面层。

(4) 由于基层强度不足、水稳定性能不好，使基层局部下沉而造成的车辙，应先处治基层。其方法可参照上述有关做法。

6. 波浪与搓板的维修

(1) 属于面层原因形成的波浪或搓板可按下述方法进行维修。

① 路面仅有轻微波浪或搓板，可在波谷部分喷洒沥青，并匀撒适当粒径的矿料，找平后压实。

② 波浪(搓板)的波峰与波谷高差起伏较大时，应顺行车方向将凸出部分铣刨削平，并低于路表面约10 mm。削除部分喷洒热沥青，再匀撒一层粒径不大于10 mm的矿料，扫匀，找平并压实。

③ 严重的大面积波浪或搓板，应将面层全部挖除，然后重铺面层。

(2) 若面层与基层之间存在不稳定的夹层，面层在行车荷载的作用下推移变形而形成波浪(搓板)，应挖除面层，清除不稳定的夹层后，喷洒黏结沥青，重铺面层。

(3) 因基层局部强度不足，或稳定性差等原因造成的波浪(搓板)，应先对基层进行处治，再重做面层。其处治方法可参照上述有关做法。

7. 冻胀和翻浆的维修

(1) 因路基冻胀使路面局部或大面积隆起影响行车时，应将胀起的沥青路面刨平，待春融后按翻浆处理的方法予以处治。

(2) 因冬季基层中的水结冰引起冻胀以及春融季节化冻而引起的翻浆，应根据情况采用以下方法之一予以处治。

① 换填砂粒。

② 局部发生翻浆的路段，可采用打石灰梅花桩或水泥砂砾桩的办法予以改善。

③ 加深边沟，并在翻浆路段两侧路肩上交错开挖宽为30～40 cm的横沟，其间距为3～5 m，沟底纵坡不小于3%，沟深应根据解冻情况逐渐加深，直至路面基层以下。横沟的外口应高于边沟的沟底。如路面翻浆严重，除挖横沟外，还应顺路面边缘设置纵向小盲沟。交通量较小的路段也可挖成明沟。但翻浆停止后，应将明沟填平恢复原状。

(3) 因基层水稳定性不良或含水量过大造成的翻浆，应挖去面层及基层松软部分，将基层材料晾晒干，并适当增加新的硬粒料(有条件时应换填透水性良好的砂砾或工业废渣等)，然后分层(每层不超过15 cm)填补并压实，最后恢复面层。

(4) 低温季节施工的石灰稳定类基层，雨水在板体强度未形成时渗入，其上层发生翻浆的，应将翻浆部分挖除，重做石灰稳定基层或换用其他材料予以填补，然后重做面层。

8. 坑槽的维修

(1) 路面基层完好,仅面层有坑槽时的维修方法如下。

① 按照"圆洞方补、斜洞正补"的原则,画出所需修补坑槽的轮廓线。

② 沿所画轮廓线开凿至坑底稳定部分,其深度不得小于原坑槽的最大深度。

③ 清除槽底、槽壁的松动部分及粉尘、杂物,并涂刷黏层沥青。

④ 填入沥青混合料(在潮湿或低温季节,宜采用乳化沥青拌制的混合料)并整平。

⑤ 用小型压实机具或铁制手夯将填补好的部分压(夯)实。新填补的部分应略高于原路面。如果坑槽较深(7 cm 以上),应将沥青混合料分两次或三次摊铺和压实。

⑥ 热补法修补。采用热修补养护车,将加热板加热坑槽处路面,翻松被加热软化铺装层,喷洒乳化沥青并加入新的沥青混合料,然后搅拌摊铺,压路机压实成型。

(2) 对交通量较小的路段,在低温寒冷或阴雨连绵的季节,无法采用常规方法,也无条件采用合适的材料修补坑槽时,为防止坑槽面积的扩大,可采取临时性的措施对坑槽予以处治,待天气好转后再按规范要求重新修补。

(3) 若因基层局部强度不足等使基层破坏而形成坑槽,应先处治基层,再修复面层。

9. 麻面与松散的维修

(1) 因嵌缝料散失出现轻微麻面,在沥青面层不贫油时,可在高温季节撒适当的嵌缝料,并用扫帚扫匀,使嵌缝料填充到石料的空隙中。

(2) 大面积麻面应喷洒稠度较高的沥青,并撒适当粒径的嵌缝料,应使麻面部分中部的嵌缝料稍厚,周围与原路面接口要稍薄,定型要整齐,并碾压成型。

(3) 因沥青用量偏少或因低气温施工造成的沥青面层松散,应采用以下方法处治。

① 先将路面上已松动的矿料收集起来。

② 待气温升至 15 ℃以上时,按 0.8～1.0 kg/m・h 的用量喷洒沥青,再均匀撒上厚 3～6 mm 的石屑或粗砂(每 1 000 m^2 撒 5～8 m^3)。

③ 用轻型压路机压实。

(4) 做稀浆封层处治。处理松散路面后,再做稀浆封层。

(5) 对因油温过高、沥青老化失去黏结性而造成的松散,应将松散部分全部挖除后,重做面层。

(6) 因沥青与酸性石料间的黏附性不良而造成的路面松散,应将松散部分全部挖除后,重做面层。重做面层的矿料不应再使用酸性石料。在缺乏碱性石料的地区,应在沥青中掺入抗剥离剂、增黏剂或使用干燥的生石灰、消石灰、水泥等表面活性物质作为填料的一部分,或采用石灰浆处理粗骨料等抗剥离措施,以提高沥青与矿料的黏附力,并增加混合料的水稳性。

(7) 由于基层或土基软化变形而造成的路面松散,应先处理好基层后,再重做面层。

10. 泛油的维修

(1) 只有轻微泛油的路段,可撒 3～5 mm 粒径的石屑或粗砂,并用压路机或控制行车速度碾压。

(2) 泛油较重的路段,可先撒 5～10 mm 粒径的碎石,用压路机碾压。待稳定后,再撒 3～5 mm 粒径的石屑或粗砂,并用压路机或控制行车速度碾压。

(3) 面层含油量高且已形成软层的严重泛油路段,可视情况采用下述方法之一进行处治。

① 先撒一层 10～15 mm 粒径(或更大的)碎石,用压路机将其强行压入路面,待基本稳定

后，再分次撒上 5～10 mm 粒径的碎石，并碾压成型。

② 将含油量过高的软层铣刨清除后，重做面层。

(4) 处治泛油应注意以下事项。

① 处治时间应选择在泛油路段已出现全面泛油的高温季节。

② 撒料应顺行车方向撒，先粗后细，做到少撒、薄撒、匀撒、无堆积、无空白。

③ 禁止使用含有粉粒的细料。

④ 采用压路机或引导行车碾压，使所撒石料均匀压入路面。

⑤ 如采用行车碾压，应及时将飞散的粒料扫回，待泛油稳定后，将多余、浮动的石料清扫并回收。

11. 脱皮的维修

(1) 由于沥青面层与上封层之间黏结不好，或初期养护不良引起的脱皮，应清除已脱落和已松动的部分，再重新做上封层，所做封层的沥青用量及矿料粒径规格应视封层的厚度而定。

(2) 如沥青面层层间产生脱皮，应将脱落及松动部分清除，在下层沥青面上涂刷黏结沥青，并重做沥青层。

(3) 面层与基层之间因黏结不良而产生的脱皮，应先清除脱落、松动的面层，分析黏结不良的原因。若面层与基层间所含水分较多，应晾晒或烘干；若面层与基层之间夹有泥层，则应将泥层清除干净，喷洒透层沥青后，重做面层。

12. 啃边的维修

(1) 因路面边缘沥青面层破损而形成啃边，应将破损的沥青面层挖除，在接茬处涂刷适量的黏结沥青，用沥青混合料进行填补，再整平压实。修补啃边后的路面边缘应与原路面边缘齐顺。

(2) 因基层松软、沉陷而形成的啃边，应先对路面边缘基层局部加强后再恢复面层。

(3) 应加强路肩的养护工作，保持路肩稳定；随时注意填补路肩上的车辙、坑洼或沟槽；经常保持路肩与路面衔接平顺，并保持路肩应有的横坡，以利排水。

(4) 为防止路面出现啃边，宜采取以下措施。

① 用砂石、碎砖(瓦)、工业废渣等改善、加固路肩或设硬路肩，使路肩平整、坚实。

② 可在路面边缘增设路缘石，或将路面基层加宽到其面层宽度外 20～25 cm 处。

③ 在平交道口或曲线半径较小的路面内侧，可适当加宽路面。

13. 磨光的维修

(1) 高速公路、一级公路抗滑能力降低、已磨光的沥青面层，可用路面铣刨机直接恢复其表面的粗糙度。

(2) 路面石料棱角被磨掉、路面光滑、抗滑性能低于要求值时，应加铺抗滑层。

(3) 对表面过于光滑、抗滑性能特别差的路段，应做罩面处理。

① 可以采用拌和法或层铺法施工的单层表面处治，也可采用乳化沥青稀浆封层。

② 罩面前，应先处治好原路面上的各种病害，若原路面有沥青含量过多的薄层，应将其刮除掉后洒黏层油。罩面及封层的技术要求应符合现行《公路沥青路面施工技术规范》(JTG F40—2004)的规定。

14. 桥面沥青铺装的养护与维修

(1) 经常保持桥面的清洁，及时清除各种污物、积水、积雪和冰块，疏通桥面泄水孔。冬季必要时，应撒铺防冻、防滑材料。

(2) 桥面沥青铺装出现的各种病害，经检查确系不是由桥梁结构破坏而引起的沥青面层损坏，应按上述有关病害的处治方法进行。

(3) 当沥青铺装中的防水层被破坏时，宜采用与原防水层相同的材料与结构予以修复。

任务 5 沥青路面罩面维修技术

一、工作任务

通过对沥青路面罩面维修技术的学习，学生应掌握沥青路面罩面的施工和检查验收。

二、相关配套知识

1. 一般规定

1) 罩面类型

沥青路面罩面按其使用功能划分为普通型罩面(简称罩面)、防水型罩面(简称封层)和抗滑层罩面(简称抗滑层)三种。

2) 适用范围

(1) 罩面主要适用于消除破损、完全或部分恢复原有路面平整度、改善路面性能的修复工作。

(2) 封层主要适用于提高原有路面的防水性能、平整度和抗滑性能的修复工作。

(3) 抗滑层主要适用于提高路面抗滑能力的修复工作。

3) 材料要求

(1) 罩面。

① 罩面的结合料宜使用性能较好的黏稠型道路石油沥青、乳化石油沥青、改性乳化沥青、改性沥青。

② 矿料的选择宜采用耐磨、强度高的石料。

③ 高速公路、一级公路宜采用中粒式、细粒式密级配沥青混凝土或沥青玛蹄脂结构。二级或二级以下公路可采用热拌沥青碎石混合料结构。三级或三级以下公路可采用沥青表面处治层结构。

④ 所采用的结合料、矿料、沥青混合料的规格和各项技术指标要求符合《公路沥青路面施工技术规范》(JTG F40—2004)或其他有关规范的规定。

(2) 封层。

① 封层的结合料宜采用乳化石油沥青、改性乳化石油沥青。

② 矿料宜选用耐磨、强度高的石料。

③ 各种结合料、矿料、填料及乳化沥青混合料的各项技术指标要求应符合《公路沥青路面施工技术规范》(JTG F40—2004)的规定。

④ 高速公路、一级公路可采用沥青稀浆封层养护，但宜使用粗粒式改性乳化沥青混合料。其他等级公路可采用乳化沥青混合料。

(3) 抗滑层。

① 抗滑层应选用适合铺筑抗滑表层的材料和沥青混合料。

② 高速公路、一级公路宜选用重交通道路石油沥青、改性石油沥青、改性乳化石油沥青作为结合料。

③ 应选用抗滑、耐磨的石料，磨光值应大于42。

④ 所用的各种材料和沥青混合料的技术指标要求应按《公路沥青路面施工技术规范》(JTG F40—2004)中有关对抗滑表层方面的要求执行。

4) 厚度要求

(1) 罩面。

罩面厚度应根据所在路段的交通量、公路等级、路面状况、使用功能等综合考虑确定。

① 当路面状况指数、行驶质量指数在中、良等级，路面仅有轻度网裂时，可采用较薄的罩面层厚(1.0～3.0 cm)。

② 当路面破损、平整度、抗滑三项指标都在中等以下，又要求恢复到优、良等级时，应采用较厚的罩面层厚(3.0～5.0 cm)。

③ 高速公路、一级公路罩面宜采用4.0～5.0 cm的厚度，其他公路可采用较薄的罩面层厚度(1.0～4.0 cm)。

④ 各级公路的罩面层厚度不得小于最小施工层厚度。

(2) 封层。

① 交通量较大、重型车较多的路段宜采用厚约1.0 cm封层。

② 中等交通量路段宜采用厚约0.7 cm封层。

③ 交通量小、重型车少的路段宜采用厚约0.3 cm封层。

(3) 抗滑层。

① 用于高速公路、一级公路时宜采用不小于4.0 cm的厚度。

② 用于二级公路宜用中粒、细粒式沥青混凝土结构，也可采用热拌沥青碎石或沥青表面处治结构，厚度不得小于最小施工层厚度。

③ 用于三、四级公路时，可采用乳化沥青封层结构，厚度可为0.5～1.0 cm。

2. 罩面施工

(1) 沥青路面罩面的施工。

沥青路面罩面的施工，除应按《公路沥青路面施工技术规范》(JTG F40—2004)有关规定执行外，还应按下列要求进行。

① 对确定罩面的路段，在罩面前必须完成翻浆、坑槽、严重裂缝、沉陷、拥包、松散、车辙等病害的修复工作，并清除路面上的泥土杂物。

② 根据施工气温、旧沥青路面状况等因素采取相应施工工艺措施，罩面前必须喷洒黏层沥青，确保新老沥青层结合，沥青用量为0.3～0.5 kg/m^2，裂缝及老化严重时，沥青用量宜为0.5～

0.7 kg/m^2。有条件时，喷洒黏层沥青前，最好用机械打毛处理。

③ 罩面不应铺在逐年加厚的软沥青层上，也不应铺在和原沥青路面结合不好、即将脱皮的沥青罩面薄层上，应将其铲除、整平后，再进行罩面。

④ 当气温低于 10 ℃或路面潮湿时，不得浇洒黏层沥青，不得摊铺沥青罩面层。

(2) 采用乳化沥青稀浆封层时，除应按《公路沥青路面施工技术规范》(JTG F40—2004)有关规定执行外，还应按如下要求进行：采用乳化沥青稀浆封层时，必须有固定的专业人员、固定的专业乳液生产和施工(撒布、摊铺)设备、专职的检测试验人员，并按有关规定标准进行检测和质量控制。稀浆封层撒布机在使用前，应根据稀浆混合料配合比设计，对骨料、乳液、填料、加水量进行认真调试，调试稳定后，方可正式摊铺。

(3) 抗滑层的施工应按《公路沥青路面施工技术规范》(JTG F40—2004)有关规定进行。

3. 施工质量管理与检查验收

(1) 沥青路面罩面的施工质量管理与检查验收，应遵照《公路沥青路面施工技术规范》(JTG F40—2004)有关规定执行。

(2) 使用乳化沥青、改性乳化沥青作为结合料时，其乳液、稀浆混料的质量检验要求按《公路沥青路面施工技术规范》(JTG F40—2004)规定进行。

(3) 罩面层、封层、抗滑层施工验收评定标准，可按《公路沥青路面施工技术规范》(JTG F40—2004)规定执行。

任务 6 沥青路面补强与加宽技术

一、工作任务

通过对沥青路面补强与加宽技术的学习，学生应掌握沥青路面补强设计、施工、加宽设计以及沥青路面路基、基层和面层的施工与质量控制。

二、相关配套知识

1. 沥青路面补强设计

(1) 在现有的公路等级不变的情况下，沥青路面因损坏严重、强度系数(SSI)不符合要求时，应补强路面；同时，补强也适用于因公路等级提高而进行的改建工程。补强应符合下列一般要求。

① 对原有沥青路面必须做全面的技术调查和方案比较。

② 补强设计应综合考虑由补强厚度导致的纵坡与横坡的调整以及与路面结构物的连接等方面的相互协调，使纵坡线形符合《公路工程技术标准》(JTG B01—2003)的要求。若线形不符

合《公路工程技术标准》(JTG B01—2003)的规定,应改建线形,使其符合《公路工程技术标准》(JTG B01—2003)后,再进行补强设计。

③ 补强设计应考虑补强结构层与原路面结构的连接问题。

(2) 沥青路面补强层材料的类型及结构形式的选择。

① 沥青路面补强层材料类型按《公路沥青路面设计规范》(JTG D50—2006)的规定进行选取。

② 路面补强结构形式的选择规范如下。

a. 对高速公路、一级公路和二级公路的补强,宜采用半刚性基层加沥青混合料面层的结构形式。

b. 对三级公路的补强,在不提高公路等级的情况下,可采用单层或多层补强结构;在提高公路等级的情况下,宜采用半刚性基层加沥青混合料面层的补强结构形式。

c. 对四级公路的补强,可采用单层或多层的补强形式。

(3) 原有公路的技术调查。

① 调查原有公路路况,如路面的破损及病害的情况和程度,路面排水(积水)状况、积雪(沙)等状况,路肩采取的加固措施等。

② 调查原有路面设计、施工、养护的技术资料及从使用开始至改建的年限、使用效果等。

③ 调查年平均双向日交通量、交通组成和交通量增长率等。

④ 调查路基和路面的宽度、路线纵坡、路面横坡、平曲线半径等;每 500 m 一断面,测定其原有路面结构层的厚度、各层材料的回弹模量及路基干湿类型,如路面宽度大于等于 7 m,则每个断面选两个点,不足 7 m 选一个点;对沥青面层、基层和底基层材料,应按层取样试验、判断其结构层或材料是否还可以利用。

⑤ 原有公路的分段及弯沉调查按《公路沥青路面设计规范》(JTG D50—2006)的有关规定进行。

(4) 对原有公路的处理。

① 原有公路路拱不符合《公路工程技术标准》(JTG B01—2003)时,应结合补强设计,对路拱进行调整,使其符合规定。

② 对原路面的病害,应视其层位、严重程度和范围,按有关规定进行处理。若面层有病害,可直接处理后进行补强;若基层有病害,应先开挖面层,对基层进行处理后,再进行补强。

(5) 与桥涵的衔接。路面补强路段内若有桥涵等构造物,在补强前应对其铺装层进行检查。若原有铺装层出现破损,应及时修复。若原有铺装层完好,可在桥涵构造物的承载能力范围内,适当加铺新的铺装层。

为保证路面与桥涵顶面的纵坡顺适,应综合考虑和重新设计路线纵坡。路面的补强可从桥涵两侧的搭板外开始设计和施工,衔接点即为搭板两侧的端点,以衔接点的标高作为控制标高。对无搭板的情况,衔接点设在桥涵台背两端外 10 m 处。设计时要注意路面与桥涵构造物的衔接,应保证路线纵坡顺适。对衔接点处路面补强结构的施工,可视设计标高的情况向下开挖原有路面结构层,以重新铺筑补强结构层。

(6) 补强设计中,补强层材料设计参数的选择按新建路面材料设计参数的选择方法进行,原有路面的整体强度以当量回弹模量表示。补强设计步骤、路面的分段和各路段的弯沉值的计算、原有路面当量回弹模量及补强厚度的计算应参照《公路沥青路面设计规范》(JTG D50—

2006)的有关规定进行。

2. 沥青路面补强施工

(1) 沥青路面补强层原材料应符合规范中的要求,混合料的组成设计应符合《公路沥青路面设计规范》(JTG D50—2006)和《公路路面基层施工技术规范》(JTJ 034—2000)规定的要求。

(2) 除应满足《公路沥青路面设计规范》(JTG D50—2006)和《公路路面基层施工技术规范》(JTJ 034—2000)的有关规定外,沥青路面补强还应做好下列工作。

① 原有路面技术状况不良时,应按下列要求处理。

a. 平整度或路面横坡不符合规定要求时,应加铺整平层,或在加铺补强层的同时找平或调整路面横坡。对三、四级公路,必要时可将原路面翻松 6～8 cm,重新整形后调整。

b. 对原有路面出现的各种病害,应根据产生的原因采取有效的处理措施后,再铺筑路面基层。

c. 排水不良路段,应采取加深边沟、设置盲沟和渗井或设隔水层等措施进行处理。

② 应采取浇洒透层油或黏层油等措施使新旧结构层连接良好,并保证结构层满足最小厚度的要求。

③ 为使路面边缘坚实稳定,基层应比面层宽出 20～25 cm 或埋设路缘石。路肩过窄路段,应先加宽路基至标准宽度,或采用护肩石的方法,再加宽基层。

④ 用砂石作为沥青路面的基层时,在干燥地带可适量渗入粗骨料(应按旧路面的细料含量而定);在中湿、潮湿地带宜将基层翻松,再掺入适量的石灰碾压密实,并做好排水设施。

⑤ 挖除面层或基层时,应尽量做到再生利用,旧料应按再生利用的要求分类收集和存储。

(3) 补强施工按现行《公路路面基层施上技术规范》(JTJ 034—2000)和《公路沥青路面施工技术规范》(JTG F40—2004)的有关规定进行。

(4) 沥青路面补强施工应切实做好施工的质量管理和控制。质量管理和控制应参照《公路路面基层施上技术规范》(JTJ 034—2000)、《公路沥青路面施工技术规范》(JTG F40—2004)和《公路工程质量验收评定标准》(JTG F80—2004)的技术规定执行。

3. 沥青路面加宽设计

1) 沥青路面加宽的基本要求

(1) 沥青路面加宽方案应根据原有公路等级、线形及交通量等确定。如原有公路线形不需改善,且路基较宽,加宽后路肩宽度符合《公路工程技术标准》(JTG B01—2003)时,可在原公路的基础上直接加宽;如原有公路因线形较差而需改善,设计时应尽可能利用原有的沥青路面,在原有基础上先加宽路基,再加宽路面。

(2) 若路面的横断面为整体断面形式,加宽的沥青路面宜采用压实性、水稳性均较好的材料作为基层。结构宜与原有沥青路面相近,加宽部分的基层强度应不低于原有沥青路面的基层强度。若加宽部分的路面横断面形式为分离式,加宽部分所用的结构和材料可不同于原路面。对加宽部分按新建路面进行调查、设计,加宽部分的路基强度和稳定性及路面厚度应按《公路路基设计规范》(JTG D30—2004)和《公路沥青路面设计规范》(JTG D50—2006)的规定计算确定。

(3) 路面加宽前,应对原有路面做全面的调查。

(4) 加宽时,必须处理好新路面与原路面的纵横向衔接。对软土地基高路堤加宽时,还应对新路基进行加固处理,待固结沉降稳定后方可进行加宽施工,避免加宽路面出现非均匀沉降。

(5) 若路基加宽宽度小于1 m时,加宽的路面或基层压实质量不好控制,则宜采用单侧加宽的方式;单侧加宽也包括因线形约束只能在一侧进行加宽的处理情况。单侧加宽时,必须调整原有路面的路拱横坡。

(6) 加宽路面处于路线平曲线处,均应按《公路工程技术标准》(JTG B01—2003)的规定根据需要设置相应的超高和加宽,如原来未设置的,也应结合加宽设计补设。

(7) 加宽以后的路基应保证原有路面排水系统的完善,必要时还要对原有路面的排水系统进行重新设计和施工。

(8) 加宽路面的基层和面层材料需进行试验和配合比设计,试验方法和配合比设计方法应符合《公路沥青路面施工技术规范》(JTG F40—2004)和《公路路面基层施上技术规范》(JTJ 034—2000)的有关规定。

(9) 对处于特殊地区的公路加宽,应采取措施对原地面进行处理,使其具有足够的强度和稳定性,具体方法应参照《公路路基设计规范》(JTG D30—2004)和《公路路基施工技术规范》(JTG F10—2006)的有关规定。

2) 沥青路面基层的加宽

(1) 基层加宽前应对原有路面进行详细调查和测定,调查和测定的方法可参照相关规定执行。

(2) 设计时应注意以下几点。

① 基层加宽部分的处理:加宽部分应按新路基设计,即将原路面分段实测后计算弯沉值 L_0,作为加宽部分的设计弯沉值;根据调查测验的土质和路基干湿类型确定土基的回弹模量 E_0;依据不同材料的模量按新建路面的设计方法设计加宽部分的基层厚度,使其强度不低于原有路面整体强度。

② 计算路面基层厚度时,依据已定设计弯沉值,采用《公路沥青路面设计规范》(JTG D50—2006)的方法进行计算。

③ 砂石路面作为路面基层时,如其强度和水稳性不足,应进行补强设计。中湿、潮湿路段,应铲除砂石磨耗层,对原有路面的病害或破损应采取措施进行处治。

(3) 基层同时加宽、补强时应符合下列要求。

① 对原路面应进行全面的技术调查,逐段分析其技术状况,并根据有关加宽和补强的要求,综合考虑路线纵坡、与桥涵通道等构造物的衔接、路基的防护与加固、路面排水系统、环境保护、绿化等因素,再进行设计。设计应符合相关规范的技术规定。

② 原路基宽度符合要求且路面宽度不够时,宜在两侧加宽;路基窄,应先加宽路基,再加铺基层。

③ 在原路上加宽和补强时,因原路面强度低,要首先对其进行全面处理,使其符合规定的压实要求后,再进行加宽和补强。补强部分的设计和施工应符合有关规定和要求。

3) 沥青路面双侧加宽

(1) 加宽前,原有路面的调查和测定要求按规定执行。

(2) 如原有路面路基较宽,路面加宽后路肩宽度符合《公路工程技术标准》(JTG B01—2003)时,可直接加宽;如路基较窄、不具备加宽路面条件的路段,应先加宽路基。为使路面边缘坚实,路基比基层应宽出20～25 cm,基层应比面层宽出20～25 cm,或埋设路缘石。如果施工机械和操作方法能保证路基加宽部分达到规定压实度,可随即加宽路面,否则应待路基稳定后,再加宽路面。

(3) 路面双侧加宽宜采用两侧相等的加宽方式，如图 3.6.1 所示。

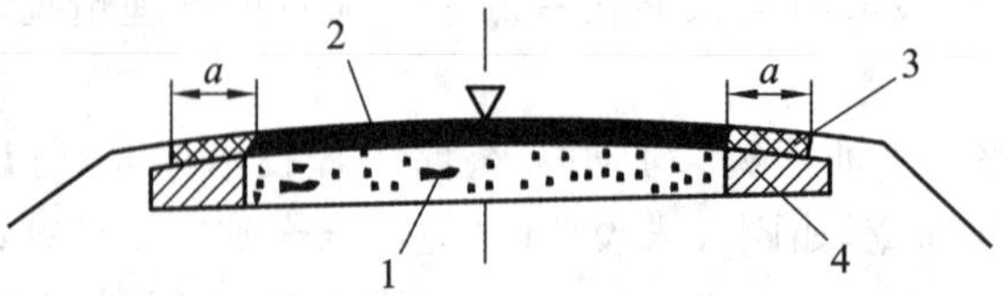

图 3.6.1　两侧相等加宽路面

1—原基层；2—原路面；3—加宽路面；4—加宽基层

(4) 对不能采取两侧相等加宽的路面，如两侧加宽宽度差数在 1 m 以下时，不必调整横坡，可按图 3.6.2 所示进行加宽设计。若两侧加宽宽度差超过 1 m 时，必须调整路拱横坡，可按图 3.6.3 所示进行加宽设计。

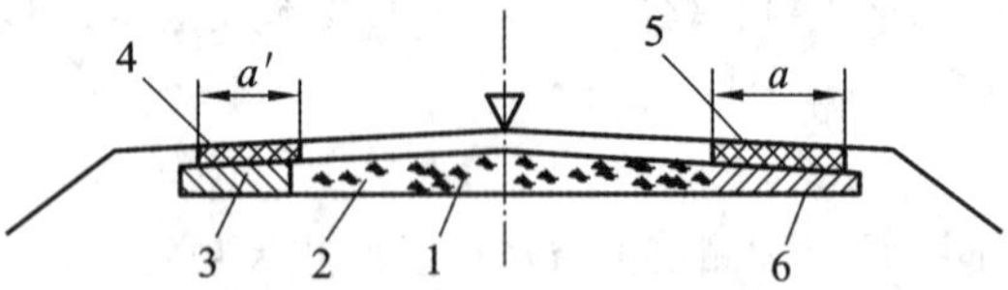

图 3.6.2　两侧不相等加宽路面

($a-a'<1$ m 时不调整路拱)

1—原有基层；2—原有路面；3—加宽基层较窄；4—加宽面层较窄；5—加宽面层较宽；6—加宽基层较宽

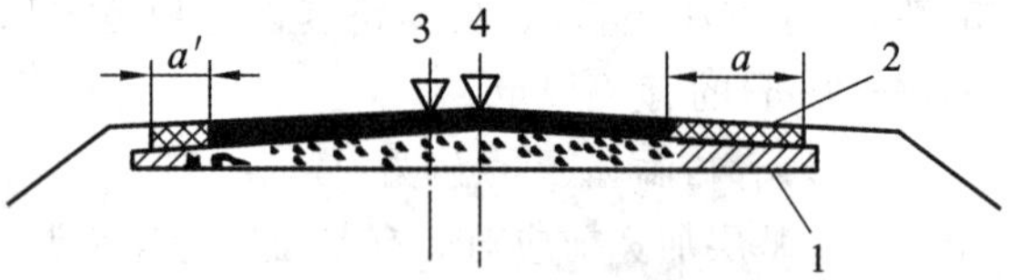

图 3.6.3　两侧不相等加宽路面

($a-a'>1$ m 时不调整路拱)

1—加宽基层；2—加宽面层；3—原路拱中点；4—新铺路拱中点

4) 沥青路面单侧加宽

沥青路面单侧加宽前，原有路面的调查和测定要求按规定执行。受线形和地形条件限制必须采用单侧加宽时，可按图 3.6.4 所示进行加宽设计，加宽一侧须设置调拱层。调拱层应使所用材料的要求满足一定的厚度规定，以免在加宽面层和旧面层之间形成薄夹层，同时要注意三角调拱层与上下路面结构层的连接。

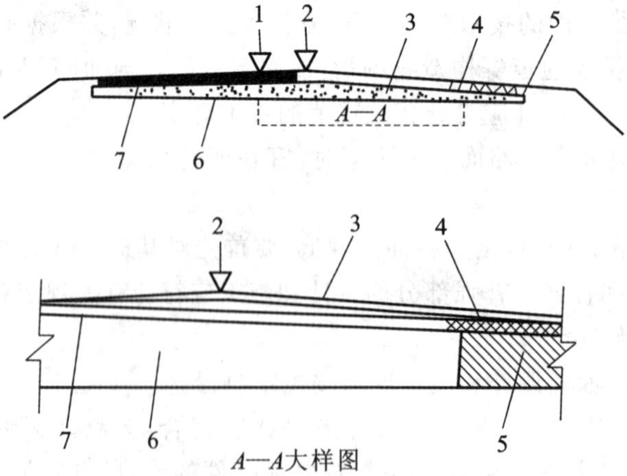

A—*A*大样图

图 3.6.4　单侧加宽路面

1—原路拱中心；2—调拱后中心；3—三角调拱层；4—加宽面层；5—加宽基层；6—旧基层；7—旧面层

4. 路基施工与质量控制

（1）路基施工时所用的填料宜与原路相同或选用水稳性较好的土，并应符合《公路路基施工技术规范》(JTG F10—2006)、《公路土工试验规程》(JTG E40—2007)的规定。

（2）路堤加宽一侧填土宽度应大于填土层设计宽度 50 cm 以上，压实宽度须超过设计宽度 25 cm 以上，最后削坡。对压路机无法操作的路段，应采用小型机具分层夯实，并达到规定的压实度。为防止新老路基出现不均匀沉降，应沿原路基边坡挖成向内倾斜的台阶，台阶宽度应不小于 1 m，以增加加宽部分路基的稳定性。如压路机机械无法操作，应用小型机具夯实至规定的压实度。

（3）路基施工中应做好路基的防护与加固工作，保证其稳定性，施工完毕后应进行及时养护。路基的防护宜与改善环境、保护生态平衡和搞好公路绿化相结合。

（4）路基施工及质量控制标准应遵照《公路路基施工技术规范》(JTG F10—2006)和《公路工程质量验收评定标准》(JTG F80—2004)的技术规定执行。

5. 基层施工与质量控制

（1）基层加宽施工时，应做好基层接茬处的处理，纵向接茬应与路中线平行。

（2）新旧基层衔接应符合下列要求。

① 基层厚度大于或等于 25 cm 时，宜采用相错搭接法，如图 3.6.5 所示。搭接长度不小于 30 cm，搭接部位应首先采用小型机具夯实至设计规定的压实度，然后再对整个加宽基层采用机械全面压实，压实质量应符合设计要求。压实成型的新基层，应与原路面基层平齐。

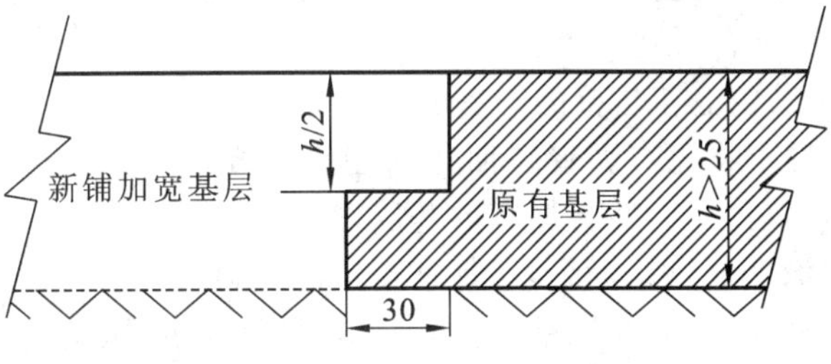

图 3.6.5　相错搭接(单位尺寸：cm)

② 基层厚度小于 25 cm，宜采用平头接头法，如图 3.6.6 所示。新铺筑的基层成型后，应与原路面基层平齐。

③ 邻接加宽部位 30 cm 的旧面层应揭掉，如图 3.6.7 所示。并使原有沥青路面露出坚硬的边缘，材料不可松动，保持面层边缘垂直，基层顶面应平整。旧基层上的松散浮土、浮石渣应清扫干净，并将其顶面拉毛。

图 3.6.6　平头接头

（3）基层若需调拱时，加宽部分与调拱部分应按路面横坡的要求一次调正，整型压实。为使调拱部分新旧基层接合良好，应将旧面层先铲掉，把原基层拉毛后再与调拱层接合。调拱层的最小厚度应满足《公路沥青路面设计规范》(JTG D50—2006)的要求，不足时可向下开挖原基层，以保证调拱垫层的最小厚度要求，然后再做面层。

（4）基层施工及质量控制应遵照《公路路面基层施工技术规范》(JTJ 034—2000)和《公路工程质量验收评定标准》(JTG F80—2004)的技术规定执行。

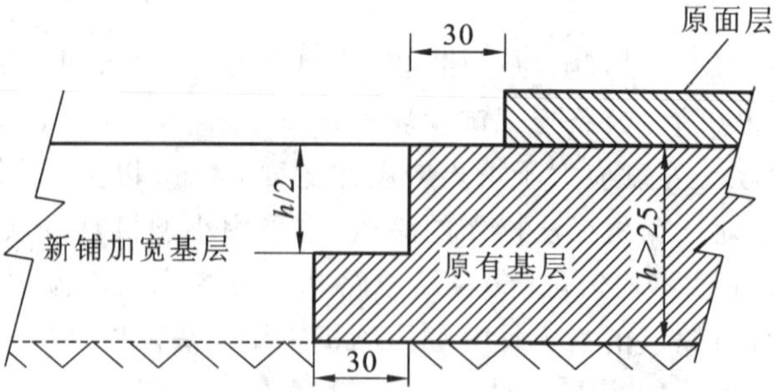

(a) 相错搭接时(单位尺寸：cm)

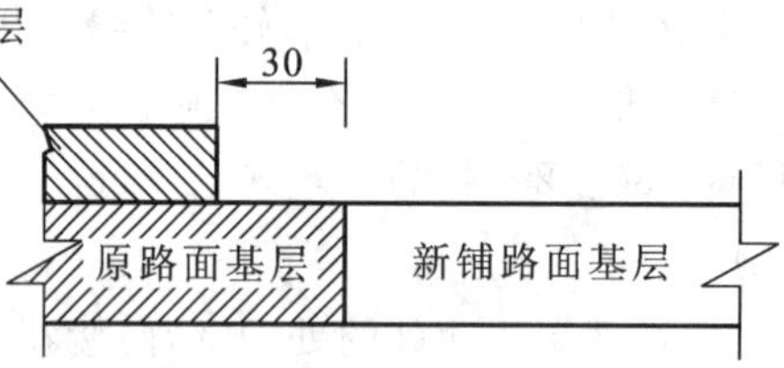

(b) 平头接头时(单位尺寸：cm)

图 3.6.7　基层加宽时面层的处理

6. 面层施工与质量控制

(1) 路面面层加宽施工时，应做好面层接茬处的处理，纵向接茬应与路中线平行。

(2) 新旧面层衔接应符合下列要求。

① 面层接茬一般应采用毛茬热接的方法。

a. 在基层加宽的基础上将原有沥青路面边缘刨切整齐，使其露出坚硬的垂直边缘，原路面面层和新铺基层的粒料不可松动，并将加宽的基层表面清扫干净。

b. 在接茬处应均匀涂一层黏结沥青，以保证新铺混合料与旧沥青面层更好地黏结。

c. 单层式面层接茬时，混合料的摊铺应与原路面平齐对接，压实后的高度与原路面面层平齐，如图 3.6.8 所示。

d. 双层式或多层式面层接茬时，上下层不宜接在同一垂直面上，应错开 30 cm 以上，做成台阶式，加宽后新路面上面层的压实高度与原路面上面层平齐，如图 3.6.9 所示。

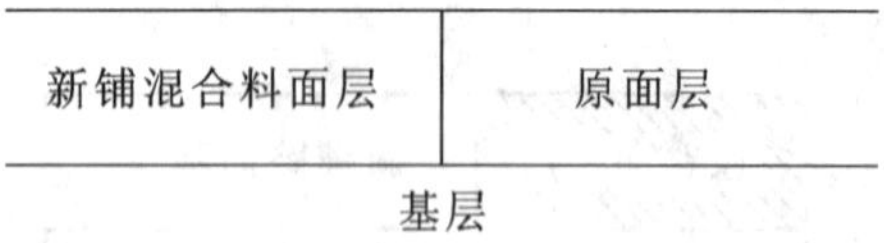

图 3.6.8　面层纵向接茬搭接

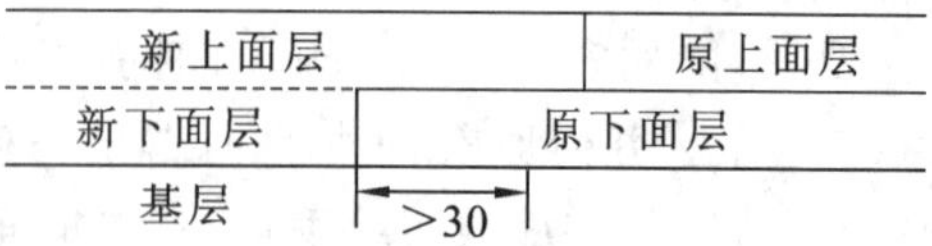

图 3.6.9　双层式路面面层接茬

② 面层接茬部位的施工。

接茬部位沥青混合料的摊铺可视路面加宽宽度的情况，选择人工摊铺或机械摊铺。采用人工摊铺时，将混合料按松铺厚度摊平，并沿边缘用热沥青混合料覆盖于原有沥青路面边缘预热，随时用小型振动板沿纵向接茬部位向外振动压实沥青混合料(新铺沥青面层可比原有面层略高)，最后用重型压路机后轮对新铺面层进行全面碾压，成型的高度应与原有面层平齐。采用机械摊铺法施工时，可直接沿纵向接茬部位机械摊铺碾压，但应注意随时对接茬部位进行整平或补料。

对加宽部位，若原有路面不需调拱，新铺沥青混合料的碾压应从接茬处向外碾压，以便形成设计规定的路拱;若原有路面需要调拱,压实方法同新建沥青路面的有关施工规定。施工完毕,纵向接茬处不应有凹凸不平的表面,应保证接缝位置平顺和具有正确的设计路拱,压实度达到设计规定的要求。

(3) 沥青面层的施工及质量控制应遵照《公路沥青路面施工技术规范》(JTG F40—2004)和《公路工程质量验收评定标准》(JTG F80—2004)技术规定执行。

任务7 沥青路面再生技术

一、工作任务

沥青路面再生技术是将需要翻修或者废弃的旧沥青路面,经过翻挖回收、破碎、筛分,再和新集料、新沥青材料适当配合,重新拌和,形成具有一定路用性能的再生沥青混合料,用于铺筑路面中、下面层或路面基层的整套工艺技术。通过对沥青路面再生技术的学习,学生应掌握沥青路面热拌再生沥青混合料的施工工艺。

二、相关配套知识

1. 概述

再生沥青混合料的拌制一般分为热拌和冷拌两种。热拌再生沥青混合料是旧料、新矿料、再生剂与新沥青在热态下拌和而成;冷拌再生沥青混合料是旧料、新矿料、再生剂与乳化沥青在常温下拌和而成。热拌再生沥青混合料强度高、路用性能良好,冷拌再生沥青混合料成型期较长、强度相对较低。

2. 热拌再生沥青混合料

1) 热再生适用性

热拌再生沥青混合料一般适用于翻修养护工程,可用于一级、二级、三级公路的中、下面层,以及四级公路的面层。对热拌再生沥青混合料使用于一级、二级和三级公路的上面层及高速公路中、下面层,必须经试验、总结、评定合格后才能使用。

2) 热再生施工工艺

(1) 旧料是沥青路面翻修时所得的面层材料。翻挖路面时可采用机械、人工或两种方式联合进行作业,其质量应符合下列要求。

① 旧料必须洁净,不得混入有机垃圾,混入无沥青黏结的砂石料的比例不得大于10%、含泥量不得大于1%。

② 块状旧料可采用机械轧碎或人工敲碎。

③ 破碎后的旧料最大粒径按用途确定。用于粗粒式再生沥青混合料时,最大粒径为26.5 mm或31.5 mm(方孔筛);用于中粒式再生沥青混合料时,最大粒径为16 mm或19 mm(方孔筛);

用于细粒式再生沥青混合料时，最大粒径为 9.5 mm 或 13.2 mm(方孔筛)。

④ 破碎后的旧料应按质量分类堆放在平整、坚实和排水良好的场地。堆放高度以不结块为度，一般小于 1.5 m。

(2) 根据地区使用条件和公路等级与旧沥青性能，可在旧料中掺入适用的再生剂。适用的再生剂有机油、润滑油、抽出油和玉米油。再生剂的性能和储放应符合下列要求。

① 应具有较强的渗透和软化能力，以降低旧沥青枯度，达到要求的针入度。

② 能与旧沥青互溶，使之和新沥青均匀地混合成一体。

③ 能调节旧沥青的成分，达到路用沥青的质量要求，有较好的抗老化性能。

④ 再生剂应储存在有盖的容器中，防止水和垃圾等杂质混入。储存和使用必须满足防火要求。

(3) 用于再生沥青混合料的新沥青和乳化沥青的类型及标号可根据公路等级、用途和当地气候条件选定，它的质量应符合规定。

(4) 用于再生沥青混合料的粗、细集料应具有足够强度，且与沥青黏附性良好，并无风化和杂质，颗粒形状接近立方体，其他质量要求应符合规定。

(5) 热拌再生沥青混合料配合比应按下列步骤进行设计。

① 旧料分析与新旧沥青掺配。

a. 将破碎后的旧料按《公路工程沥青及沥青混合料试验规程》(JTG E20—2011)规定的方法做抽提分析，计算旧沥青含量和旧矿料的颗粒组成。

b. 对被抽提出来的旧沥青溶液按《公路工程沥青及沥青混合料试验规程》(JTG E20—2011)规定的方法回收旧沥青，测定旧沥青的针入度、延度和软化点。

c. 当旧沥青老化严重、针入度较小时，需掺入再生剂，掺量以达到本地区要求的沥青稠度为准。

d. 将含有再生剂的旧沥青掺入符合质量要求的新沥青，测定针入度、延度和软化点等质量指标。

e. 按沥青材料质量的技术要求，确定新、旧沥青掺配比例。如经反复试验和调整后，新、旧沥青掺配比例仍达不到质量要求时，该旧沥青不能用于再生沥青。

② 确定新、旧沥青掺配的比例，选定新矿料与旧料的配合比，并根据新矿料的颗粒组成，计算新矿料的用量。

③ 对破碎的旧料，要用先确定的再生剂用量进行喷洒拌和后确定的再生沥青混合料级配，并根据本地区经验初定混合料的沥青用量，扣除旧料的旧沥青含量后作为新沥青用量的中值，每次增减 0.5%新沥青用量制备混合料试件并进行马歇尔试验，根据试验结果确定再生沥青混合料的最佳沥青用量。在路面铺筑过程中，如材料发生变化，抽检的马歇尔试验结果未达到技术标准时，应调整新、旧料比例或新沥青用量。

(6) 热拌再生沥青碎石的沥青用量可根据本地区经验或通过试验确定；冷拌再生沥青混合料的级配和乳化沥青用量可按乳化沥青路面实践经验确定。

(7) 热拌再生沥青混合料可采用间歇式拌和机或连续式拌和机拌制，应按下列工艺进行拌和。

① 当旧沥青混合料需要掺入再生剂时，应先将破碎后的旧料按用量喷洒并拌和均匀，堆放时以再生剂充分渗透到旧沥青为度，堆放高度宜不超过 1.5 m，避免结块。

② 当采用间歇式拌和机拌制时，新集料加热温度应高于普通沥青混合料的集料加热温度，但不宜超过 230 ℃。旧料不得进入烘干筒，按配合比设计用量经计量后直接进入拌缸，与新集料相混合，通过热交换使旧集料升温、旧沥青热融。干拌 5 s 左右后，加入新沥青再拌和 30～45 s，拌和时间以新、旧料混合均匀及混合料颜色均匀、无花白为准。再生沥青混合料出厂温度为 140～160 ℃。

③ 间歇式拌和机热拌再生沥青混合料的拌和宜按图 3.7.1 所示工艺流程进行拌制。

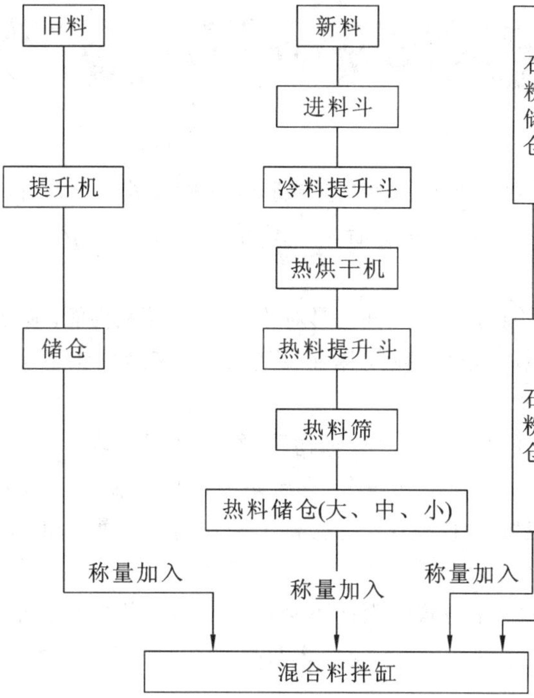

图 3.7.1　间歇式拌和机热拌再生混合料拌和工艺流程图

④ 当采用连续式拌和机拌和时,必须避免旧料被明火烧焦。宜在筒体中部进料口输入旧料,并设置挡板遮挡火焰;如旧料与新集料在筒体始端同一料口输入筒体时,可先对旧料喷洒适量水分,旧料总含水量宜不超过 3%。拌和后的再生沥青混合料色泽应均匀一致,出厂温度为 140～160 ℃。

3. 冷拌再生沥青混合料

冷拌再生沥青混合料一般适用于翻修养护的四级公路路面。冷拌再生沥青混合料宜采用机械拌和。若受条件限制时,也可采用人工拌和。

再生沥青混合料的运输、施工和质量管理等技术要求应符合现行规范《公路沥青路面施工技术规范》(JTG F40—2004)的规定。

任务 8　沥青微表处技术

一、工作任务

微表处是功能最完善的道路养护方法之一,它是一种采用高分子聚合物使乳化沥青改性的铺筑技术,对出现在城市干道、高速公路和机场道路上的各种病害的修复最为有效。通过对沥青路面微表处技术的学习,学生应掌握沥青路面微表处施工技术。

二、相关配套知识

1. 微表处技术应用特点

(1) 施工速度快。连续式稀浆封层机 1 d 之内能摊铺 500 t 微表处混合料,折合为一条 10.6 km 长的标准车道,摊铺宽度最小可达 9.5 m,施工后 1 h 即可通车,适用于大交通量的高速公路及城市干道。

(2) 微表处可提高路面的防滑能力,增加路面色彩对比度,改善路面性能,延长路面使用寿命。

(3) 成型快、工期短、施工季节长,可以夜间作业,尤其适于交通繁忙的公路、街道和机场道路的铺设。

(4) 常温条件下作业,可降低能耗,不释放有毒物质,符合环保要求。

(5) 在面层不发生塑性变形的条件下,可修复深达 38 mm 的车辙而无需碾压。

(6) 因为微表处很薄,所以在城市主干道和立交桥上应用时不会影响排水,用于桥面也不会增加多少重量。

(7) 在机场,密级配的微表处能作为防滑面而不会产生破坏飞机发动机的散石。

(8) 由于它能填补厚达 38 mm 的车辙,十分稳定且不产生塑性变形,所以它是不用刨铣解决车辙问题的独特方法。

微表处技术弥补了普通稀浆封层和热拌沥青混凝土摊铺各自存在的缺陷,确切地说,微表处是一种完善的道路养护方法。

2. 微表处技术对原材料的基本要求

1) 集料的基本要求

用于微表处的集料必须坚硬、耐磨,不含泥土杂质,其含砂当量大于 65%,并且级配组成必须符合一定的级配标准;一般采用 ISSA(国际稀浆封层协会)的Ⅱ、Ⅲ型级配,美国、加拿大等北美国家均采用这些级配,表 3.8.1 为 ISSA 推荐级配,大于 4.75 mm 集料的技术要求如表 3.8.2 所示。

表 3.8.1 ISSA 推荐级配(%)

筛孔尺寸/mm	Ⅱ	Ⅲ	筛孔尺寸/mm	Ⅱ	Ⅲ
9.5	100	100	0.6	30～50	19～34
4.75	90～100	70～90	0.3	18～30	12～25
2.36	65～90	45～70	0.15	10～21	7～18
1.18	45～70	28～50	0.075	5～15	5～15

表 3.8.2 集料技术要求

项　目	指标(高速公路/其他公路)	项　目	指标(高速公路/其他公路)
石料压碎值/(%)	<20/28	石料磨光值	<45/42
洛杉矶磨耗值/(%)	<25/30	破碎面/(%)	100
视密度/(g/cm^3)	>2.6/2.5	软石含量/(%)	<3/5
细长扁平颗粒含量/(%)	<8/10		

2）改性乳化沥青的基本要求

改性乳化沥青是微表处的黏结材料，其质量的好坏对封层质量的影响最直接、最明显。改性乳化沥青的特性主要与乳化剂和改性剂的选择有关，为达到快速开放交通的要求，乳化剂必须是慢裂快凝的阳离子乳化剂，且所用乳化剂不能对沥青性能造成影响。同时，对各种沥青的适应性要好，与改性剂要有良好的配伍性。改性剂的选择应根据不同地区的气候、交通特点进行试验后确定。

3）填料、水和添加剂材料的基本要求

微表处混合料中填料、外加剂和添加剂的作用、规格与普通稀浆封层混合料所要求的基本一样。

3. 微表处施工技术基本要点

1）施工设备和基本要求

(1) 比较准确的计量仪器。由于微表处施工时对各种物料的配比要求较严，所以要有准确的计量。

(2) 双轴强制式搅拌箱。因为要达到微表处施工，混合料搅拌时间不能过长，但又必须在短时间内搅拌均匀，因而传统的螺旋式搅拌箱就不能满足要求。

(3) 特殊设计的填补车辙的摊铺箱。它能将粒料最大的部分送到车辙的深处，从而使稳定性最好，其边缘能自动变薄铺开。

(4) 添加剂系统。这样就能方便地把缓凝剂或促凝剂加入混合料中。

(5) 在施工之前，每台封层机都要进行标定。在标定已经完成并且合格后，封层机才能投入使用。

(6) 气候要求：ISSA 规定，在路面或空气温度达到 10 ℃并且持续下降时，不允许进行微表处施工；但是在路面或空气温度达到 7 ℃并且持续上升时，允许进行微表处施工。

2）施工基本要点

(1) 施工前路面清扫。

① 在进行微表处施工前，必须把路面上所遗留的材料、泥土、杂草和其他有害东西都清理干净。如果使用水冲洗路面，则要使所有的路面裂缝完全干燥后，才能进行微表处施工。

② 一般不要求喷洒黏层油，对于路面光滑、松散以及水泥路面，可以采用喷洒黏层油的方法。

(2) 施工基本要点。

① 使用搅拌箱前的喷水管预先湿润路面，喷水量可根据施工当天的气温、湿度、表面纹理和干燥情况进行调节。

② 封层机启动前，摊铺箱中必须有一定量的混合料，而且稠度适当、分布均匀，封层机才能匀速前进。

③ 在已完成的微表处路面上，不得存在由超大集料所引起的拖痕，如出现拖痕，应立即采取措施处理。

④ 纵向或横向接缝上不允许出现接缝补平、局部漏铺或过厚的现象，纵向接缝尽可能设置在车道标线上，并尽可能减少纵向接缝。

⑤ 在拌和与摊铺过程中，混合料不得出现水分过多和离析现象，任何情况下都不能在摊铺过程中直接向摊铺箱内注水。

⑥ 在摊铺箱不能到达的地方，必须采用人工施工，通过人工用橡胶辊碾压封层达到均匀和平整的目的。

⑦ 固化成型前禁止一切车辆驶入，行人不得踏入，严格管制交通。

(3) 微表处施工质量控制。

① 微表处施工前的材料质量检查与要求如表 3.8.3 所示。

表 3.8.3 微表处施工前的材料质量检查与要求

材料	检查项目	要求值	检验频率
改性乳化沥青	微表处用改性乳化沥青技术要求设计的各项指标	符合设计要求	每批到货检验 1 次
矿料	砂当量	符合设计要求	每批来料 1 次
	级配		每批来料 1 次
	含水量	实测	1 次/日

② 微表处施工过程质量检验要求如表 3.8.4 所示。

表 3.8.4 微表处施工过程质量检验要求

项目	要求	检验频率	检验方法
稠度	适中	1 次/100 m	经验法
油石比	设计油石比±0.3%	1 次/日	三控检验法
矿料级配	符合设计要求	1 次/日	摊铺过程中从集料输送带末端接出集料筛分
外观	表面平整、均匀，无离析，无划痕	全线连续	目测
WTAT 浸水 1 h 浸水 6 d	不大于 540 g/cm^3 不大于 800 g/cm^3	1 次/周	

③ 微表处竣工验收标准如表 3.8.5 所示。

表 3.8.5 微表处竣工验收标准

项目		检验频率	质量要求	方法
表观质量	外观	全线连续	表面平整、密实，均匀，无松散，无花白料，无轮迹，无划痕	目测
	横向接缝	每条	对接，平顺	目测
	纵向接缝	全线连续	宽度小于 80 mm，不平整度小于 6 mm	目测或用尺量 3 m 直尺
	边线	全线连续	任一 30 m 长度内的水平波动不得超过±50 mm	目测或用尺量

续表

项目		检验频率	质量要求	方法
抗滑性能	摆值 F_b(BPN)	5个点/km	符合设计要求	摆式仪
	构造深度 TC/mm	5个点/km	符合设计要求	铺砂法
渗水系数		10 mL/min	3个点/km	T 0971
厚度		±10%	3个点/km	挖小坑测量

复习思考题

1. 沥青路面养护工作的内容是什么？
2. 沥青路面日常巡视与检查的内容是什么？
3. 沥青路面日常保养的内容是什么？
4. 沥青路面养护的基本要求是什么？
5. 简述沥青路面裂缝的类型及维修方法。
6. 简述沥青路面拥包的维修方法。
7. 简述沥青路面车辙的维修方法。
8. 简述沥青路面沉陷的维修方法。
9. 简述沥青路面波浪搓板的维修方法。
10. 简述沥青路面坑槽的维修方法。
11. 简述沥青路面麻面与松散的维修方法。
12. 什么是现场热再生技术？施工工艺是什么？

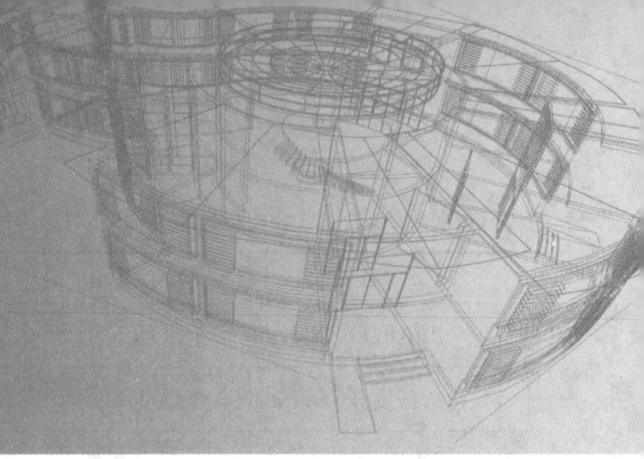

学习情境 4 公路水泥混凝土路面养护与维修

【学习目标】

1. 知识目标

(1) 了解水泥混凝土路面养护的内容及一般要求；

(2) 掌握水泥混凝土路面状况调查及评定方法；

(3) 了解水泥混凝土路面日常性养护内容；

(4) 掌握水泥混凝土路面破损处理技术；

(5) 掌握水泥混凝土路面修复与表面功能恢复技术；

(6) 掌握水泥混凝土路面加铺与加宽技术；

(7) 了解水泥混凝土路面修补材料。

2. 能力目标

(1) 会制订相应的水泥混凝土路面养护对策；

(2) 熟悉水泥混凝土路面各种养护及维修方法。

◈ 引导案例

水泥路面综合优势大于沥青路面。随着国际油价的持续攀高，我国高等级公路沥青路面建设所用的沥青价格也越来越高。众所周知，沥青路面对公路周围的土地、地下水等会造成污染，沥青的自然分解与降解需要几十年，这也是国际上绿色环保组织反对大量建造沥青路面的重要原因之一。鉴于此，我们必须未雨绸缪，寻求替代沥青路面的面层材料与技术，打破沥青路面一统高速公路的不利局面，大力修建水泥混凝土路面高等级公路是一个非常明智的选择。

水泥工业在我国不少地方是支柱产业，修建高等级水泥路面公路还能促进当地经济的发展，且水泥路面的建造费用比沥青路面节省一倍。

水泥混凝土路面在使用中由于设计、施工、运营的不合理会出现各种各样的病害，如裂缝、唧泥、错台、断板等。如何判断相应的破损等级，寻找正确的破损原因，确定合理的维修方法，进而提供准确的养护维修报告，是一名合格的工程养护维修人员的必备素养。

任务1 概述

一、工作任务

水泥混凝土路面病害形式很多，为了便于对病害原因进行分析、研究，首先要搞清楚水泥混凝土路面养护的目的、工作内容、要求及质量标准。

二、相关配套知识

水泥混凝土路面也称刚性路面，其使用的材料、施工方法、施工工艺及路面结构形式等均不同于柔性路面。水泥混凝土路面由于具有强度高、稳定性好、刚度大、耐久性好、扩散荷载能力强等特点，目前已成为我国高级路面发展的重要形式。但其在使用过程中，由于经常受重交通荷载、环境条件等外部因素的作用，混凝土路面容易产生开裂、断板、沉陷、错台等病害，从而影响公路运输的效益和行车安全，因此必须采取积极措施，加强对水泥混凝土路面养护等方面的管理。水泥混凝土路面受设计、施工、养护与使用条件的限制较大，施工不当必然会给后期使用埋下隐患，养护不及时或过于苛刻的使用条件均会导致水泥混凝土路面出现各种破坏。水泥混凝土路面的早期病害主要有裂缝、唧泥、错台等。

从20世纪80年代起，我国水泥混凝土路面得到迅速发展。但是，近几年水泥混凝土路面的使用状况不佳，使用寿命大大低于设计预期，尤其是一些以货运为主的重交通干道，早期损坏严重，往往在开放交通的3～5年之内，结构性破坏（断板率）就达到20%以上。也就是说，目前一些水泥混凝土路面没有体现出使用寿命长、养护费用低的优点。路面使用寿命的长短，除取决于建设质量的好坏外，在很大程度上也取决于养护工作的好坏。水泥混凝土路面作为高级路面，虽然具有使用寿命长、养护工作量小、耐久性好的特点，但在交通荷载和自然环境的综合作用下，水泥混凝土路面会出现各种损坏现象，而且路面一旦开始破坏，其破损就会迅速发展，且修补较其他路面困难。因此，必须在对水泥混凝土路面进行经常性认真检查的基础上，及时发现存在的问题和缺陷，采取有效的技术措施，做好预防性、经常性养护，保证路面处于完好状态，充分发挥水泥混凝土路面使用寿命长的特点和优势。当路面使用性能下降到最低可接受水平时，就必须采取有针对性的养护措施恢复其使用性能，否则将影响车辆的最低行驶速度、安全性、舒适性及道路的运输费用。

1. 水泥混凝土路面养护的目的

(1) 通过日常保养，及时发现并修复损坏部分，使路面及其附属设施的各部分均保持完善、整洁、美观。

(2) 保持路况良好，使路面具有良好的使用性能，路面各项性能指标均符合要求，以保障行车安全、舒适、畅通。

(3) 及时采取合理的工程技术措施,通过周期性养护,提高路面的使用质量,延长路面的使用寿命。

2. 水泥混凝土路面养护的工作内容

水泥混凝土路面养护是通过对路面各部分的日常检查、雨季前后检查、恶劣气候和灾害情况下的应急检查及定期检查,发现路面存在的病害及可能引起路面出现病害的因素,采取正确有效的预防、抢修、维修及加固措施,保证路面处于良好的技术状态和使用状态。水泥混凝土路面养护的工作内容包括以下几个方面。

(1) 经常清扫行车道和硬路肩上的泥土和杂物,当设有中间带、变速车道、爬坡车道、应急停车带时,其上的泥土应清扫干净。

(2) 路面各种接缝材料出现缺损和溢出时及时填补和清除,并防止泥土、砂石及其他杂物挤压进入接缝内,影响混凝土路面板的正常伸缩。

(3) 经常检查和疏通路基路面排水设施,防止积水,以保护路面不受地面水和地下水的损害。

(4) 及时清洗和恢复路面各种标线、导向箭头和文字标记,保持各种标线、标记完整无缺、清晰醒目。保持辅助和加强标线作用的突起路标无损坏、松动或缺失,并保持其反射性能。

(5) 及时浇灌、剪修路肩外和中央分隔带内种植的乔木、绿篱和花草,以保持路容美观、整齐,及时防治病虫害,及时补植或更新空缺或老化的绿化植物,及时处理影响视距和路面稳定的绿化栽植。

(6) 对路面、路肩和路缘石等的局部损坏应查清原因,采用合适的材料并采取相应的措施进行修复,以保持路面具有各级公路所要求的使用状态和服务水平。

(7) 对路面的较大损坏,根据路面检查评定结果确定养护对策,安排大修、中修和专项工程进行维修和整治;局部路段路面损坏严重的应予以翻修,以达到设计标准;整个路段平整度、抗滑能力不足的,可以采取罩面处理,并铺筑加铺层,以恢复其表面功能;整个路段路面接缝填缝料失效的,应全面更换。

(8) 对承载能力不足和不适应交通发展要求的路面,可根据不同情况进行加铺、加宽,以提高其承载能力和通行能力。

3. 水泥混凝土路面养护的一般要求

(1) 水泥混凝土路面的特点是在养护良好的条件下,使用年限比其他路面长,但一旦发生破坏、破损,就会迅速发展。因此,必须加强预防性、经常性养护,养护工作必须贯彻"预防为主、防治结合"的方针。根据路面实际情况和具体条件,以及水文、地质、气候、交通和公路等级等情况,采取预防性、经常性的保养和相应修补,对较大范围的路面修理,应安排大修、中修或专项工程,使路面处于良好的技术状态。

(2) 应保持对路面的经常性巡视和观察,及早发现缺陷,查清原因,不失时机地采取适当的措施,以保持路面状况的完好。

(3) 水泥混凝土路面在使用过程中,必须对其使用质量进行定期的调查评价,有计划地进行修理和改善,以保持良好的服务状况。

(4) 水泥混凝土路面养护应以机械养护为主,并积极采用新技术、新材料、新工艺,提高养护质量。

(5) 水泥混凝土路面养护必须贯彻安全生产的方针，其安全技术、劳动保护等必须符合有关规定，做到安全生产、文明施工、保护环境。

4. 水泥混凝土路面的养护质量标准

(1) 水泥混凝土路面的养护质量标准应符合表4.1.1的规定。

表4.1.1 水泥混凝土路面养护质量标准

项　目		高速公路、一级公路	其他等级公路
平整度/mm	平整度仪	2.5	3.5
	三米直尺 h	5	8
	国际平整度指数 IRI/(m/km)	4.2	5.8
抗 滑	构造深度 TD/mm	0.4	0.3
	抗滑值 SRV/BPN	45	35
	横向力系数 SFC	0.38	0.30
相邻板高差/mm		3	5
接缝填缝料凹凸/mm		3	5
路面状况指数 PCI		≥70	≥55

(2) 水泥混凝土路面在使用过程中，应对其使用质量进行检查。凡不符合养护质量标准的，应及时维修，或有计划地安排大修、中修或专项工程，予以改善和提高。恢复和改善工程的质量标准，可参照《公路工程质量检验评定标准》(JTG F801—2012)执行。

任务2 水泥混凝土路面状况调查与评定

一、工作任务

水泥混凝土路面病害形式很多，为了便于对病害原因进行分析、研究，必须要制订出合理的预防对策，探讨维修和治理措施。

本任务介绍水泥混凝土路面状况调查及路面状况、路面养护对策的评定。

二、相关配套知识

1. 路面状况调查

为了解路面现状，选择相应的养护措施，制定养护政策，规划养护工程项目，编制养护计划，进行路面改建设计时，应进行路面状况调查和评定。

路面状况调查和评定包含七个方面：路面破损状况、结构承载能力、行驶质量、抗滑能力、交通状况（车辆组成和轴载）、路基和路面排水状况及路面修建和养护历史。按调查需求和路面状况的不同，分别选择不同的调查内容和调查深度或细度，采用不同的评定指标和标准。

1）路面破损状况调查

路面破损状况以病害类型、轻重程度和出现的范围或密度三项属性表征。各种病害和轻重程度出现的范围或密度，以调查路段（或子路段）内出现该种病害和轻重程度等级的混凝土板块数占该路段（或子路段）板块总数的百分率计。同一块板内存在多种病害或轻重程度等级时，以最显著的种类或最重的程度计入系数。

调查工作采用目测和仪具量测方法，每年或每两年进行一次，视破损状况发展速度而定。为确定需采取养护措施的路段（地点），或为路面改建设计提供依据而进行的调查，应沿整个调查路段逐块板进行；而为了解和评定路面现状对使用要求的适应程度，以制定养护政策，分配养护资金，规划养护工程项目，编制养护计划进行的调查，可采用抽样调查方法，抽样规模为10%左右（每千米选取100 m，或者每个子路段选取10%的子路段长度）。

2）结构承载能力调查

考虑路面破损严重或者路面需承受比原设计标准轴载数大得多的车辆荷载而进行设计时，应进行现有路面的结构承载能力调查和测定。

调查测定采用无破损试验和破损试验结合的方式进行。无破损试验主要采用承载板、静态弯沉仪（长杆）或落锤弯沉仪等仪器，测定试验荷载作用下的路表挠度曲线，评定接缝传荷能力，判断板底脱空情况。破损试验指钻取各结构层的试样，量取其厚度，并在室内进行强度和模量的测定。

3）行驶质量调查

行驶质量调查可采用反应类仪器或断面类仪器进行路面平整度测定。不同类型仪器的测定结果，应按预先经过试验建立的关系曲线，统一换算成国际平整度指数。

平整度测定沿调查路段的各个车道逐千米进行。在路面使用初期，进行一次全线平整度测定，而后视交通量大小每隔2～4年测定一次，或者按情况需要对平整度差的路段进行测定。

4）抗滑能力调查

抗滑能力调查包括路面表面摩阻系数和构造深度测定两项。摩阻系数可采用摆式仪测定路表面抗滑值，或采用偏转轮拖车测定侧向力系数SF，或采用锁轮拖车测定滑移指数SN得到。路表面构造深度采用砂容量法测定。

在路面使用初期，对各路段进行一次全面测定。按路段内各车道路表面的构造情况，分为若干个均匀段落，分别选择代表性测定地点。每隔2～4年测定一次，或根据需要对抗滑性能差或行车安全有疑问的路段进行测定。

2. 路面状况评定

采用路面状况指数PCI和断板率DBL两项指标评定路面破损状况。

（1）依据路段破损状况调查得到的病害类型、轻重程度和密度数据，按式（4.2.1）确定该路段的路面状况指数，以100分制表示。

$$\mathrm{PCI} = 100 - \sum_{i=1}^{n}\sum_{j=1}^{m_i}\mathrm{DP}_{ij}W_{ij} \tag{4.2.1}$$

$$\mathrm{DP}_{ij} = A_{ij}D_{ij}B_{ij} \tag{4.2.2}$$

$$W_{ij}=\begin{cases}2.5R_{ij} & R_{ij}<0.2\\ 0.5+0.686(R_{ij}-0.2) & 0.2\leqslant R_{ij}<0.55\\ 0.74+0.28(R_{ij}-0.55) & 0.55\leqslant R_{ij}<0.8\\ 0.81+0.95(R_{ij}-0.8) & R_{ij}\geqslant 0.8\end{cases} \tag{4.2.3}$$

$$R_{ij}=\frac{DP_{ij}}{\sum_{i=1}^{n}\sum_{j=1}^{m_i}DP_{ij}} \tag{4.2.4}$$

式中：i,j——病害种类和轻重程度；

n——病害种类总数；

m_i——i 种病害的轻重程度等级数；

DP_{ij}——i 种病害和 j 种轻重程度的单项扣分值，它是破损密度 D_{ij} 的函数；

D_{ij}——i 种病害和 j 种轻重程度的板块数占调查路段板块总数的比例；

W_{ij}——同时出现多种破损时，i 种病害和 j 种轻重程度扣分值的修正系数；

R_{ij}——各单项扣分值占总扣分值的比值；

A_{ij}，B_{ij}——系数，可参考表4.2.1确定。

其中，单项扣分值 DP_{ij} 和修正系数 W_{ij}，应由有代表性的成员组成的评定小组通过实地评定试验后确定。

表4.2.1 计算单项扣分值的系数 A_{ij} 和 B_{ij}

	A_{ij}			B_{ij}		
	轻	中	重	轻	中	重
纵、横、斜向裂缝	30		93	0.55	0.52	0.54
角隅断裂	49		95	0.76	0.64	0.61
交叉裂缝、断裂板	70	88	103	0.60	0.50	0.42
沉陷、胀起	49	65	92	0.76	0.64	0.52
唧泥	25	—	65	0.90	—	0.80
错台	30	60	92	0.70	0.61	0.53
接缝碎裂	23	30	51	0.81	0.61	0.71
拱起	49	65	92	0.76	0.64	0.52
纵缝张开	30		70	0.90	—	0.70
填缝料损坏	10	35	60	0.95	0.90	0.80
纹裂或网裂和起皮	22	60	90	0.70	0.60	0.50
磨损和露骨	20	—	60	0.70	—	0.50
坑洞		30	—		0.60	—
活性集料反应	25	47	70	0.90	0.80	0.70
修补损坏	10	60	90	0.95	0.60	0.54

(2) 依据路段破损状况调查得到的断裂类病害的板块数，按断裂缝种类和严重程度的不同，采用不同的权系数进行修正后，由式(4.2.5)确定该路段的断板率 DBL，以百分数表示。

$$DBL=\left(\sum_{i=1}^{n}\sum_{j=1}^{m_i}DB_{ij}W'_{ij}\right)/BS \tag{4.2.5}$$

式中：DB_{ij}——i 种病害和 j 种轻重程度的板块数；

W'_{ij}——i 种病害和 j 种轻重程度的修正权系数，按表 4.2.2 确定；

BS——评定路段内的板块总数。

表 4.2.2 计算断板率的权系数 W'_{ij}

裂缝类型	交叉裂缝			角隅断裂			纵、横、斜向裂缝		
轻重程度	轻	中	重	轻	中	重	轻	中	重
权系数 W'_{ij}	0.60	1.00	1.50	0.20	0.70	1.00	0.20	0.6	1.00

(3) 路面破损状况分为五个等级，各等级的路面状况指数和断板率的评定标准如表 4.2.3 所示。

表 4.2.3 路面破损状况等级评定标准

评定等级	优	良	中	次	差
路面状况指数 PCI	≥85	84～70	69～55	54～40	<40
断板率 DBL/(%)	≤1	2～5	6～10	11～20	>20

(4) 路面结构承载能力的评定，按《公路水泥混凝土路面设计规范》(JTG D40—2011)中规定的方法进行。

(5) 路面行驶质量采用行驶质量指数 RQI 进行评定，以 10 分制表示。行驶质量指数同路面平整度指数 IRI 之间的关系，应由有代表性的成员组成的评定小组通过实地评定试验确定，也可参照式(4.2.6)确定。

$$RQI=10.5-0.75IRI \tag{4.2.6}$$

行驶质量分为五个等级，各等级的行驶质量标准如表 4.2.4 所示。

表 4.2.4 行驶质量等级评定标准

评定等级	优	良	中	次	差
行驶质量指数 RQI	≥8.5	8.4～7.0	6.9～4.5	4.4～2.0	<2.0

(6) 路面表面抗滑能力采用侧向力系数 SFC 或抗滑值 SRV 以及构造深度两项指标评定。路面抗滑能力分为五个等级，各等级的评定标准如表 4.2.5 所示。

表 4.2.5 路面抗滑能力等级评定标准

评价等级	优	良	中	次	差
构造深度/mm	≥0.8	0.7～0.6	0.5～0.4	0.3～0.2	<0.2
抗滑值 SRV	≥65	64～55	54～45	44～35	<35
横向力系数 SFC	≥0.55	0.54～0.45	0.44～0.38	0.37～0.30	<0.30

3. 水泥混凝土路面的养护对策

(1) 高速公路及一级公路的路面损坏状况指数评价为优和良,二级及二级以下公路的路面损坏状况指数评价为中及中以上时,可采取日常养护和局部或个别板块修补措施。

(2) 高速公路及一级公路的路面损坏状况指数评价为中及中以下,二级及二级以下公路的路面损坏状况指数评价为次及次以下时,采取全路段修复或改善措施,包括沥青混合料修补、板块破碎和碾压稳定、铺筑沥青混凝土或水泥混凝土加铺层以及修建纵向边缘排水设施等。

(3) 高速公路及一级公路的路面行驶质量指数、抗滑性能指数评价为中及中以下,二级及二级以下公路的路面行驶质量指数、抗滑性能指数评价为次及次以下时,应分别采取措施,改善路面平整度,提高路表面的抗滑能力。

(4) 路面结构承载能力不满足现有交通的要求时,应采取铺筑沥青混凝土或水泥混凝土加铺层措施,提高其承载能力。

任务 3 水泥混凝土路面的日常性养护

一、工作任务

水泥混凝土路面病害形式很多,如果对刚出现的小病害不加重视,小病害有可能会发展成为大病害,从而造成路面的整体破坏,所以必须加强重视水泥混凝土路面日常性养护工作。

本任务介绍水泥混凝土路面日常性养护的要求和日常性养护作业。

二、相关配套知识

1. 水泥混凝土路面日常性养护的要求

(1) 路面日常养护应符合下列要求。

① 根据水泥混凝土路面日常养护工作的需要,制订日常养护工作计划,道路养管部门应编制月、季和年度养护计划,建立日常巡查制度,及时、准确地掌握路面状况等信息,有计划、有针对性地安排养护项目。

② 水泥混凝土路面日常养护应做好预防性、经常性养护,通过经常的巡视检查,及时发现缺陷,查清原因,采取适当措施,清除障碍物,保持路面状况良好。

③ 水泥混凝土路面的养护质量应达到有关规范和标准规定的养护质量。

④ 养护作业应严格按照有关技术规范和标准执行。高速公路应采取机械化养护作业方式,迅速、优质、高效地处理各类路面损害和障碍,确保运行质量。

⑤ 树立高度的服务意识和安全意识,保证养护作业的安全,在路面养护作业中,应满足正常

行车的需要，尽量避免完全封闭交通。

⑥ 不断探索和应用新材料、新设备、新技术、新工艺，以提高养护作业的时效性、机动性、安全性和可靠性。

(2) 对于水泥混凝土路面出现的各类病害，必须及时、快速处理。当发现有危及行车安全的病害时，应立即修复或采取临时措施修复，并按有关规定安排修复。

(3) 路面的日常养护应根据实际需要配置适用的机具，做好适当的材料储备，并建立可靠的养护材料供应网络，以确保路面养护作业正常进行。

(4) 在高速公路上进行路面养护作业的人员，必须接受专门的岗前安全教育和养护作业规程的培训。

(5) 在日常养护中，注意收集、利用气象信息和交通信息等相关信息。

① 每天应记录天气情况。在多风、多雨、多雾、多雪及多冰冻季节，应随时注意天气的变化。必要时应与当地的气象台(站)保持联系，随时获取最新气象信息，以便及时采取相应措施。

② 每月应进行交通量调查统计。

(6) 同一横断面由水泥混凝土路面与其他类型路面组成时，水泥混凝土路面按本规范执行，其他路面按相应的规范要求执行。

2. 水泥混凝土路面日常性养护作业

1) 水泥混凝土路面日常养护

(1) 应强调预防性和经常性的水泥混凝土路面日常养护，通过经常的巡视检查，及早发现缺陷，查清原因，采取适当措施，清除障碍物，保持路面状况良好。

(2) 清扫保洁。

① 水泥混凝土路面必须定期清扫泥土和污物，与其他不同类型路面平面连接处及平交道口应勤加清扫，路面上出现的小石块等坚硬物应予以清除，中央分隔带内的杂物应定期清除，以保持路容整洁。

② 路面清扫频率应根据公路状况、交通量大小及其组成、环境条件等确定。路面清扫宜采用机械作业，机械清扫留下的死角，应采用人工清除干净。采用机械清扫时应根据作业路段、面积和作业要求拟定行驶路线，以保证机械使用频率。交通量小的二级或二级以下水泥混凝土路面可采用人工进行日常清扫，清扫前应准备好工具，作业人员应着安全标志服，清扫时应面向来车，并避让行车以保证行车安全。

③ 路面清扫时，应尽量减少清扫作业产生的灰尘，以免污染环境、危及行车安全。清扫作业宜避开交通量高峰时段进行。

④ 路面清扫后的垃圾应运至指定地点进行处理，不得随意倾倒。

⑤ 当路面被油类物质或化学药品污染时，应清洗干净，必要时用中和剂或其他材料处理后再用水冲洗。

⑥ 交通标志标牌、示警桩、轮廓标以及防撞栏等交通安全设施应定期擦拭，交通标志及标线受到污染后应及时清扫(洗)，保持整洁、醒目。

⑦ 应保持交通标志标牌、标线、示警桩、轮廓标的完整，发生局部脱落、破损时应采用原材料进行修复或更换。

(3) 接缝保养。

接缝养护的质量直接影响水泥混凝土路面的使用周期和使用功能，接缝的失养可能导致水泥混凝土路面板块出现唧泥、脱空、冻胀、错台等病害，因此应对接缝进行适时的保养，保持接缝完好，表面平顺。

① 防止硬质杂物落入接缝缝隙内，妨碍混凝土板块伸长，从而造成接缝破坏。

② 保持接缝填料完好，防止雨水浸入接缝缝隙内软化路基，从而导致混凝土板块损坏。

③ 保持填缝料饱满、密实、黏结牢固，从而保证接缝完好、表面平整、不渗水。当气温上升造成水泥混凝土板伸长、填缝料挤出并高出路面，高速公路、一级公路超出 3 mm，其他等级公路超过 5 mm 时，应铲平。当气温下降造成水泥混凝土板收缩、接缝扩大有空隙时，应选择当地气温较低时灌注同样的填缝料，以防止泥、砂挤进接缝或雨水渗入接缝。

(4) 填缝料的更换。

① 填缝料的更换是一项经常性的养护工作，填缝料局部脱落时应进行灌缝填补；填缝料脱落缺失大于三分之一缝长或填缝料老化、接缝渗水严重时，应立即更换整条接缝的填缝料。

② 填缝料更换的周期主要取决于填缝料自身的寿命与施工质量以及路面条件。填缝料的更换周期一般为 2～3 年。

③ 填缝料技术应符合技术规范的规定。

④ 填缝料的更换应做到饱满、密实、黏结牢固。清缝、灌缝宜使用专用机具。更换填缝料前，应将原填缝料及掉入缝槽内的砂石杂物清除干净，并保持缝槽干燥、清洁。填缝料灌注深度宜为 3～4 cm。当缝深过大时，缝的下部可填充多孔柔性垫底材料或泡沫塑料支撑条(见图 4.3.1)。填缝料的灌注高度夏天宜与面板平，冬天宜稍低于面板 2 mm。多余的或溅到面板上的填缝料应予以清除。填缝料更换宜选在春秋两季，或宜在当地年气温居中且较干燥的季节进行。

(5) 排水设施养护。

水泥混凝土路面、路肩、中央分隔带、边沟、边坡、截水沟、排水沟、挡土墙等组成路面排水系统。水泥混凝土路面若排水不畅，水渗入路面基层及路基后，会软化路面基层及路基，使混凝土板块破坏。此外，水泥混凝土路面积水形成水膜影响行车安全，故必须对其进行妥善的日常维护，保持系统的排水功能。当排水系统整体功能不能满足要求时，应通过改善或改建工程进行完善提高。路面排水系统的要求如下。

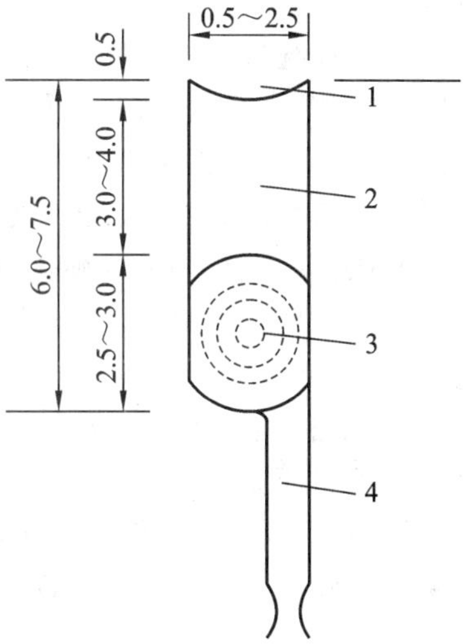

图 4.3.1　填缝支撑条(单位：cm)

1—膨胀空间；2—填入接缝材料；
3—支撑条；4—导裂缝

① 对路面排水设施，应采取经常性的巡查并与重点检查相结合的检查措施，发现损坏应及时安排修复，发现堵塞必须立即疏通，路段积水应及时排出。

② 应坚持雨前、雨中、雨后上路检查制度。雨天应重点检查超高路段的中央分隔带纵向排水沟、横向排水管、雨水井、集水井等的排水状况，出现堵塞、积水应及时排出。

③ 排水构造物及路肩修复宜采用与原构造物相同的材料。

④ 保持路面横坡及路面平整度。当快车道是水泥混凝土路面、慢车道或非机动车道是沥青路面时，应保持沥青路面横坡大于水泥混凝土路面横坡。

⑤ 保持路肩横坡大于路面横坡，路肩横坡应顺适，并及时修复路肩缺口。

⑥ 路面板块裂缝应按规定要求进行缝隙封闭。

⑦ 路面接缝、路肩接缝及路缘石与路面接缝出现接缝变宽、渗水时，应进行填缝处理。

⑧ 定期修整路肩植物、清除路肩杂物，定期疏通路肩排水设施和中央分隔带排水设施，常年保持路面排水顺畅；及时清除路肩堆积物、杂草、污物；定期疏通路肩边沟、集水井、排水管、集水槽（由拦水带和路肩构成）、泄水口、急流槽等路肩排水设施；定期疏通中央分隔带的进水口、纵向排水沟、雨水井、集水井、横向排水管、渗沟等，同时定期清除雨水井、集水井污物。

⑨ 地下水常以毛细水、结合水、气态水和游离水形式存在于土和粒料类路面材料内，存在于路面基层、垫层和土基内的游离水会使材料强度降低，产生唧泥或造成路面冻胀破坏。为排除路面下的游离水，常沿水泥混凝土路面外侧边缘稳定基层上设置边部排水设施（一般采用多孔塑料管外包渗滤层），把可能唧泥或喷射出的板块与基层间的截留水排出。由于路面排水系统的不均匀沉降及重沉积物的聚积，应使用大量清水冲洗聚水管或采用管道清理工具疏通，要注意清除出水口的植物、淤积物和堵塞物。

（6）日常养护中对病害的临时处理措施。

水泥混凝土路面产生病害后，为避免病害的进一步恶化及保证道路使用的安全，在日常养护中常常要对病害采取临时性处理措施。病害的临时性处理具有经常性、周期性、预防性、及时性和快速性的特点，要求发现病害立即处理，确保行车安全。不能彻底处理病害时，必须采取临时处理措施，对病害的临时处理方法如下。

① 为防止雨水从裂缝中渗透至基层和路基，对裂缝常常采用封闭处理。对表面裂缝及虽然贯穿板厚但面板仍能满足要求的裂缝，且面板稳定的，可采用聚氨酯类、烯类、橡胶类、沥青类胶黏剂对裂缝进行封闭。

② 对裂缝造成板块强度不足的，采用环氧树脂类、酚醛和改性酚醛树脂类胶黏剂对裂缝进行封闭。封闭时首先将缝内脱落物及灰尘清除干净，一般采用铁钩和吸尘器等工具清理，对宽度小于 3 mm 的表面裂缝，也可以采用扩缝灌浆的办法封缝。

③ 为防止污染路面，在灌缝前应在缝的两侧撒砂或滑石粉，然后用灌缝机或灌缝器将封缝料灌入缝中，待封缝料冷却硬化后清理干净施工现场。

④ 临时处理坑洞的方法有填充沥青混凝土、沥青冷补材料、高强度水泥砂浆等，填充前应将坑洞内的松动物及尘土清除干净。

⑤ 沉陷的临时处理方法是：当沉陷量较小时，可采取铺沥青混凝土的方式进行处理；当沉降量大时，可在下面铺沥青碎石、上面铺沥青混凝土加以处理。

⑥ 对于断板，当断板无变形时，采取灌缝料将缝封闭；当断板有变形时，冬季可采取铺筑沥青冷补材料，一般情况可采用沥青混凝土进行临时处理，以保证行车安全。

⑦ 对于板角破损但无变形的，可采取封缝临时处理；对于板角破损且发生变形的，加铺沥青混凝土或沥青冷补材料补平碾压后开放交通。

2）冬季养护

冰冻地区的公路在冬季常常积冰、积雪而造成路面太滑，经常发生交通事故。冰雪水渗入路面下常引发冻融病害，从而破坏水泥混凝土路面，加强冰雪地区路基和水泥混凝土路面冬季养护十分必要。冬季养护的要求如下。

① 冰雪地区路段水泥混凝土路面冬季养护的重点是除雪、除冰、防滑，作业的重点是桥面、

坡道、弯道、垭口及其他严重危害行车安全的路段。

② 清除路面冰雪主要采用四种方法，即机械清理、化学处理、路面加热和减少冰与路面的黏着力。

③ 除雪、除冰、防滑要根据气象资料、沿线条件、降雪量、积雪深度、危害交通范围等确定作业计划，并做好机驾人员培训及机械设备、作业工具、防冻防滑材料的准备。

④ 除雪作业以清除新雪为主。化雪时，应及时清除雪水和薄冰。除冰困难的路段应以防滑措施为主，除冰为辅。除冰作业应防止破坏路面。

⑤ 清雪质量受温度影响较大，抓住有利时机融雪非常重要。在降雪量较大的情况下，当雪天转晴后，如室外温度在 0 ℃以上，机械推除积雪后，只需撒非常少量的融雪剂，随着地表温度的增加和行驶汽车的轮胎与地面的摩擦，残留的薄雪将自行融化；室外温度在 0 ℃以下时，清雪时间控制在上午 10:00 至下午 2:00 之间。

⑥ 机械清除积雪后，要及时撒融雪剂融雪、防冻，对桥面、高填方等温度较低的路段，要适当加大融雪剂洒布量。

⑦ 白天行车道的雪残留到夜晚未能融化而室外温度又较低时，由于路面有残存融雪剂不会形成冰面，但为了使雪尽快融化干净，要在清晨交通量增大之前，或者在一昼夜温度最低的时刻来临之前，再撒一层融雪剂防冻，然后借助过往车辆的车轮压、带、磨作用，加快残雪的融化速度。

⑧ 路面防冻防滑的主要措施：使用盐或其他融雪剂降低路面上的结冰点；使用砂等防滑材料或与盐掺合使用，加大轮胎与路面间的摩擦系数；防冻、防滑料施撒时间，主要根据气象条件（降雪、风速、气温）、路面状况等来确定，一般可在刚开始下雪时就撒布融雪剂或与防滑料掺和撒布，或者在路面出现冻结前 1～2 h（需预估）撒布；防止路面结冰时，通常撒布一次防冻料即可；除雪作业时，撒布次数可以和除雪作业频率一致。盐的撒布量如表 4.3.1 所示。

表 4.3.1 盐的撒布量

条件 / 路段	撒布前 4 h 气温/℃	
	0～−7	低于−7
一般路段/(g/m²)	5～15	15～30
严寒多雪路段/(g/m²)	30	30～50

注：其他融雪剂材料撒布量，应根据降低冰点的程度由试验确定。

⑨ 在冰冻地区的冬季养护中，根据养护里程和面积及撒布次数准备防滑融雪材料。常用的融雪剂有氯化钠、氯化钙、氯化镁、异丙醇、乙二醇、氮和磷酸盐化合物等，广泛使用的是氯化钠和氯化钙。使用融雪药剂时，应注意避免对路面的损伤，对汽车、护栏产生的腐蚀作用，对绿化植物的影响及对环境的污染。

⑩ 在冰冻和积雪期间，应经常巡视路面和涵洞。当冰阻塞涵洞时，要及时清除洞内的冰，防止涵洞堵塞；在春季气温回升冻融前，应将积雪及时清除至路肩以外，防止雪水渗入路肩；冰雪消融后，应清除路面上的残留物。禁止将含盐的积雪堆积于绿化带内，以防污染绿化植物及绿化地。

任务 4 水泥混凝土路面破损处理技术

一、任务描述

水泥混凝土路面病害形式很多，为便于对病害原因进行分析、研究，制订合理的预防对策，探讨维修和治理措施，《公路水泥混凝土路面养护技术规范》(JTJ 073.1—2001)把病害分为四大类：断裂类、接缝类、竖向位移类和表层类。

本任务介绍水泥混凝土路面破损处理技术一般要求、裂缝维修、板边板角修补、板块脱空处治、唧泥处理、错台处治、沉陷处理、拱起处理、坑洞修补、接缝维修、表面起皮(剥落、露骨)处治及路肩损坏处理。

二、相关配套知识

(一) 一般要求

(1) 对各种路面病害的维修，应找准其产生的原因，并根据路面的结构类型、龄期、维修季节、气温等实际情况，采取相应措施。

(2) 为防止病害发展和破损面积的扩大，对路面病害的处理应及时，宜早不宜迟。

(3) 高速公路和一级公路路面病害的维修宜采用机械作业，其他等级公路也应尽量提高维修作业的机械化水平。

(4) 对病害的维修，事先应有周密的计划，做好材料准备，保证工序之间的衔接，凡需将原路面面层挖除后机械修补作业的坑槽、沉陷、车辙等，宜当日开挖当日修补。

(5) 修补面积大于病害的实际面积，修补范围的轮廓线应与路面中心线平行或垂直并在病害以外 10～15 cm。应采取措施使修补部分与原路面连接紧密。

(6) 在病害的处治中，凡需挖除原路面面层后重新铺设面层的，其技术要求应符合现行《公路水泥混凝土路面施工技术规范》(JTG/TF30—2014)的规定；凡需挖除原路面后重做基层的，其技术要求应符合现行《公路路面基层施工技术规范》(JTJ 034—2000)的规定。如果病害不是由于面层或基层材料的性质、结构层或级配类型引起的，重做时所采用的材料、结构及级配类型等宜于原路面相同。

(7) 在维修作业时，为保证施工安全，应设置封闭交通及限制交通标志，设置安全显示器及锥形柱。

（二）裂缝维修

水泥混凝土路面的裂缝情况比较复杂，维修时应根据裂缝产生的原因和具体情况，采用不同的材料和相应的维修措施，常用的维修方法有扩缝灌浆、直接灌浆、条带补缝、全深度补块等方法。

(1) 对宽度小于 3 mm 的轻微裂缝，可采取扩缝灌浆。

① 顺着裂缝扩宽成 1.5～2.0 cm 的沟槽，槽深可根据裂缝深度确定，最大深度不得超过 2/3 板厚。

② 清除混凝土碎屑，吹净灰尘后，填入粒径为 0.3～0.6 cm 的清洁石屑。

③ 根据选用的灌缝材料，按《公路水泥混凝土路面养护技术规范》(JTJ 073.1—2001)的规定进行配比，混合均匀后，灌入扩缝内。

④ 灌缝材料固化后，达到通车强度时，即可开放交通。

(2) 对贯穿全厚的大于 3 mm 且小于 15 mm 的中等裂缝，可采取条带罩面方法进行补缝。

① 在裂缝两侧切缝时，应平行于缩缝，且距裂缝距离不小于 15 cm，如图 4.4.1 所示。

② 凿除两横缝内混凝土的深度以 7 cm 为宜。

③ 每间隔 50 cm 打一对钯钉孔，钯钉孔的大小应略大于钯钉直径 2～4 mm，并在两钯钉孔之间打一对与钯钉孔直径相一致的钯钉槽。

④ 钯钉宜采用 ϕ16 的螺纹钢筋，使用前应除锈。钯钉长度不小于 2 cm，弯钩长度为 7 cm。

⑤ 钯钉孔必须填满砂浆，方可将钯钉插入孔内安装。

⑥ 切割缝的内壁应凿毛，并清除松动的混凝土碎块及表面尘土、裸石。

⑦ 浇筑混凝土时，应及时振捣密实、抹平，并喷洒养护剂。

⑧ 修补板块面板两侧，应加深缩缝，并灌注填缝料。

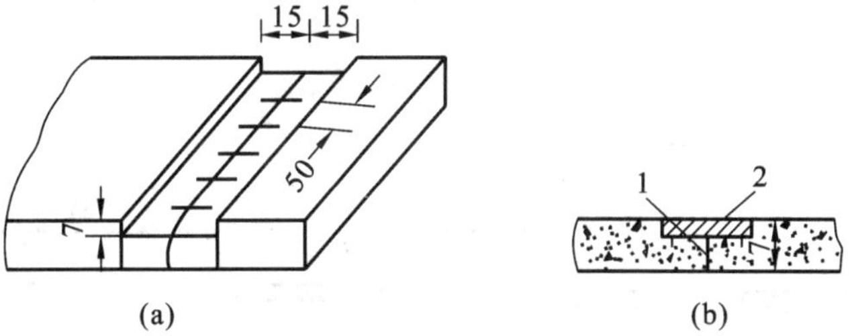

图 4.4.1 条带补缝(单位：cm)

1—钯钉；2—新浇混凝土

(3) 对宽度大于 15 mm 的严重裂缝，可采用全深度补块。全深度补块分集料嵌锁法、刨挖法、设置传力杆法。

① 集料嵌锁法适用于无筋混凝土路面交错的接缝，且接缝间隔小于 300～400 cm。其修补工艺如下。

a. 在修补的混凝土路面位置上，平行于缩缝画线，沿画线位置进行全深度切割。在保留板块边部的前提下，沿内侧 4 cm 的位置，锯 5 cm 深的缝，如图 4.4.2 所示。

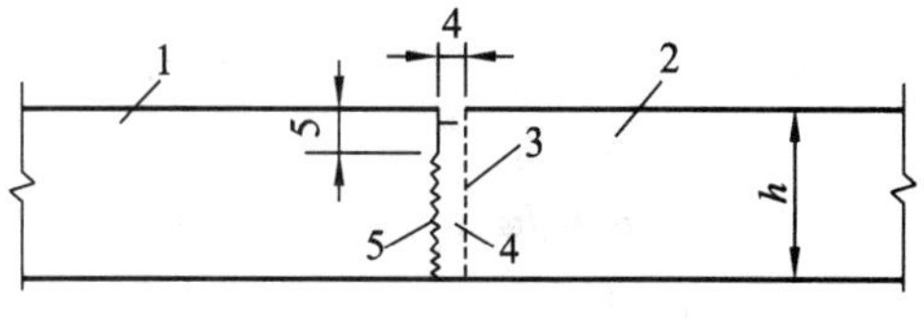

图 4.4.2 集料嵌锁法(单位：cm)

1—保留板；2—全深度补块；3—全深度锯缝；
4—凿除混凝土；5—缩缝交错接面

b. 破碎、清除旧混凝土过程中不得伤及基层、相邻面板和路肩。若破除的旧混凝土面积当天无法完成混凝土浇筑时，其补块位置应做临时补块。

c. 全深锯口和半深锯口之间的 4 cm 宽条混凝土垂直面应凿成毛面。

d. 处理基层时，基层强度符合规范要求，应整平基层；基层强度低于规范要求时，应予以补强，并严格整平；若基层全部损坏或松软时，应按原设计基层材料重新做基层，其技术要求应符合现行《公路路面基层施工技术规范》(JTJ 034—2000)的规定。

e. 混凝土的配合比应根据设计弯拉强度、耐久性、耐磨性、和易性等要求，先用原材料进行配比设计，各种材料的物理性能及化学成分应符合现行《公路水泥混凝土路面设计规范》(JTG D40—2011)的规定。

f. 用水量应控制在混合料运到工地最佳和易性所需的最小值，最大水灰比为 0.4。如采用 JK 系列混凝土快速修补材料，水灰比以 0.3～0.4 为宜，坍落度宜控制在 2 cm 以内。混凝土 24 h 弯拉强度应不低于 3.0 MPa。

g. 混凝土摊铺应在混凝土拌和后 30 ～ 40 min 内卸到补块区内，并振捣密实。

h. 浇筑的混凝土面层应与相邻路面的横断面吻合，其表面平整度应符合现行《公路工程质量检验评定标准》(JTGF801—2012)的规定，补块的表面纹理应与原路面吻合。

i. 补块养护宜采用养护剂，其用量根据养护材料性能确定。

j. 做接缝时，将板中间的各缩缝锯切到 1/4 板厚处，将接缝材料填入缩缝内。

k. 混凝土达到通车强度后，即可开放交通。

② 刨除法也称为倒 T 形法，如图 4.4.3 所示。适用于接缝间传荷很差部位的修补，在相邻板块横边的下方暗挖 15 cm×15 cm 的一块面积用于荷载传递。施工要求同集料嵌锁法。

③ 设置传力杆法(见图 4.4.4)适用于寒冷气候和承受重型交通荷载的混凝土路面。施工要求同集料嵌锁法。

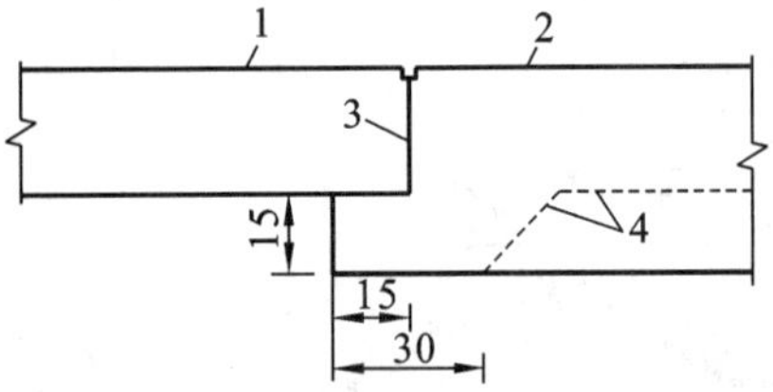

图 4.4.3　刨除法(单位：cm)

1—保留板；2—补块；

3—全深度锯缝；4—垫层开挖线

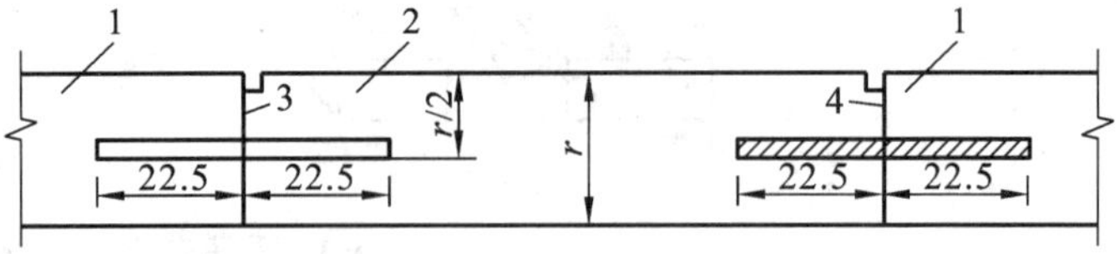

图 4.4.4　设置传力杆法(单位：cm)

1—保留板；2—全深度补块；3—缩缝；4—施工缝

a. 处理基层后，应修复、安设传力杆和拉杆。

b. 原混凝土面板没有传力杆或拉杆折断时，应采用与原规格相同的钢筋焊接或重新安设。安装时应在板厚 1/2 处钻出比传力杆直径为 2～4 mm 的孔，孔中心距 30 cm，其误差不应超过 3 mm。

c. 横向施工缝传力杆直径为 ϕ25 mm，长度为 45 cm，嵌入相邻保留板内深 22.5 cm。

d. 拉杆孔直径宜比拉杆直径大 2～4 mm，并应沿相邻板块间的纵向接缝板厚 1/2 处钻孔，中心距 80 cm。拉杆采用 ϕ16 螺纹钢筋(长 80 cm)，40 cm 嵌入相邻车道的板内。

e. 传力杆和拉杆宜用环氧砂浆牢牢地固定在规定位置，摊铺混凝土前，光圆传力杆的伸出端应涂少许润滑油。

f. 新补板块与沥青路肩相接时，应和现有路肩齐平。

g. 传力杆若安装倾斜或松动失效，应予以更换。

（三）板边、板角修补

水泥混凝土路面板角破损和板角断裂是水泥混凝土路面常见病害之一，如不及时修复，将导致病害的扩大，甚至造成整个面板的断裂，进而影响行车安全。

1. 板边修补基本要求

（1）当对水泥混凝土面板边轻度剥落进行修补时，应将剥落的表面清理干净，用沥青混合料或接缝材料修补平整。

（2）当板边严重剥落时，采用中等裂缝维修的条带罩面方法进行修补。

（3）当板边全深度破碎，采用严重裂缝维修的全深度补块方法即集料嵌锁法、刨挖法、设置传力杆法进行修补。

2. 板角修补基本要求

（1）板角断裂应按破裂面的大小确定切割范围，如图 4.4.5 所示。

（2）切缝后，凿除破损部分时，应凿成规则的垂直面。对原有钢筋不应切断，如果钢筋难以全部保留，至少也要保留 20～30 cm 长的钢筋头，且应长短交错。

（3）原有滑动传力杆如有缺陷，应予以更换并在新老混凝土之间加设传力杆，传力杆间距控制在 30 cm。

（4）基层不良时，可采用 C15 号混凝土浇筑基层。

（5）与原有路面板的接缝面，应涂刷沥青。如为胀缝，应设置接缝板。

（6）现浇混凝土与老混凝土面板之间的接缝应切出宽 3 mm、深 4 mm 的接缝槽，并灌入填缝材料。

（7）待混凝土达到强度后，方可开放交通。

（四）板块脱空处治

1. 简介

水泥混凝土路面板下封堵是一种预防性养护措施，它是对路面板下和基层、垫层中的空隙进行灌浆。由于空隙被填充，会减少未来发生唧泥或断板的可能性，但此项处治措施不能提高结构设计承载能力，也不能消除因温度变化和交通荷载而造成的错台。因此，板下封堵应在弯沉增大、尚未发现严重唧泥或严重裂缝时进行，如果弯沉很小，也不宜灌浆，以免因灌浆所造成的扰动使弯沉扩大。

2. 面板脱空的判定

板下封堵的首要问题是判定水泥混凝土路面板是否脱空，板块脱空的判定可采用弯沉测定法进行，弯沉的测定需用 5.4 m 长杆弯沉仪及相当于 BZZ-100 重型标准汽车。弯沉仪的测点与支座不应放在相邻两块板上，待弯沉车驶离测试板块后，方可读取百分表值。凡弯沉值超过 0.2 mm 的，应确定为板块脱空。

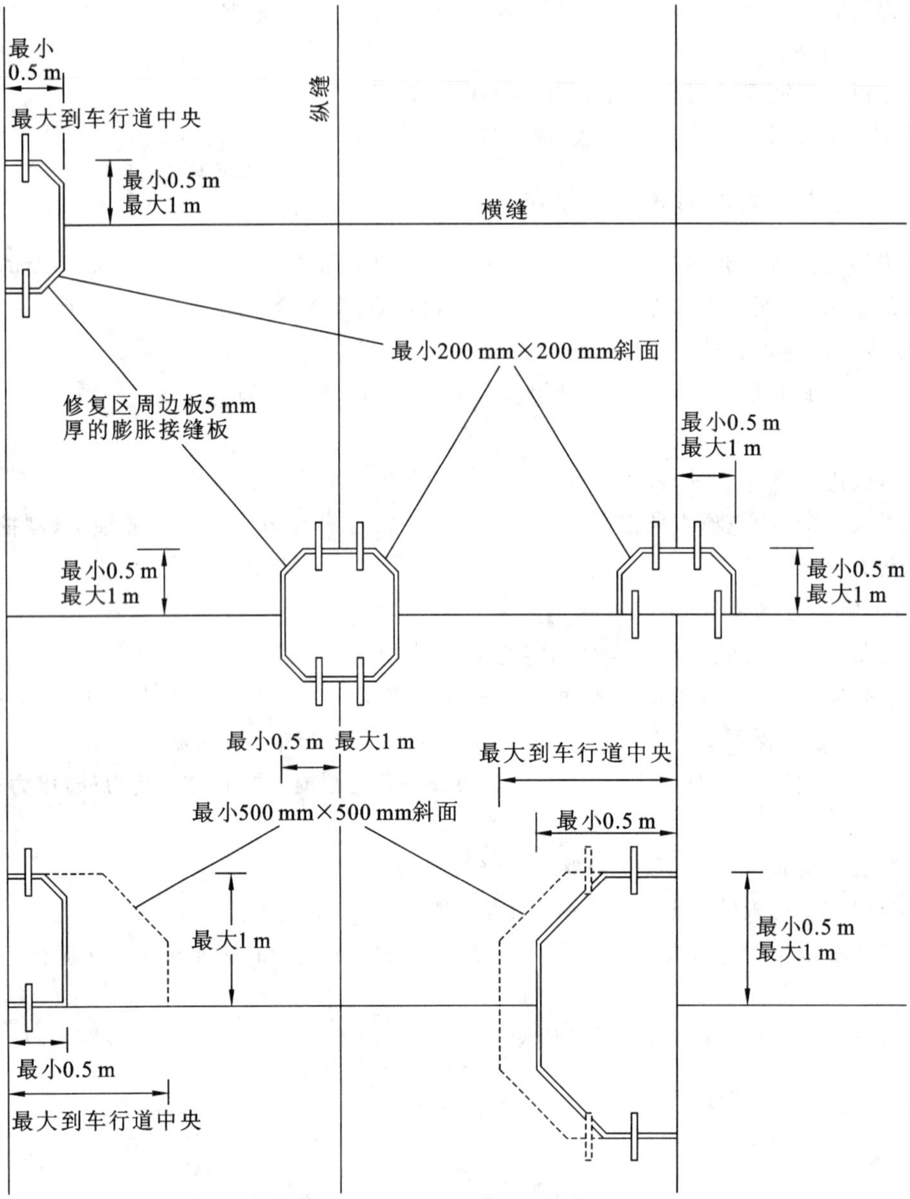

图 4.4.5　板角修补法

注：修复纵向边不能位于车轮轨迹上

3. 灌浆前检查

灌浆前应检查压浆泵、发电机组各连接部件是否牢固，供电线路、电器是否正常，润滑部位液面是否足够，并彻底排清砂浆搅拌机的积水及残留物。

4. 确定灌浆孔位置

灌浆孔布置应根据路面板块的尺寸、下沉量大小、裂缝状况以及灌浆机械确定。根据各块板的弯沉值和损坏的具体情况，确定需灌浆加固的水泥混凝土板及范围，在混凝土板上确定孔位，并做好标记，如图 4.4.6 所示。

5. 钻孔作业

钻孔作业时，将钻孔机放置在确定的钻孔位置，开动钻机开关，钻头转向无误并有水流出，方能开始钻孔，孔的直径应略大于灌浆的喷嘴直径，一般为 50 mm 左右。孔的深度应穿过混凝土板，钻入稳定的基层 1～3 cm。灌浆孔与面板边的距离不应小于 0.5 m。在一块板上，灌浆孔的数量一般为 5 个，也可根据情况确定。

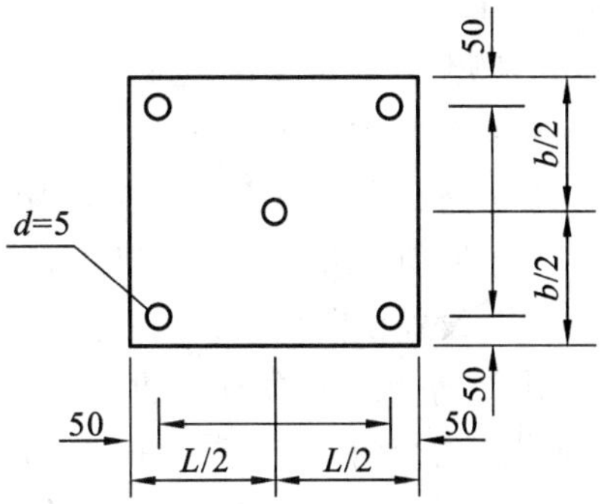

图 4.4.6 灌浆孔布置(单位：cm)

d—灌浆孔直径；*L*—板长；*b*—板宽

6. 灌浆

灌浆时应先灌注面板边缘的孔，再灌注面板中间的孔。将灌浆机的喷嘴插入孔中，并封紧以防浆体从孔中流出。启动灌浆机，将压力泵的压力均匀增加到 1.0～1.5 MPa(因机械不同需要的压力各异)时，进行灌浆，待浆体由其他孔中或板块四周挤出时，表明板下空隙已被灌满，应减小压力并将喷口提起，立即用木塞塞孔防止浆体溢出，至浆体初凝后拔出木塞。用高标号砂浆封孔、抹平，关闭压力泵，将灌浆机移到下一个孔继续灌浆，待一块板灌浆完毕后，再移至其他板块灌浆。

7. 开放交通

灌浆区板下的浆体经 2～3 d 的硬化，达到通车强度后，即可开放交通。

8. 板下封堵

水泥混凝土路面板和基层之间由于出现空隙而导致路面沉陷的，可采用沥青灌注、水泥浆、水泥粉煤灰浆和水泥砂浆灌浆等方法进行板下封堵。

(1) 沥青灌注法。

① 灌浆孔的布置参照前面有关论述进行。

② 灌浆孔钻好后，应采用压缩空气将孔中的混凝土碎屑、杂物清除干净，并保持干燥。

③ 宜采用建筑沥青，沥青加热熔化温度一般为 180 ℃。

④ 沥青洒布车或专用设备的压力为 200 ～ 400 kPa。灌注沥青压满后约 0.5 min，应拔出喷嘴，用木楔堵塞。

⑤ 沥青温度下降后，应拔出木楔，填进水泥砂浆，即可开放交通。

(2) 水泥灌浆法。

① 灌浆孔的布设与沥青灌注法相同。

② 灌注机械可用压力灌浆泵，灌注压力为 1.5～2.0 MPa。

③ 灌浆作业应先从沉陷量大的地方的灌浆孔开始，逐步由大到小。当相邻孔或接缝中冒浆，可停止泵送水泥浆，每灌完一孔应用木楔堵孔。

④ 待砂浆抗压强度达到 3 MPa 时，用水泥砂浆堵孔，即可开放交通。

(五) 唧泥处理

1. 压浆处理路面唧泥

水泥混凝土路面唧泥病害，应采取压浆处理，其要求应按板下封堵沥青灌注、水泥浆、水泥粉煤灰浆和水泥砂浆灌浆等方法进行。水泥混凝土面板进行压浆处理后，应对接缝及时灌浆。

2. 设置排水设施

有唧泥表明路面、基层或路基排水不良，应采取措施改进路面、基层和路基排水系统。设置排水系统的基本要求如下。

(1) 路面和路肩应设计横坡，宜铺设硬路肩。

(2) 路面裂缝、接缝以及路面与硬路肩接缝应密封。

(3) 设置纵向积水管和横向出水管。

① 在水泥路面的外侧边缘挖一条纵向沟，宽 15～25 cm，沟深挖至集料基层之下 15 cm，横沟与纵沟的交角应在 45°～90°之间，横沟间的距离约 30 m，如图 4.4.7 所示。

② 积水管一般采用 ϕ7.5 多孔塑料管，出水管为无孔塑料管。

③ 设置纵向和横向水管，并按设计的距离将积水管和出水管连接起来。

④ 纵向多孔管应包一层渗透性较强的土工织物。

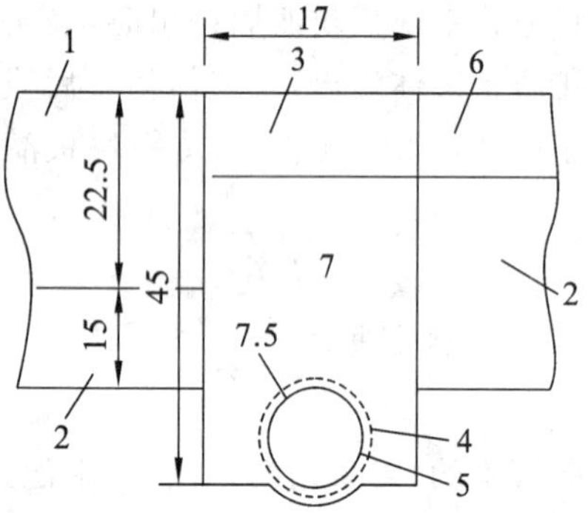

图 4.4.7 边部排水管布置图(单位：cm)

1—水泥混凝土；2—集料基层；
3—沥青混凝土；4—渗滤织物；
5—多孔管；6—沥青混凝土路肩；7—细渗滤集料

⑤ 积水管和出水管放入沟槽时，其底部应平顺，横向出水管的坡度应大于或等于纵向排水坡度，出水管的管端应延伸到排水沟内，并设端墙。

⑥ 管的外围应填放粗砂等渗滤集料，并振动压实。

⑦ 回填沟槽时，应采用与原路肩相同的材料恢复原状。

(4) 盲沟设置基本要求。

① 在沿水泥路面外侧挖纵向沟时，沟底应低于面板 10 cm，在水泥混凝土路面接缝处挖横向沟，如图 4.4.8 所示。

② 沟槽底面及外侧铺油毡隔离层，沿水泥路面交界处及盲沟顶部铺设土工布过滤层。

③ 盲沟内宜填筑碎(砾)石过滤材料。

④ 盲沟上应采用相同材料恢复路面(路肩)。

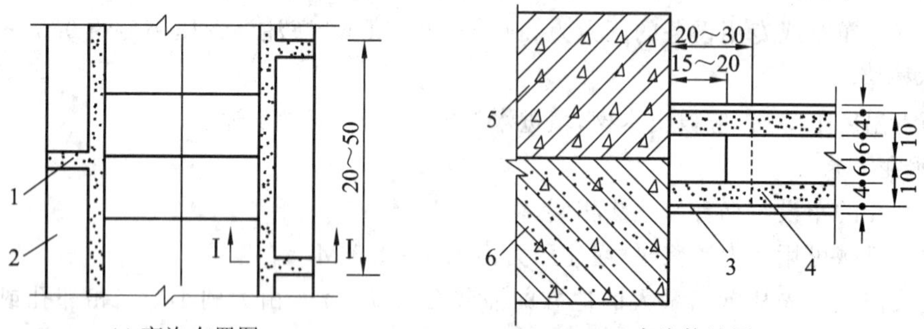

(a) 盲沟布置图　　(b) 盲沟构造图

图 4.4.8 盲沟设置图(单位：cm)

1—盲沟；2—路肩；3—油毡隔离层；4—石屑及中粗砂；5—面层；6—基层

(六) 错台处治

水泥混凝土路面错台病害，轻则影响行车的舒适性，重则危及行车安全，错台的处治方法有磨平法和填补法两种，可按错台的轻重程度选定。

(1) 高差小于且等于 10 mm 的错台，可采用磨平机磨平，或人工找平。无论人工找平还是磨平机磨平，首先均应划定错台处治范围。采用机械磨平法应从错台最高点开始向四周扩展，边磨边用三米直尺找平，直至相邻两块板齐平为止(见图 4.4.9)，磨平后，应将接缝内杂物清除干净，并吹净灰尘，及时将嵌缝料填入。采用人工处治法时，应用平头凿由浅到深从一边凿向另一边，凿后的面板应达到基本平衡，凿完后清除接缝杂物，吹净灰尘，及时灌入填缝料。

(2) 高差大于 10 mm 的严重错台，可采取沥青砂或水泥混凝土进行处治、补平或调平宽度不小于 40 倍的错台高差，或用沥青混凝土罩面，或采取板底压浆抬高等方法进行处治。沥青砂填补法不宜在冬季进行，填补时清除掉路面杂物和灰尘，并喷洒一层热沥青或乳化沥青，沥青用量为 0.40～0.60 kg/m^2。摊铺沥青砂时，修补面纵坡变化应控制在 $i \leqslant 1\%$，沥青砂填补后，宜用轮胎压路机碾压，初期应控制车辆慢速通过。采用水泥混凝土修补法时，应将错台下沉板凿除 2～3 cm 深，修补长度按错台高度除以坡度(1%)计算(见图 4.4.10)，凿除面应清除杂物灰尘。浇筑聚合物细石混凝土时，混凝土达到通车强度后，即可开放交通。

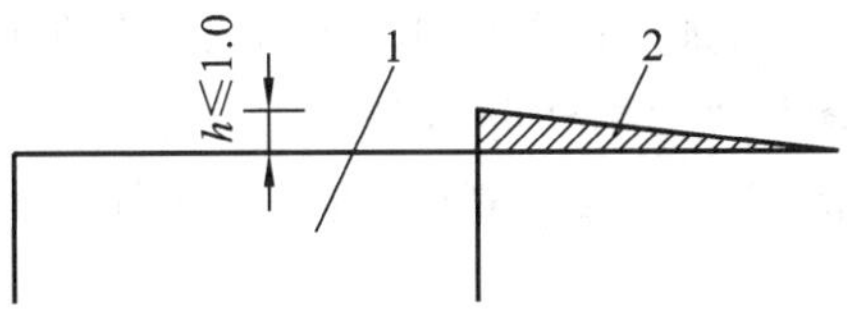

图 4.4.9　错台磨平法示意图(单位：cm)

1—下沉板；2—磨平

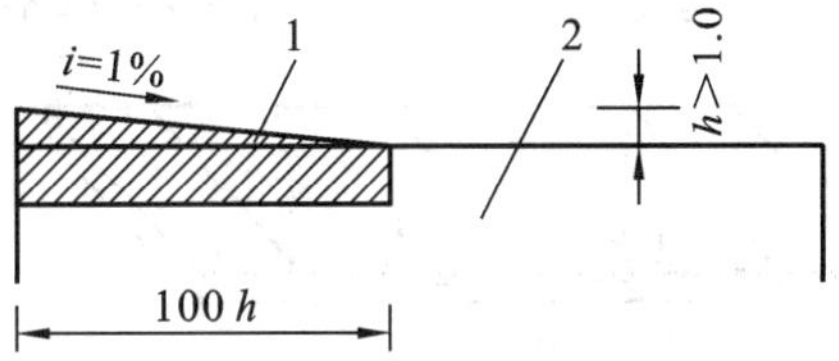

图 4.4.10　错台填补法示意图(单位：cm)

1—凿除修补；2—下沉板平

(七) 沉陷处理

沉陷是水泥混凝土路面严重病害之一，它可以导致面板的错台、严重破碎以至影响到行车安全。沉陷处理应设置排水设施，其方法按前述唧泥处理排水设施要求处理。沉陷处理方法有板块灌砂顶升法、千斤顶顶升法、浅层接合式修补法和整块板翻修法等。

(1) 当车辆驶过时仅引起不舒适而不影响安全性，且纵坡突变量为 0.5%～1.0%的轻微沉陷可不予处理。

(2) 当某些车辆高速驶过时影响安全，且纵坡突变量大于 1.0%的属严重沉陷，严重沉陷可采用提升面板后再压浆的方法进行处理，也可采用先板底灌浆再进行浅层接合式修补调平，或采用沥青混凝土罩面的办法处理。面板在顶升前，应用水准仪测量下沉板的下沉量，测站距下沉处应大于 50 m，并绘出纵断面，求出升起值。在每块混凝土面板上钻出两行平行的直径为 3 cm 的透孔，孔的距离约为 1.7 m(板宽 3.5 m 时，一孔所占面积为 3～3.5m^2)，孔深应略大于板厚 2 cm，当板需要从一侧升起时，只需在升起部分钻孔。在升起前将所有孔用木塞堵好，一孔一孔的灌砂，充气管与板接头处用棉絮密封，用排气量为 6～10 m^3/min 的空气压缩机向孔中灌砂，直至下沉板全部顶升就位。灌注材料可采用水泥砂浆。压浆材料的抗压强度达到 6 MPa 时，方可开放交通。

(3) 沉陷并伴有板体开裂时属严重破碎板，一般应整板更换。整板更换时，宜用液压镐将旧板凿除，尽可能保留原有拉杆，并清运混凝土碎块，将基层损坏部分清除，并整平压实。对基层损坏部分，宜采用 C15 号混凝土补强，其补强混凝土顶面高程应与旧路面基层顶面高程相同，同时宜在混凝土面板接缝处的基层上涂刷一道宽 20 cm 的薄层沥青。

(4) 整块翻修的面板如处在路面排水不良地带，路面板边缘及路肩应设置路基纵横向排水系统。单一板块翻修时，应在路面板接缝处设置横向盲沟。路面有纵坡时，宜设置纵向盲沟，在纵坡底部设置横向盲沟。

(5) 板块修复、混凝土施工时，配合比及所有材料宜采用快速修补材料。修补材料按配合比设计，将拌和好的混合料用翻斗车运送到施工现场，进行人工摊铺。宜采用插入式振捣器振捣边角混凝土，并用振动梁刮平提浆，人工抹平，与原混凝土板面高低一致。对混凝土表面处理时，应按原路面纹理进行，宜采用养护剂进行养护。相邻板边的接缝，用切缝机切至 1/4 板块深度，清除缝内杂物，灌入接缝材料。待混凝土达到通车强度后，开放交通。

(八) 拱起处理

水泥混凝土路面拱起，主要是因胀缝失效，混凝土板块热胀，而突然使横缝两侧的板体明显提高。拱起处理应根据具体情况，采取不同的方法进行处治。

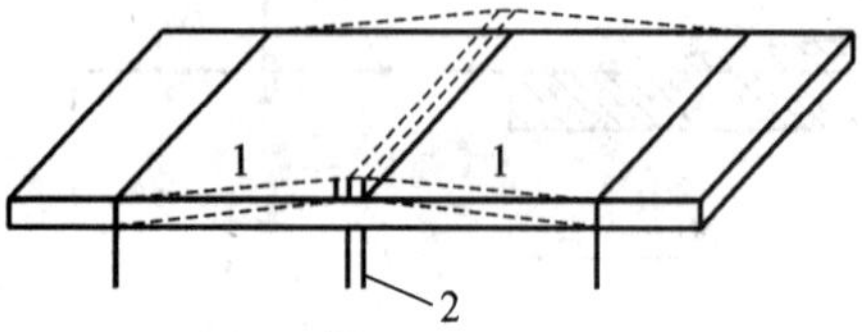

图 4.4.11 板体拱起修复图

1—拱起板；2—切除部分

(1) 对轻微拱起病害，应用切缝机或其他机具将拱起板间横缝中的硬物切碎，用压缩空气将缝中石屑等杂物和灰尘吹净，将板块复位，再进一步灌填接缝材料(见图 4.4.11)。

(2) 对严重拱起处理，板端拱起但路面完好时，应根据板块拱起高低程度，计算要切除部分板块的长度。先将拱起板块两侧附近 1～2 条横缝切宽，待应力充分释放后切除拱起端，逐渐将板块恢复原位，在缝隙和其他接缝内应清除并灌接缝材料。

(3) 拱起板端发生断裂或破损时，应按严重裂缝处理的集料嵌锁法、刨除法和设置传力杆法进行处治。

(4) 拱起板两端间因硬物夹入发生拱起，应将硬物清除干净，使板块恢复原位，应清理接缝内杂物和灰尘，灌填缝料。

(5) 胀缝间因传力杆部分或全部在施工时设置不当，使板受热时不能自由伸长而发生拱起，应重新设置胀缝。按水泥混凝土路面有关施工规范执行，使面板恢复原状。

(6) 混凝土路面板的胀起与拱起的处理方法一致。

(九) 坑洞修补

水泥混凝土路面坑洞的产生，主要是粗集料脱落或局部振捣不密实等原因所致。发生坑洞面积不等，有的在一块板或多块板上出现。坑洞尽管对行车影响不大，但对路面的外观和表面功能都有较大影响，因此，应根据实际情况采取相应措施进行修补。

(1) 对个别的坑洞，应清除洞内杂物，用水泥砂浆等材料填充，达到平整密实。

(2) 对较多坑洞且连成一片的，应采取薄层修补方法进行修补。

① 划出与路中心线平行或垂直的修补区域图形。

② 用切割机沿修补图形切槽，切割深度应在 6 cm 以上，用风镐清除槽内混凝土，使槽底平面达到基本平整，并将切割面内的光滑面凿毛。

③ 用压缩空气吹净槽内的混凝土碎屑和灰尘。

④ 按原混凝土配比设计配制混凝土，宜掺加早强剂。混凝土拌和物填入槽内，振捣密实，并保持与原混凝土面板齐平。宜喷洒养护剂养护。

⑤ 待混凝土达到通车强度后，方可开放交通。

(3) 低等级公路对面积较大、深度在 3 cm 以内、成片的坑洞，可用沥青混凝土进行修补。

① 用风镐凿除一个处治区，其图形边线应与路中心线平行或垂直。

② 凿除深度以 2～3 cm 为宜，并清除混凝土碎屑。

③ 铺筑沥青混凝土前，应将凿除的槽底面和槽壁洒黏层沥青，其用量为 0.4～0.6 kg/m^2。

④ 沥青混凝土应碾压密实平整。

⑤ 待沥青混凝土冷却后，控制车速通车。

(十) 接缝维修

水泥混凝土路面的接缝，包括纵向施工缝、纵向缩缝、横向施工缝、横向缩缝、横向胀缝等。接缝是水泥混凝土路面的薄弱环节，最易引起破坏，水、砂子等物也最容易从接缝进入，导致面板的唧泥、脱空、断板、沉陷等病害的产生，因此对接缝必须加强养护维修，以减少路面病害的产生。

(1) 接缝填缝料损坏维修，应符合下列规定。

① 接缝中的旧填缝料和杂物应予清除，并将缝内灰尘吹净。

② 在胀缝修理时，应先将热沥青涂刷缝壁，再将接缝板压入缝内。对接缝板接头及接缝板与传力杆之间的间隙，必须用沥青或其他填缝料填实抹平。上部用嵌缝条的，应及时嵌入嵌缝条。

③ 用加热式填缝料修补时，必须将填缝料加热至灌入温度。宜用嵌缝机填灌，填缝料应与缝壁黏结良好和填灌饱满。在气温较低季节施工时，应先用喷灯将接缝预热。

④ 用常温式填缝料修补时，除无须加热外，其施工方法与加热式填缝料相同。

⑤ 填缝料的技术要求与施工质量验收标准，应符合有关规范的规定。

(2) 纵向接缝张开维修，应符合下列规定。

① 当相邻车道面板横向位移、纵向接缝张开宽度在 10 mm 以下时，宜采取聚氯乙烯胶泥、焦油类填缝料和橡胶沥青等加热施工式填缝料，其方法参照上述(1)条执行。

② 当相邻车道板横向位移、纵向接缝张口宽度在 10 mm 以上时，宜采取聚氨酯类常温施工式填缝料进行维修。维修前应清除缝内杂物和灰尘。应按材料配比配制填缝料。宜采用挤压枪注入填缝料。填缝料固化后，方可开放交通。

③ 当纵向接缝张口宽度在 15 mm 以上时，采用沥青砂填缝。

(3) 接缝出现碎裂时，接缝维修应符合下列规定。

① 在破碎部位外缘，应切割成规则图形，其周围切割面应垂直于面板，底面宜为平面。

② 应清除混凝土碎块，吹净灰尘杂物，并保持干燥状态。

③ 宜用高模量补强材料进行填充维修。

④ 修补材料达到通车强度后，方可开放交通。

(十一) 表面起皮(剥落、露骨)处治

表面起皮(剥落、露骨)处治应根据公路等级和表面破损程度，采取不同的材料和施工方法进行，对局部板块的表面起皮应进行罩面。

(1) 一般公路水泥混凝土板表面起皮(剥落、露骨)宜采用稀浆封层加以处治。

(2) 高速公路水泥混凝土板表面起皮(剥落、露骨),宜采用改性沥青稀浆封层或沥青混凝土加以处治。

(3) 较大面积的水泥混凝土面板表面起皮(剥落、露骨),宜采取稀浆封层及沥青混凝土罩面加以处治。

(十二) 路肩损坏处理

(1) 水泥混凝土路面产生开裂、断角、轻微破碎等除严重破碎以外的各种病害、沥青混凝土路肩面层老化网裂或土路肩轻微损坏时,一般不予处理。

(2) 水泥混凝土路肩呈严重破碎板及沥青混凝土路肩或土路肩沉陷翻浆时,应换板或翻修路肩。

任务 5 水泥混凝土路面修复与表面功能恢复

一、任务描述

水泥混凝土路面病害形式很多,当在一块板或部分路段上出现破损严重时,通过局部维修养护已经达不到相应的技术要求时,就需要对水泥混凝土路面的整块板或部分路段进行整体修复。当采用修复技术来延长现有路面的使用寿命并不经济时,回收水泥混凝土路面就成为一种可供选择的方案。

本任务介绍水泥混凝土路面整块面板翻修、部分路段修复、旧水泥混凝土路面再生利用及水泥混凝土路面表面功能恢复。

二、相关配套知识

(一) 整块面板翻修

水泥混凝土路面由于施工、养护和自然因素等原因,会产生严重的沉陷或严重的破碎板等病害,而且集中于一块板内。这时,正常的养护手段无济于事,只能通过整块面板的翻修,才能恢复其使用功能。

(1) 旧板凿除应注意对相邻板块的影响,尽可能保留原有拉杆。宜用液压镐凿除破碎混凝土板,应及时清运混凝土碎块。

(2) 基层损坏部分应予清除,并将基层整平、压实。

① 个别板块基层宜用 C15 混凝土将路面基层补强,其补强混凝土顶面标高应与旧路面基层顶面标高相同。

② 宜在混凝土面板接缝处的基层上涂刷一道宽 20 cm 的沥青带。

(3) 在进行路面板翻修时,在路面排水不良地带、路面板边缘及路肩处,应设置路基纵、横向排水系统。

① 单一边板块翻修时,应在路面板接缝处设置横向盲沟。

② 较长路段翻修时,宜设纵、横向盲沟,并应在纵坡底部设置横向盲沟。

(4) 混凝土配合比及所选用的材料,应根据路面通车时间的要求选用快速修补材料。

① 混凝土拌和机宜设置在施工现场附近。

② 可采用翻斗车运送混合料,人工摊铺。宜用插入式振捣器振捣,振捣时应先用插入式振捣器在板边、角隅处或全面顺序振捣一次,同一位置不少于 20 s,再用平板振捣器全面振捣,振捣时应重叠 10～20 cm,不少于 15～30 s,以不冒泡并泛出水泥浆为止。在全面振捣完成后,再用振捣梁振实、整平,往返拖拉 2～3 遍,振动梁移动的速度应缓慢而均匀,其速度以 1.2～1.5 m/min 为宜。对不平处,应及时人工补平,最后用平直的滚杆进一步滚平表面,使表面进一步提浆。

③ 混凝土表面整修,应用木抹多次抹面至表面无溢水为止,发现面板低洼处应补充混凝土,并用直尺检查平整度。

④ 混凝土表面溢水消失后,宜采用养护剂进行养护,养护剂应在纵、横向各洒布一次,洒布需均匀。

⑤ 按原路面纹理,可用拉槽器在混凝土表面横向拉槽。

⑥ 混凝土硬化后,要尽早用切缝机切缝,相邻板块的接缝宜用切缝机切至 1/4 板块深度。

⑦ 混凝土接缝填封应在混凝土板养护期满后立即进行。清除缝内杂质,灌接缝材料。接缝板和灌缝料的技术要求应符合相关规范的规定。填缝前,缝内必须清扫干净,灌注填缝料必须在缝槽干燥状态下进行,其灌注深度以 3～4 cm 为宜,下部可填入多孔柔性材料。填缝料的灌注高度,夏天应与面板齐平,冬天宜稍低于面板。

⑧混凝土强度达到设计要求后,方可开放交通。

(二) 部分路段修复

水泥混凝土路面部分路段损坏,一般是由于设计、施工、材料、工艺、交通量、超载、养护不当等因素造成,严重影响行车安全。对水泥路面损坏路段,必须进行彻底修复。

1. 修复前的准备工作

(1) 对损坏的路段进行全面的调查并分析原因,制订科学的修复措施。

(2) 编制施工组织设计,包括修复的资金、人员、机械、材料、施工工艺、进度计划等。

2. 破碎旧水泥混凝土板

旧水泥混凝土板的破碎,宜采用配备液压镐的混凝土破碎机,液压镐落点间距为 40 cm。

(1) 应及时清除混凝土碎块,并运至堆放场地,防止环境污染。

(2) 整平基层,采用压路机压实。压路机上下路床应设置三角导木。

(3) 在破碎混凝土的过程中,要尽可能地保留拉杆。

3. 基层处理

(1) 对基层强度尚好、损坏又不严重的基层,应整平基层,采用轻型压路机压实,对压不倒的死角部分可用冲击夯等机具压实。

(2) 基层强度不足且损坏较为严重时,可采用水稳性较好的材料进行处理,如采用水泥稳定碎石、石灰粉煤灰碎石等材料进行补强,其材料技术标准、施工工艺应符合《公路路面基层施工技术规范》(JTJ 034—2000)的有关规定。

4. 路面排水设施

应结合路面维修，设置纵、横向排水系统。排水系统设置应按前述规定执行。

5. 做沥青下封层

混凝土施工前，应在路面基层上做沥青下封层，沥青用量为 1.0 kg/m^3。

6. 新老水泥混凝土板交接处应设传力杆

(1) 在新旧路面板交界处，在旧面板 1/2 板厚处，每隔 30 cm 钻一直径为 28 mm、深 22.5 cm 的水平孔。

(2) 用压缩空气清除孔内混凝土碎屑。

(3) 向孔内灌入高强砂浆。

(4) 在旧混凝土板侧向涂刷沥青，将 ϕ25 mm、长 45 cm 的光圆钢筋，插入老混凝土面板中。

(5) 对损坏的拉杆要修复，可在原拉杆位置附近，打直径为 18 mm、深 35 cm 拉杆孔，用压缩空气清孔，灌高强砂浆，将 ϕ14 mm、长 70 cm 的螺纹钢筋插入老混凝土面板中 35 cm。

7. 钢模板制作与立模

浇筑混凝土拌和物的模板宜采用钢模板，模板的制作与立模应符合下列规定。

(1) 钢模板的高度应与混凝土板厚度一致。

(2) 钢模板的高度允许误差为±2 mm，企口舌部或凹槽的长度允许误差为±1 mm。

(3) 立模的平面位置与高程应符合设计要求，并应支立准确稳固，接头紧密平顺，不得有裂缝、前后错茬和高低不平等现象。模板接头和模板与基层接触处均不得漏浆。模板与混凝土接触的表面应涂隔离剂。

8. 混凝土拌和物摊铺

混凝土拌和物的摊铺，应符合下列规定。

(1) 混凝土板厚度小于 22 cm 时，可一次摊铺；大于 22 cm 时，可分两次摊铺。

(2) 摊铺厚度应考虑振实预留高度。

(3) 采用人工摊铺，应用锹反扣，严禁抛掷和耧耙，防止混凝土拌和物离析。

9. 混凝土拌和物振捣

混凝土拌和物的振捣，应符合下列规定。

(1) 对厚度小于 22 cm 的混凝土板，靠边部和板角应先用插入式振捣器顺序振捣，再用功率不小于 2.2 kW 的平板振捣器纵横交错全面振捣，振捣时应重叠 10～20 cm，然后用振捣梁振捣拖平。在有钢筋的部位，振捣时应防止钢筋变位。

(2) 振捣器在每一位置的振捣持续时间，应以拌和物停止下沉、不再冒泡并泛出水泥浆为准，并不宜过振。用平板式振捣器振捣时，不宜少于 15 s；水灰比小于 0.45 时，不宜少于 30 s；用插入式振捣器振捣时，不宜少于 20 s。

(3) 当采用插入式振捣器与平板式振捣器配合使用时，应先用插入式振捣器振捣，再用平板式振捣器振捣。大于 22 cm 的混凝土板，分两次摊铺。振捣上层混凝土拌和物时，插入式振捣器应插入下层混凝土 5 cm，上层混凝土的振捣必须在下层混凝土初凝以前完成。插入式振捣器的移动间距不宜大于其作用半径的 1.5 倍，其至模板的距离不应大于振捣器作用半径的 0.5 倍，并应避免碰撞模板和钢筋。

(4) 振捣时应辅以人工找平，并随时检查模板。如有下沉、变形或松动，应及时纠正。

10. 接缝施工

(1) 胀缝的施工,应符合下列规定。

① 胀缝应与路面中心线垂直,缝壁与板面必须垂直,缝隙宽度必须一致,缝中不得连浆,缝隙下部应设置胀缝板,上部应浇筑填缝材料。

② 胀缝传力杆的活动端可设在缝的一边,或交错布置,固定后的传力杆必须平行于面板和路面中心线,其误差不得大于 5 mm。传力杆的固定,可采用支架固定安装的方法,

(2) 缩缝的施工,应采用切缝法。当受条件限制时,可采用压缝法,但高速公路必须采用切缝法。切缝法和压缝法的施工应符合下列规定。

① 切缝法施工,当混凝土达到设计强度的 25%～30%应采用切缝机进行切割。

② 切缝前应调整刀片的进刀深度,宜为 1/4 板厚。切缝时,应随时调整刀片切割方向;停止切缝时,应先关闭开关,将刀片提升到板面以上,停止运转。

③ 切割时刀片冷却用水,其压力不低于 0.2 MPa。

④ 碎石混凝土的最佳切割抗压强度为 6.0～12.0 MPa,砾石混凝土为 9.0～12.0 MPa。

⑤ 待缝槽干燥后,应尽快灌注填缝料。

⑥ 压缝法施工,当混凝土拌和物做面后,应立即用振动压缝刀压缝,当压至规定深度时,提出压缝刀,用原浆修平缝槽,待混凝土终凝前泌水后,取出嵌缝条,形成缝槽。

(3) 纵缝施工。

① 平缝纵缝,对已浇混凝土板的缝壁应涂刷沥青,并应避免涂在拉杆上。浇筑邻板时,缝的上部应压成规定深度的缝槽。

② 企口缝纵缝,宜浇筑混凝土板凹榫的一边,缝壁应涂刷沥青。浇筑邻板时,应靠缝壁浇筑。

③ 整幅浇筑纵缝的切缝或压缝应符合相关规范的有关规定。

④ 纵缝设置拉杆应采用螺纹钢筋,并应设置在板厚中间,应预先根据拉杆的设计位置放样打眼,吹除孔内混凝土碎屑,灌入高强砂浆,插入拉杆。

(4) 接缝时采用灌入式填缝的施工。

① 填缝前必须保持缝内清洁,防止砂石等杂物进入缝内。

② 灌注填缝料必须在缝槽干燥状态下进行,填缝料应与混凝土缝壁黏附紧密,不渗水。

③ 填缝料灌注深度宜为 3～4 cm。当缝槽大于 4 cm 时,可填入多孔柔性衬底材料,填缝料的灌注高度,夏天宜与面板齐平,冬天宜稍低于面板。

④ 热灌填缝料加热时,应不断搅拌促进混料均匀。

11. 混凝土板养护

(1) 湿治养护宜用草袋、草帘等在混凝土终凝后覆盖于板面,每天均匀洒水,经常保持湿润状态。昼夜温差大的地区,混凝土板浇筑 3 d 内应采取保温措施,防止混凝土板产生收缩裂缝。混凝土板在养护期间和填缝前,应禁止车辆通行,在达到设计强度的 40%后方可允许行人通行。

(2) 塑料薄膜养护时,塑料薄膜溶液的配合比应经试验确定,并做好储运和安全工作。塑料薄膜施工宜采用喷洒法。当混凝土表面不见浮土或用手指压无痕迹时,可进行喷洒,喷洒厚度以能形成薄膜为度,其用量宜控制在每千克溶剂喷洒 3 m^3 左右。塑料薄膜喷洒后 3 d 内禁止行人通行,养护期和填缝前禁止一切车辆通行,以确保薄膜的完整。

(3) 拆除模板的时间应根据气温和混凝土强度增长情况确定,拆模时不得损坏混凝土板角、边,尽量保持完好。

(4) 混凝土板达到设计强度后,方可开放交通。

(三) 旧水泥混凝土路面再生利用

当采用修复技术来延长现有路面的使用寿命并不经济时,回收水泥混凝土路面就成为一种可供选择的方案。

(1) 对水泥混凝土板的大面积破坏,可对旧混凝土进行再生利用。混凝土再生利用主要用做水泥混凝土面层粗集料、基层集料和碎块底基层。

(2) 旧水泥混凝土板块强度达到石料二级标准时,可作为再生混凝土集料使用。

(3) 旧水泥混凝土板再生利用时,应符合下列要求。

① 在旧水泥混凝土板破碎前,应标明涵洞、地下管道、排水管位置。在有沥青罩面层处应先用铣刨机清除沥青层。在地下构造物、涵洞、地下管道位置,以及破碎板与保留板连接处的第一块旧混凝土板,应用液压镐破碎。全幅路面板破碎可用落锤式破碎机进行施工。

② 将旧水泥混凝土碎块装运到料场进行加工。在旧混凝土板破碎、装运、输送的过程中应将钢筋剔除。旧混凝土集料的最大粒径应为 40 mm,小于 20 mm 的粒料不再作为集料。

③ 做水泥混凝土配合比设计时,粒径小于 20 mm 的集料宜采用新的碎石。掺加减水剂和二级干粉煤灰。回收集料、新集料、水泥、粉煤灰最终级配要求应满足表 4.5.1 和表 4.5.2 的要求。

表 4.5.1　粗集料级配要求

筛孔尺寸/mm	40	20	10	5
累计筛余/(%)	0～5	30～65	70～90	95～100

表 4.5.2　细集料级配要求

筛孔尺寸/mm	5	2.5	1.25	0.63	0.315	0.16
累计筛余/(%)	0	0～20	15～50	40～75	70～90	90～100

(4) 旧水泥混凝土板块强度达到三级标准可作为基层集料。

① 宜采用石灰、粉煤灰黏结旧混凝土集料基层。

② 混凝土基层集料含量宜为 80%～ 85%。

③ 石灰、粉煤灰比例宜为 1:4。

(5) 水泥混凝土路面破损状况属差级时,应将混凝土板破碎作为底基层使用。

① 在水泥混凝土路面两侧挖纵、横向排水沟,排除积水。

② 旧水泥混凝土板破碎按旧混凝土再生利用第(3)款第①条执行。落锤落点间距为 30 cm,宜交错布置,混凝土板碎块尺寸不超过 30 cm。

③ 用灌浆设备将 M5 水泥砂浆灌入板块缝内。

④ 用 25 t 振动压路机进行振碾,碾压速度为 2.5 km/h,往返碾压 6 次。要求基层稳定,灌浆饱满。

⑤ 对软弱、松动碎块应予清除,并用 C15 混凝土填补。

(四) 水泥混凝土路面表面功能恢复

水泥混凝土路面通车 3～5 年,路面会出现磨光或露骨现象,尤其是耐磨性较差的粗集料、强度不高的水泥和混凝土情况下,路面表面磨损较为突出,影响路面的使用功能。为此,通常采用铺水泥砂浆薄层、沥青磨耗层和刻槽的方法来改善和恢复水泥混凝土路面表面功能。

(1) 水泥混凝土路面整条路段出现较大面积的磨损、露骨时，应铺设沥青磨耗层；弯道、陡坡局部路段出现路面磨光时，应采取机械刻槽的方法，以恢复水泥混凝土路面的表面平整度和摩擦系数。

(2) 对水泥混凝土路面面板较大范围的磨损和露骨可铺设沥青磨耗层。

① 沥青磨耗层铺筑前应对混凝土面板进行修整和处理，应使水泥混凝土路面干燥清洁，不得有尘土、杂物或油污。

② 水泥混凝土路面表面应喷洒 0.4～0.6 kg/m^2 的黏层沥青，宜采用快裂型乳化沥青。

③ 黏层沥青宜用沥青洒布车进行喷洒，在路缘石、雨水进水口、检查井等局部位置与沥青面层接触处用人工涂刷。

④ 喷洒黏层沥青应符合下列要求：黏层沥青应均匀洒布或涂刷，喷洒过量处应予刮除；当气温低于 10℃或路面潮湿时，不得喷洒黏层沥青；喷洒黏层沥青后，除沥青混合料运输车辆外严禁其他车辆、行人通过。

⑤ 黏层沥青洒布后，应立即铺筑沥青层，乳化沥青应待破乳后铺筑。

(3) 沥青磨耗层采用沥青砂，厚度一般为 1.0～1.5 cm，其矿料级配及沥青用量应符合表 4.5.3 要求。

表 4.5.3 沥青混合料级配及沥青用量范围(方孔筛)

砂粒式	通过下列筛孔量百分率/(%)								沥青用量
	9.5 mm	4.75 mm	2.36 mm	1.18 mm	0.6 mm	0.3 mm	0.15 mm	0.075 mm	kg/m^2
	100	95～100	55～75	35～55	20～40	12～28	7～18	5～10	6.0～8.0

(4) 磨耗层采用稀浆封层时，宜采用的矿料级配及沥青用量范围如表 4.5.4 所示。

表 4.5.4 乳化沥青稀浆封层矿料级配及沥青用量范围

筛孔 / 通过量	筛孔/mm		级配类型
	方孔	圆孔	ES-3
通过筛孔的质量百分比(%)	9.5	10	100
	4.75	5	70～90
	2.36	2.5	45～70
	1.18	1.2	28～50
	0.6	0.6	19～34
	0.3	0.3	12～25
	0.15	0.15	7～18
	0.076	0.075	5～15
沥青用量(油石比)/(%)			6.5～12
平均厚度/mm			4～6
混合料用量/(kg/m^2)			>8

① 稀浆封层的施工温度不得低于10 ℃，路面应清洁。稀浆封层矿料级配及沥青用量应符合相应规范要求。

② 稀浆封层机施工时应保持匀速前进，稀浆封层厚度要均匀。稀浆封层机摊铺时应保持槽内有近半槽稀浆，摊铺过程中出现局部稀浆过厚，需用橡皮板刮平，稀浆过少应用铁锹取浆补齐，流出的乳液需用刮板刮平，摊铺终点接头处应平直整齐。

③ 稀浆封层铺筑后到成型前应封闭交通，待乳化沥青破乳、水分蒸发、干燥、路面成型后方可开放交通。

④ 开放交通初期应有专人指挥，控制车速不得超过20 km/h，并不得刹车或调头。

(5) 改性沥青稀浆封层。

① 采用改性沥青稀浆封层时，其施工程序与普通稀浆封层基本相同，但必须使用改性稀浆封层机，采用慢裂快凝型乳化沥青。

② 采用慢裂快凝型乳化沥青，一般1 h后可开放交通。

③ 矿料技术性能应符合《公路沥青路面施工技术规范》(JTG F40—2004)有关规定。

④ 在25 ℃的标准气温下，混合料拌和时间应不少于120 s；当气温为30 ℃时，拌和时间应不少于180 s。拌和好的混合料应均匀、无花白料，在手中用力攥紧，能攥出水并黏成球体，落地后不散。

⑤ 由于现场气候与原材料尤其是矿料可能存在的差异，以及室内外条件的差异，所以在施工阶段应对室内选定的配合比数据结合施工现场情况进行适当调整，确定现场最适合的配比，同时应注意气候变化对配比的影响。

⑥ 对铺完的稀浆封层应进行适当的初期养护，封闭交通，禁止行车碾压，待混合料初凝(黏聚力大于12 kg·cm)时或摊铺后0.5 h，可用10 t轮胎压路机碾压(不能用钢轮压路机)，把封层中析出的水挤出，提高封层的密实度和强度，缩短初期养护时间，加快开放交通。

(6) 路面磨光时，可采用刻槽法进行处治。混凝土板刻槽宜采用自行式刻槽机，应在指定的线路上安置导向轨，并将导向轮扣在导向轨上，刻槽深度为3～5 mm，槽宽为3～5 mm，缝距为10～20 mm。刻槽时宜由高向低逐步推进。

(7) 对局部板块出现的露骨，可采用快速修补混凝土进行薄层水泥混凝土罩面。实施时首先需凿除水泥混凝土面板表面，凿除深度一般为1～5 cm，用高压水冲洗板块毛面，用压缩空气清除板块表面水分，应在混凝土毛面上涂一层界面黏结剂，界面黏结剂应具有较好的黏结性能和一定的黏结强度。然后在现浇混凝土板边立模，配制快速修补混凝土，使其满足坍落度、凝结时间、泌水率和强度的要求，采用强制式搅拌机拌和60～90 s，采用人工摊铺，平板振捣器振捣密实，振动找平，人工抹面、压纹。修补混凝土摊铺后2 h，对其进行保湿养护24 h。

任务6 水泥混凝土路面加铺与加宽

一、任务描述

水泥混凝土路面病害形式很多，在水泥混凝土路面上铺筑加铺层是一种比较彻底的维修方法，加铺层可以选择水泥混凝土路面，也可以选择沥青混凝土路面。而由于交通量的增长，也可以对原有的路面进行加宽。

本任务介绍水泥混凝土路面水泥混凝土加铺层、沥青混凝土加铺层及水泥混凝土路面加宽。

二、相关配套知识

（一）水泥混凝土加铺层

1. 选择加铺方式

在旧水泥混凝土路面上，加铺的水泥混凝土路面面层有接合式、分离式及直接式三种。

加铺方式应根据原有路面的损坏情况、接缝类型和布置及原路面的路拱坡度和加铺路面的路拱坡度等条件来选择。当加铺层与原有路面坡度基本一致时，可采用接合式或直接式加铺。当原有路面结构损坏严重、板块裂缝多、不易修复，或原有路面接缝不合理、新旧路面坡度不一致时，应采用分离式加铺层。

(1) 接合式加铺层作业时，首先对原路面进行凿毛并清洗干净，涂以黏结剂，随即浇筑加铺层，使加铺层与旧路面黏结为一个整体，共同发挥结构的整体强度作用。可用等刚度法按接合式进行应力计算与厚度设计。接合式加铺层厚度不小于 10 cm。

(2) 分离式加铺层是在旧路和加铺层之间设置隔离层，各层混凝土独立地发挥其强度作用。当隔离层为油毡时，其隔离层厚度很小，引起的垂直变形忽略不计，可以直接进行加厚层的应力分析与厚度设计。分离式加铺层厚度不小于 18 cm。

(3) 直接式加铺层是在清洗干净的原路面上，不涂黏结剂，也不凿毛，直接浇筑水泥混凝土。由于新旧路面之间的摩擦阻力作用，因而具有一定的结构整体性。层间接合能力介于接合式与分离式之间。直接式加铺层厚度不小于 14 cm。

2. 选择加铺结构

选择加铺结构时，对大交通量、重载交通道路水泥混凝土路面加铺，应采取连续配筋或钢筋混凝土加铺层。对地面高程受到限制的路面、桥面铺装，可采取钢纤维混凝土加铺层。钢纤维混凝土的弯拉强度为普通混凝土的 1.5～2.0 倍。钢纤维混凝土加铺层可按普通混凝土加铺层的规定，计算普通混凝土加铺层的厚度，然后取普通混凝土加铺层厚度的 0.65～0.75 倍。采用钢纤维混凝土加铺层时，接合式加铺层厚度不小于 5 cm，直接式加铺层厚度不小于 12 cm，分离式加铺层厚度不小于 14 cm。

3. 各类加铺层适用的技术条件

(1) 当旧混凝土路面状况评定为“优”时，混凝土路面板块基本完好，板块的平面尺寸和接缝布置合理，新旧路面路拱坡度基本一致，接缝基本对齐，为提高水泥路面的承载能力，宜采用接合式加铺层。加铺层铺筑前应首先对路面的结构性损坏进行修复，对旧混凝土板表面凿毛并仔细清洗路表油污、剥落及接缝中的杂物，重新封缝，并在洁净的混凝土毛面上涂以水泥浆，铺筑水泥混凝土加铺层，宜采用直接式加铺层。

(2) 当旧水泥路面状况评定为“良”“中”时，路拱坡度基本符合要求，板块的平面尺寸和接缝布置合理，为提高水泥混凝土路面的承载能力，加铺层铺筑前，应首先对路面的结构性损坏进行修复，对旧混凝土路面表面仔细清洗，清除旧混凝土表面剥落碎块及接缝中的杂物，并重新封缝。

(3) 当旧水泥路面状况为"次"，或新旧混凝土路面的尺寸不同，或新旧路面路拱坡度不一致，或路面要进行拓宽时，为提高路面通行能力，应采用分离式加铺层。加铺层铺筑前，应对旧路面严重破碎、脱空、裂缝继续发展的板块进行破碎、清除，用混凝土补平。隔离层材料应采用油毡、沥青砂及细粒式沥青混凝土等稳定性较好的材料。隔离层的厚度为 1.5～2.0 cm。

(4) 当旧水泥路面状况为"差"时，应将旧水泥路面破碎、灌浆、碾压稳定以作为垫层使用，在垫层上铺筑一层半刚性基层，半刚性基层的最小厚度不小于 15 cm，然后再铺筑水泥混凝土加铺层。

4. 加铺前的技术调查

在对旧水泥混凝土路面进行加铺前，应对原有水泥混凝土路面做技术调查，调查的项目有年平均交通量、交通组成及增长率，公路修建与养护的技术资料，原有路面结构、宽度、厚度及路拱情况，原有路面状况的评定，路基的填土高度、地下水位、多年平均最大冻深、排水与积水状况等，旧混凝土的弯拉强度与弯拉弹性模量、旧混凝土路面面板的厚度，基层顶面的当量回弹模量。

5. 旧路面的处理

(1) 对旧混凝土路面进行调查，分板块逐一编号，绘制病害平面图。

(2) 按设计要求对病害面板进行处理。

(3) 板底脱空可采用板下封堵的方法进行压浆处理。

(4) 板块破碎，角隅断裂、沉陷、掉边、缺角等病害板，必须用破碎机(液压镐)凿除。清除混凝土碎屑后，整平基层，并夯压密实，然后铺筑与旧板块等强度的水泥混凝土，其标高控制与旧板面齐平。

6. 铺筑隔离层

在旧混凝土顶面宜铺筑一层隔离层。

(1) 铺筑前应先清除旧面板表面杂物，冲刷尘污，使板面洁净无异物。

(2) 用清缝机清除水泥混凝土面板接缝杂物，用灌缝机灌入接缝材料。

(3) 在旧混凝土表面洒布黏层沥青。

① 在封闭交通施工的路段，施工路段长度一般不宜大于 1 000 m；在半幅通车半幅施工路段，施工路段长度一般不宜大于 300 m。

② 黏层沥青采用热沥青或乳化沥青。沥青用量为 0.4 kg/m^2。宜采用快裂洒布型乳化沥青 PC-3、PA-3，乳液中沥青含量不少于 50%，乳化沥青用量为 0.6 kg/m^2。洒布过量处，应刮除。

③ 严禁在已洒布或涂刷黏层沥青的面板上通行车辆和行人，并防止土石杂物等散落在沥青上面。

④ 应随隔离层摊铺速度相应先行洒布、涂刷黏层沥青，沥青应均匀洒布或涂刷在干燥洁净的旧水泥混凝土面板上，沥青以不流淌为宜。

⑤ 黏层沥青洒布或涂刷后应紧跟着进行隔离层施工，采用乳化沥青时，摊铺隔离层应在破乳后方可进行。

(4) 沥青混凝土隔离层。

① 沥青混凝土隔离层的材料技术性能、矿料级配和施工工艺应符合《公路沥青路面施工技术规范》(JTG F40—2004)的相关要求。

② 沥青混凝土厚度以 1.5～2.5 cm 为宜。

③ 摊铺宽度应超过加铺板边缘 25 cm，严禁出现空白区。

④ 碾压机械宜采用轮胎压路机，自路边向路中心碾压，边压边找平，至沥青混凝土隔离层平整无轮迹为止。

(5) 土工布隔离层。

① 在水泥混凝土路面上满铺土工布，边铺边用木棍推压整平。

② 在土工布搭接部分涂刷热沥青，土工布纵、横向搭接宽度为 2 cm。

③ 铺好的土工布隔离层，严禁非施工车辆和行人通行，以避免人为损坏，同时要保持土工布隔离层洁净无污染。

(6) 沥青油毡隔离层。

① 在水泥混凝土路面上满铺沥青油毡，采用不低于 350 号的石油沥青纸胎油毡，其应符合国家标准《石油沥青纸胎油毡》(GB 326—2007)的技术要求。

② 油毡应纵向摊铺，沥青油毡纵、横向搭接宽度为 20 cm。如果摊铺二毡二油，则每层油毡的搭接位置应错开，在沥青油毡搭接部分涂刷热沥青，摊铺时边铺边用滚筒碾平压实，务必使毡油紧贴。

③ 铺好的沥青油毡隔离层，严禁车辆和行人通行，并保持洁净，发现损坏及时修整。

7. 计算加铺层厚度

水泥混凝土加铺层厚度应通过计算确定，且不小于 18 cm。

① 水泥混凝土加铺层半幅施工时模板应采用钢模板，中模以角钢为宜，必须支立稳固，其平面位置与高度应符合设计要求。

② 安装模板宜采取由边模固定中模的方法。边模由钢钎固定，中模每间隔 1 m 用膨胀螺丝将模板外侧底部预先定位固定，中、边模之间采用横跨两模板的活动卡梁辅助固定。活动卡梁间距不大于 2 m，并随铺筑进度相应装拆推移。

③ 混凝土配合比设计，混合料搅拌、运输、摊铺、振捣、整平、接缝设置、表面修整、养护、锯缝、填缝等工艺应符合公路水泥混凝土路面有关施工规范规定。

④ 加铺层时，新、旧混凝土面板应尽可能对缝；模板拆除时，必须做好锯缝位置的标记。

8. 钢纤维加铺层

钢纤维混凝土加铺层适用于路面标高受到限制的路段。

① 钢纤维混凝土加铺层与普通混凝土加铺层的形式相同，也分为接合式、直接式、分离式。钢纤维混凝土加铺层除纤维混凝土施工工艺外，与普通混凝土加铺层的施工前准备工作、对旧面板的处理、立模等基本相同。

② 钢纤维混凝土路面板厚应通过结构设计确定，也可取普通混凝土路面板厚度的 0.65 倍，接合式加铺层厚度不小于 5 cm，直接式加铺层厚度不小于 12 cm，分离式加铺层厚度不小于 14 cm。

③ 集料的粒径不大于 15 mm，钢纤维规格应符合《公路水泥混凝土路面设计规范》(JTG D40—2011)的规定。

④ 钢纤维用量按占混凝土的体积百分率计，钢纤维体积率为 1.27%。钢纤维混凝土拌和物的配合比及混合料搅拌、摊铺、振捣、整平、养护等，均应符合公路水泥混凝土路面有关施工规范的规定。

⑤ 接合式或直接式加铺层的接缝应与原路面相对应。分离式加铺层可不受老路面限制，横向纵缝间距可为 15 m，纵、横向施工缝及胀缝的设置与普通混凝土路面相同，全幅摊铺的路面可

不设纵缝，拆模时必须做好锯缝标记。

⑥ 进行钢纤维混凝土配合比设计时，首先应计算配制强度，确定钢纤维体积率及水灰比、单位用水量、单位水泥用量及含砂率，应采用绝对体积法计算粗细集料的用量，最后计算钢纤维用量。

⑦ 钢纤维一次性直接投入搅拌机易出现结团现象，为使钢纤维充分分散，国外常将钢纤维通过分散机后再进入搅拌机。常用的钢纤维分散机有振动式、摇拨式、筛筒旋转式和离心式四种类型，机器功率多为 0.75～1.0 kW，分散力一般为 20～60 kg/min。因使用分散机使钢纤维水泥混凝土搅拌时间延长 3～6 min，影响工程进度，常在施工时于料斗入口处设置振动筛。

⑧ 当干燥的水泥堆在纤维上部时，水泥会渗进纤维骨架内进入搅拌机，一经搅拌易形成内包干燥水泥的钢纤维球。为防止钢纤维结团，需采取分级投料、先干后湿的工艺，即按如下顺序进料：投放瓜子片—1/4 钢纤维—1/2 砂—水泥—1/2 砂—1/4 钢纤维—1/2 碎石—1/4 钢纤维—1/2 碎石—1/4 钢纤维。混合料需先干拌 1 min，然后加水湿拌 2 min。

⑨ 使用插入式振捣器对钢纤维进行振捣时，有可能会使钢纤维向振动着的振动棒聚集，产生集束效应，为确保钢纤维的二维分布，宜使用平板振捣器振捣成型。为保证边角混凝土密实，振捣棒可沿路线纵向斜向拖动。

⑩ 钢纤维混凝土宜采用真空吸水工艺机械抹平，阻止纤维外露。采用刻槽机刻槽工艺可避免压纹或拉毛产生的平整度差和纤维外露的现象。

⑪ 钢纤维混凝土收缩性小、抗裂性好，有条件封闭交通的施工路段，采用混凝土摊铺机可做成整幅式，不设纵缝。钢纤维混凝土养护到设计强度的 50%后方可对旧混凝土路面缩缝，每隔 15 m 切一道缩缝。缝深为 1/3～1/4h，清缝后灌入接缝材料。

9. 连续配筋混凝土加铺层

连续配筋混凝土加铺层适用于高速公路。

(1) 连续配筋混凝土加铺层的厚度设计方法与普通混凝土路面相同，其所用材料应符合有关施工技术规范的要求。

(2) 纵向、横向钢筋应采用螺纹钢筋。纵向钢筋配筋率由计算确定，一般控制在 0.5%～0.7%范围内。横向钢筋用可取纵向钢筋用量的 1/5～1/8。

(3) 钢筋布置应符合下列要求。

① 纵向钢筋间距不小于 10 cm 且不大于 25 cm。

② 横向钢筋间距不大于 80 cm。

③ 纵向钢筋焊接长度不小于 50 cm，或不小于钢筋直径的 30 倍，焊接位置相互错开，不应在一个断面上重叠。

④ 纵向钢筋应设在面板厚度的 1/2 处，横向钢筋位于纵向钢筋之下，横向钢筋下设梯形混凝土支撑垫块。

⑤ 边缘钢筋至板边的距离一般为 10～15 cm。

(4) 纵向钢筋的焊接应采用闪光对焊或电弧焊，焊接的接头形式、焊接工艺和质量验收应符合现行有关施工技术规范的要求。

(5) 连续配筋混凝土加铺层的施工必须连续作业，搅拌与运输各个环节应严格控制水量，运输宜采用自卸汽车。

(6) 摊铺前应在基层表面洒水，摊铺顺序应严格安排，前后各道工序应紧密衔接，避免高温施工。一般宜采用摊铺机，如采用人工摊铺时应注意防止扰动钢筋的正确位置。每段施工中不得有接缝，若摊铺因故中断，则需设置平缝形式的施工缝，纵向钢筋仍应保持连续，并穿过接缝增设拉杆。

(7) 端部处理。在与其他路面或桥梁、涵洞等构造物连接处，必须进行端部处理。可根据实际情况连续设置三道胀缝或三道矩形锚固梁。当采用地梁锚固时，锚固段按设计的结构尺寸开挖地槽，应不扰动两侧基层(垫层)和地基；当采用灌注桩锚固时，桩顶应与混凝土连成整体；当采用宽翼缘工字钢端部接缝时，应确保搁置在枕垫板上的连续配筋混凝土路面板端部可自由滑动，其与工字钢连接的部位以胀缝料充填。

(8) 接缝设置。

① 一次铺筑宽度为 4.5 m 时，应增设纵向缩缝。纵缝不另设拉杆，由一侧板的横向钢筋延伸，并穿过纵缝代替拉杆。

② 施工缝可采用平缝，纵向钢筋应保持连续，穿过接缝。

③ 胀缝构造与普通混凝土路面相同。

10. 钢筋混凝土加铺层

钢筋混凝土加铺层适用于一般路段。

(1) 钢筋混凝土板厚按普通混凝土板规定进行设计。

(2) 纵、横向钢筋宜采用相同的直径。钢筋的最小直径和最大间距按表 4.6.1 确定。

表 4.6.1　钢筋最小直径和最大间距

钢筋类型	光面钢筋	螺纹钢筋
最小直径/mm	8	12
纵向最大间距/mm	15	35
横向最大间距/mm	30	75

(3) 钢筋的搭接长度宜大于直径的 25 倍，钢筋应设在板面下 1/3～1/2 板厚范围内，外侧钢筋中心距接缝或自由边的距离为 10～15 m，钢筋保护层的最小厚度不小于 5 cm。

(4) 横向缩缝间距宜为 10 m，并应设传力杆。纵缝、胀缝和施工缝的设置与普通混凝土路面相同。

11. 直接式加铺层施工注意事项

直接式加铺层施工需清除旧面板表面积物，冲刷尘污，使板面洁净无异物。直接式加铺层厚度应通过计算确定，且不小于 14 cm。

(1) 采用直接式加铺层的路段，其板面应基本完好、平整。旧混凝土面板局部裂缝处应采用钢筋网片补强，钢筋网片覆盖于裂缝之上，超过裂缝不小于 50 cm，网片距板底面 5 cm。

(2) 水泥混凝土路面施工按照公路水泥混凝土路面有关施工规范规定执行。

(二) 沥青混凝土加铺层

1. 沥青混凝土加铺层一般要求

沥青混凝土加铺层要求旧混凝土路面稳定、清洁，对面板损坏部分必须维修。

2. 反射裂缝的防治

反射裂缝的防治可采用土工格栅、油毡、土工布、切缝填封橡胶沥青或做二灰碎石、水泥稳定粒料层。

(1) 采用土工格栅施工,应符合下列规定。

① 先在混凝土面板上洒黏层沥青,沥青用量为 0.4～0.6 kg/m^2。

② 用 1～2 cm 沥青砂调平旧混凝土路面;宜采用玻璃纤维格栅压入沥青调平层,目前常用的玻璃纤维隔栅有带自黏胶和不带自黏胶两种。带自黏胶的可直接在平整清洁的路面上铺设,不带自黏胶的通常采用水泥钉加垫片固定。

③ 玻璃纤维格栅铺设可由拖拉机或汽车改装的专用设备进行铺设,也可人工铺设。铺设前应使胶面向下,铺设应保持其平整、拉紧,不得有起皱现象,使格栅具备有效的张力,铺完一层再用干净的胶轮压路机碾压一遍。玻璃纤维格栅铺设时,要求气温大于 10 ℃,沥青加铺层的最小厚度为 4 cm。

④ 采用膨胀螺丝加垫片固定格栅端部。

⑤ 格栅纵、横向的搭接部分不小于 20 cm,纵向搭接应根据沥青摊铺方向将前一幅置于后一幅上。

⑥ 格栅中部在混凝土面板纵、横缝位置及两外侧边缘用铁钉加垫片固定。

⑦ 固定格栅时不能将钉子钉在玻璃纤维上,也不能用锤子直接敲击玻璃纤维,固定后如发现钉子断裂或铁皮松动,则需重新予以固定。

⑧ 玻璃纤维格栅铺设、固定完成后,必须用胶轮压路机进行适度碾压稳定,使格栅与原路表面黏结牢固。

⑨ 玻璃纤维格栅背胶易溶于水,雨天或路面潮湿时不得进行施工。因为玻璃纤维格栅有刺激性,所以施工时作业人员应戴防护手套。

⑩ 在玻璃纤维格栅铺设过程中,若发现路面有较小的坑塘时,可将铺好的格栅在对应坑塘的部分剪开,并用沥青混凝土填平,以便在铺上层沥青混合料时能保证其具有均匀的压实度。

(2) 采用聚酯改性沥青油毡施工,应符合下列规定。

① 将油毡切割成 50 cm 宽的长条带。

② 用压缩空气清除表面杂物和灰尘,在接缝内灌入接缝材料。

③ 将油毡铺放在接缝处,缝两侧各 25 cm,薄膜面朝下,然后用喷灯烘烤油毡底面,当烘烤到薄膜熔化、毡底有光泽并发黑、有一层薄的熔融层时,再用推杆压实油毡,使油毡与底层黏结,按此方法铺好第一卷。

④ 在油毡接头搭接部分,接合部搭接宽度为 10 cm,用汽油喷灯烘烤油毡,当油毡处于熔融状态后压实,要使上、下层油毡紧密结合在一起。

⑤ 在沥青层摊铺前,用一层沥青砂覆盖油毡表面。

⑥ 非施工车辆不得在油毡上行驶,若发现油毡脱皮,使用喷灯烘烤,用推杆压实。

(3) 采用土工布施工,应符合下列规定。

① 找平板块错台部位。

② 喷洒黏层沥青,其温度为 150～170 ℃,沥青用量为 0.4～0.6 kg/m^2,黏层沥青喷洒范围要比土工布宽 5～10 cm。

③ 在一端用垫片加水泥钉固定土工布,然后拉紧、铺平粘贴土工布。将支撑棒插入土工布

卷调动制动器，然后提高布卷，展开 5～10 m 土工布，土工布卷一端与路面边缘成一直线，拉紧土工布，然后将土工布放下，铺在黏层沥青上。

④ 在土工布首尾相接处，沿铺布方向搭接 15 cm，土工布连接处应喷洒黏层沥青，相邻两卷土工布边与边的搭接也应沿铺布方向搭接，要确保土工布浸透沥青，土工布施工温度要大于 10℃。在弯道上摊铺土工布，可用剪刀将土工布剪开，然后再搭接起来。

⑤ 土工布铺好以后，沥青混凝土摊铺应立即开始，每天铺完土工布的路段应同时完成沥青混凝土的摊铺。同时应采用全路幅施工，以避免产生纵向施工缝。

⑥ 严禁非施工车辆在土工布上行驶，沥青混凝土运料车不得在土工布上转弯、掉头、刹车，只能在土工布上倒行。

⑦ 沥青混凝土应采用 10 t 以上的压路机碾压。

(4) 在沥青路面上对应水泥混凝土横向接缝处切缝，灌接缝材料可按下列步骤进行。

① 按旧水泥混凝土路面平面图，确定水泥混凝土板的接缝位。

② 在沥青面层已定位的接缝上方，锯深 1.5 cm、宽 0.5 cm 的缝。

③ 用压缩空气将锯缝清理干净，并保持干燥。

④ 灌填橡胶沥青。

(5) 做二灰碎石、水泥稳定碎石上基层时，基层厚度不小于 15 cm，基层施工按《公路路面基层施工技术规范》(JTJ 034—2000)执行。

3. 沥青混凝土面层结构厚度要求

沥青混凝土面层结构厚度应满足沥青混凝土最小结构厚度的要求，沥青路面厚度一般不低于 7 cm，其施工应符合《公路沥青路面施工技术规范》(JTJ F40—2004)的有关规定。

(三) 水泥混凝土路面加宽

加宽部位的路基填筑应符合设计要求，路基顶面应与原路基顶面齐平，施工质量应符合现行路基施工技术规范的要求。

1. 土基加宽

土基加宽时应先将原边坡坡脚或边沟清淤。

(1) 必须铲除边坡杂草、树根和浮土，并按《公路路面基层施工技术规范》(JTJ 034—2000)的规定处理。

(2) 应分层填筑压实土基。

(3) 必须处理好新旧路基的衔接，在新老路基交界处，路基与基层界面上铺设一层土工格栅。

(4) 加宽路基时，应同时做好路基排水系统。

2. 路面基层加宽

路面基层拓宽时，新加宽的基层强度不得低于原有水泥混凝土路面的基层强度，宜采用相错搭接法(见图 4.6.1)。

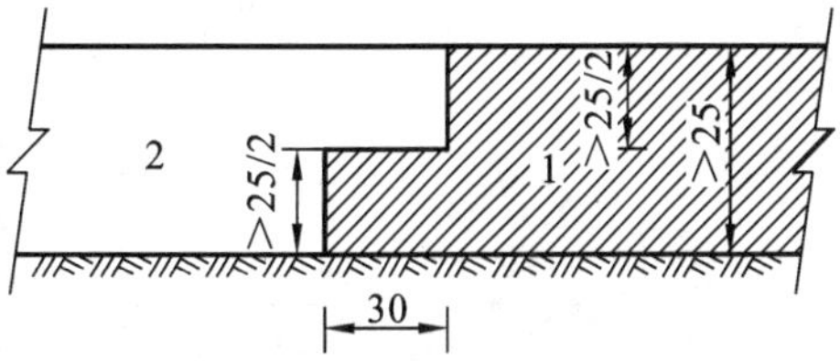

图 4.6.1 相错搭接法(单位：cm)

1—原有基层；2—新铺加宽基层

3. 混凝土路面加宽

混凝土路面加宽应符合下列要求。

（1）双侧加宽。如原路基较宽，路面加宽后路肩宽度大于 75 cm 时，可以直接加宽并碾压密实，做 1 cm 下封层，设置拉杆，浇筑混凝土板；如路基较窄不具备加宽路面条件的路段，应先加宽路基。如果施工机械和操作方法能保证路基加宽部分达到规定密实度，即可加宽路面，否则应待路基压实稳定后，再加宽路面。宜采用两侧相等加宽的方式，如图 4.6.2 所示。$a-a'<1$ m 时调整路拱，$a-a'>1$ m 时调整路拱，两侧不等宽的加宽方式如图 4.6.3 和图 4.6.4 所示。加宽前应测定路基回弹弯沉值，弯沉值达到设计要求后方可铺筑路面基层。

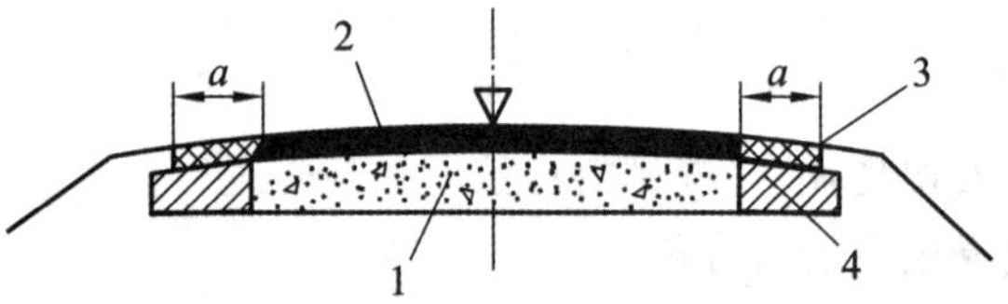

图 4.6.2　两侧相等加宽路面

1—原有基层；2—新铺加宽基层；3—加宽路面；4—加宽基层

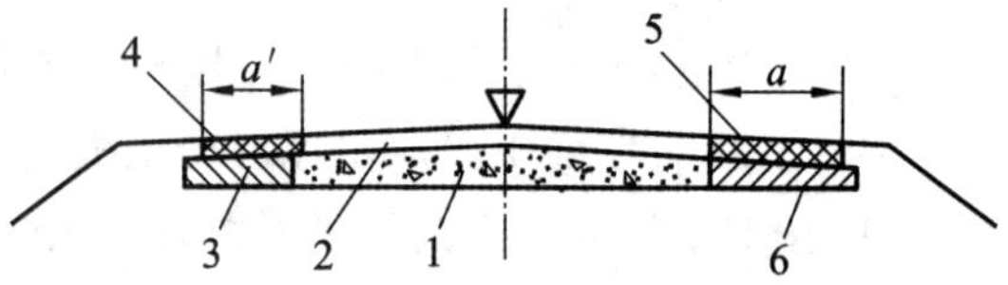

图 4.6.3　两侧不相等加宽路面

（$a-a'<1$ m 时不调整路拱）

1—原有基层；2—原有路面；3—宽基层较窄；4—宽路面较窄；5—宽路面较宽；6—宽基层较宽

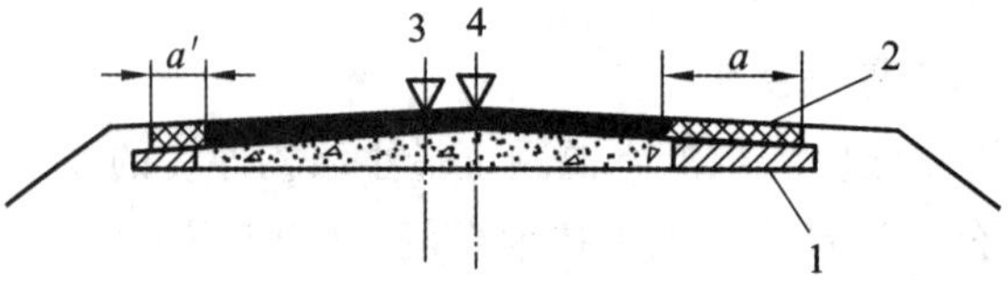

图 4.6.4　两侧不相等加宽路面（$a-a'>1$ m 时不调整路拱）

1—加宽基层；2—加宽面层；3—原路拱中点；4—新铺路拱中点

（2）可结合加宽增加、完善路基路面排水系统。

（3）受线形和地形限制时，可采用单侧加宽（见图 4.6.5）。

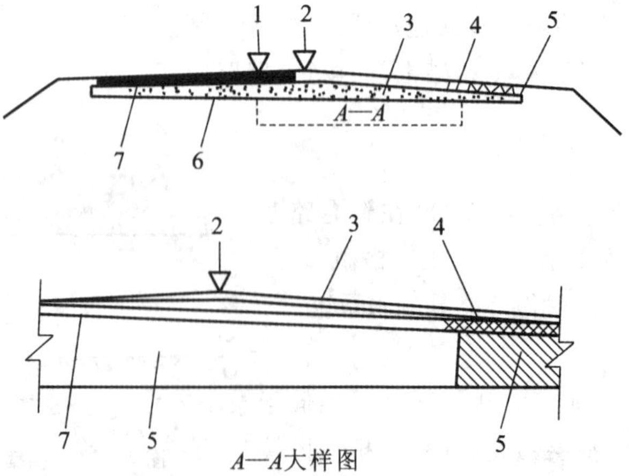

图 4.6.5　单侧加宽图示

1—旧路拱中心；2—调拱后中心；3—调拱三角垫层；4—加宽面层；5—加宽基层；6—旧基层；7—旧面层

(4) 采用与原路面基层结构相同的材料铺筑路面基层。基层厚度大于 20 cm 时，可采用相错搭接法进行。先用切割机距基层边缘 30 cm、沿路线纵向切割 1/2 的基层厚度，用风镐凿除 30 cm 范围内的 1/2 基层厚度，分层摊铺压实路面基层，新加宽的基层强度不得低于原有水泥路面的基层强度。

(5) 在平曲线处，均应按《公路工程技术标准》(JTG B01—2014)规定设置超高、加宽，原来漏设的，也应结合加宽补设。

(6) 加宽的混凝土面板的强度、厚度、路拱、横缝均宜与原混凝土面板相同。板块长宽比应为 1.3～1.2。路面板加宽应增设拉杆，拉杆设置参照《公路水泥混凝土路面设计规范》(JTG D40—2011)执行。

(7) 路面板加宽应按下列方法增设拉杆。

① 在面板外侧每间隔 60 cm，在 1/2 板厚处打一深 30 cm、直径 18 mm 的水平孔。

② 清除孔内混凝土碎屑。

③ 向孔内压入高强砂浆。

④ 插入 ϕ4 mm、长 60 cm 的螺纹钢筋。

(8) 水泥混凝土路面的施工，应符合公路水泥混凝土路面有关施工规范规定。

任务 7　水泥混凝土路面修补材料

一、任务描述

水泥混凝土路面维修养护的质量与水泥混凝土路面修补材料密切相关。

本任务介绍水泥混凝土路面裂缝修补材料、水泥混凝土路面接缝修补材料、水泥混凝土路面板块修补材料及水泥混凝土路面罩面材料。

二、相关配套知识

在进行水泥混凝土路面修补时，如何选择好的修补材料，是保证水泥混凝土路面修补质量的关键之一。优良的修补材料不仅可以使修补后的水泥混凝土路面很快恢复其使用性能，而且几乎看不到明显的修补痕迹。如何选用修补材料，根据水泥混凝土路面的破坏形式而定。水泥混凝土路面养护维修材料应符合以下要求。

(1) 水泥混凝土路面养护维修的常规和专用材料，必须具有足够的强度、耐久性和稳定性，以承受车辆的作用和抵抗自然环境的影响。养护维修的各种材料均应进行必要的试验，不得使用不符合要求的材料。

(2) 水泥混凝土路面养护维修的常规材料的技术要求应符合《公路水泥混凝土路面设计规范》(JTG D40—2011)、公路水泥混凝土路面有关施工规范《公路沥青路面施工技术规范》(JTG F40—2004)的规定。

(3) 水泥混凝土路面养护维修所用的路面标线材料的技术要求应符合《道路交通标志和标线》(GB 5768—2009)的规定,其他专用材料的技术要求应符合《公路水泥混凝土路面养护技术规范》(JTJ 073.1—2001)的规定。

(一) 水泥混凝土路面裂缝修补材料

水泥混凝土路面裂缝修补材料,根据其功能可分为补强材料和密封材料。当水泥混凝土路面由于裂缝造成强度不足时,应选用补强材料使其恢复整板传荷能力。当水泥混凝土路面仅出现贯穿裂缝,而板面强度仍能满足使用要求时,为防止雨水渗入侵蚀削弱路基强度,应选用密封修补材料将裂缝封闭。

典型的补强材料分两类:一类是用于灌缝的环氧树脂和改性环氧树脂、酚醛和改性酚醛树脂类胶黏剂;另一类是用于裂缝条带修补的水泥基无机胶凝材料。如掺 JK 系列快速修补剂,其特点是早强、快硬,适宜修补混凝土路面裂缝。

1. 环氧树脂类补强材料

环氧树脂类补强材料的主要组分是环氧树脂,这类材料含有两个以上环氧化基团的高分子化合物。常见的环氧树脂可以分为两类:一类是缩水甘油基型环氧树脂;另一类是环氧化烯烃。在水泥混凝土路面修补过程中所用的环氧树脂类材料,大多属于缩水甘油基型,常用的品种是由多元酚和多元醇制备的双酚 A 环环氧树脂。在全国各大化工原料公司或化工黏结剂商店,均可购买到这种材料。

用于水泥混凝土路面裂缝修补的高模量补强材料宜选用经过改性的环氧树脂类材料或经乳化反应过的环氧树脂乳液,其主要技术要求应符合表 4.7.1 的规定。

表 4.7.1 补强材料技术要求

性 能	技术要求
灌入稠度/s	<20
拉伸强度/MPa	≥5
黏结强度/MPa	≥3
断裂伸长率/(%)	2～5

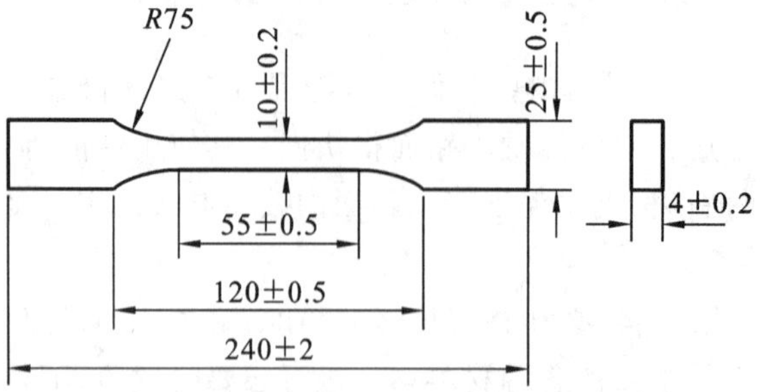

图 4.7.1 拉伸试样图(单位:mm)

(1) 灌入稠度试验方法可按《公路水泥混凝土路面接缝材料》(JT T203—1995)规定的方法进行。

(2) 拉伸强度及断裂伸长率试验方法。

① 试样。试样尺寸如图 4.7.1 所示,每组试样不少于 5 个。

② 试验标准条件。试验环境:温度为 20±5 ℃,相对湿度为 65%±5%。试验设

备：试验机测量范围为0～1000 N，分度值为2 N，示值精度为±1%，试验机上夹具的移动速度为80～500 mm/min。

③ 试验程序。将按工艺要求配好的胶液直接烧入试样模内，固化后加工成标准试样。试样表面应平整、光滑，无气泡、裂纹、明显杂质和加工损伤等缺陷。将合格试样编号，测量试样工作段中部和离标线为5 mm之内处各任取一点的宽度和厚度，准确到0.05 mm，取算术平均值。夹持试样，使试样的中心轴线与上、下夹具的对准中心线一致，安上防护罩，按规定速度(250±50)mm/min均匀、连续加载，直到破坏，读取试样断裂时的荷载，同时量取试样断裂瞬间标距线间的长度L_1。若试样断裂在标距外，则该试样作废，另取试样补做。

④ 结果计算。试样的拉伸强度按式(4.7.1)计算，精确到0.1 MPa。

$$\sigma_t=\frac{P}{Bd} \tag{4.7.1}$$

式中：σ_t——试样拉伸强度，MPa；

P——试样断裂时的荷载，N；

B——试样标距段的宽度，mm；

d——试样标距段的厚度，mm。

试样的断裂伸长率按式(4.7.2)计算：

$$\varepsilon_t=\frac{L_1-L}{L}\times 100 \tag{4.7.2}$$

式中：ε_t——试样的断裂伸长率，%；

L——试样标距线间初始有效长度，mm；

L_1——试样断裂瞬间标距线间的长度，mm。

分别计算并报告5个试样纵向和横向的算术平均值，精确到1%。

(3) 黏结强度试验方法。

① 仪器及材料。抗张仪：单杠杆，抗拉试验砂浆块。

② 试件制备。用42.5号或52.5号硅酸盐水泥和中砂按质量1:2的比例混合，水和灰按质量0.4:1的比例制成砂浆。将厚约15 mm的金属隔板垂直放入砂浆模中间，然后注入砂浆，脱模后，去掉金属隔板成为两个相等的砂浆块(见图4.7.2)。在水中养护7 d后，自然风干备用。

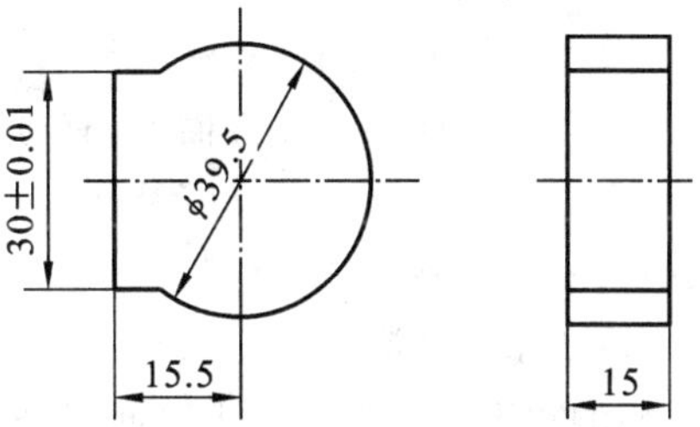

图4.7.2 黏结试样图(单位：mm)

取两个砂浆块清除浮砂，在横断面上涂刷0.5～1 mm的补强材料使其全部黏结，在40±2 ℃下干燥24 h备用，每组试件6块。

取已充分干燥的试件在20±1 ℃条件下放置1 h，然后于抗张仪上拉断，并记录破坏时的读数。

③ 结果计算。每个黏结强度的数值按式(4.7.3)计算：

$$F=\frac{P}{S} \tag{4.7.3}$$

式中：F——黏结强度，MPa；

P——拉力读数，N；

S——黏结面积(按实际黏结面积计),mm^2。

④ 结果评定。在6块试件中选取4块数值接近的平均值作为黏结强度的试验结果。

2. 聚氨酯类灌缝补强材料

聚氨酯溶液是一种性能很好的胶结材料,可用于修补水泥混凝土路面裂缝。聚氨酯具有柔性分子链,其耐振动性及抗疲劳性能都很好。聚氨酯还有另一个重要的特点:耐低温性能好,比所有其他任何有机类的胶黏材料耐寒性能都优异。因此,用聚氨酯配成的裂缝灌浆材料耐气候性好,在各个季节和各个不同地区都可以使用。

聚氨酯固化时,几乎没有任何副产物产生,因此不会产生胶结层缺陷。聚氨酯灌浆补强材料是由异氰酸酯和聚氨基甲酸酯,与多元醇或多元胺及其他含活泼氢的化合物,进行加成聚合而成。这些材料可在化工原料商店直接购买。

用于水泥混凝土路面裂缝修补的密封材料宜选用聚氨酯类灌缝材料。用于水泥混凝土路面修补的密封材料技术性能应符合表4.7.2的规定。

表4.7.2 密封材料技术要求

性　　能	技术要求
灌入稠度/s	<20
拉伸强度/MPa	≥4
黏结强度/MPa	≥4
断裂伸长率/(%)	≥50

密封材料技术性能测试方法与补强材料技术性能测试方法相同。

(二) 水泥混凝土路面接缝修补材料

水泥混凝土路面上的接缝,有纵向施工缝、纵向缩缝、横向施工缝、横向缩缝、横向胀缝等。接缝是水泥混凝土路面的薄弱环节,最易引起破坏,特别是胀缝的损坏率甚高。水泥混凝土路面接缝破坏的原因是多方面的,有材料选用问题,也有施工问题。

水泥混凝土路面的接缝补强材料分为接缝板和填缝料两大类。填缝料又分为加热施工式填缝料和常温施工式填缝料。

用于水泥混凝土路面修补的接缝材料,应符合《公路水泥混凝土路面接缝材料》(JT T203—1995)的规定。水泥混凝土路面修补用接缝材料的性能测试方法,可按《公路水泥混凝土路面接缝材料》(JT T203—1995)推荐的方法进行。

1. 接缝板

使用接缝板对水泥混凝土路面接缝进行补强,所用的接缝板应满足如下技术要求:①应具有一定的压缩性及弹性,当混凝土板高温膨胀时不被挤出,当混凝土板低温收缩时,能与混凝土板缝壁连接,不被拉断,不产生缝隙;②要有良好的耐久性,复原率高,在混凝土路面施工时不变形,且具有较高的耐腐蚀性。

接缝板的品种主要有杉木板、泡沫橡胶板、泡沫树脂板和纤维板,其技术要求应符合表4.7.3的规定。

表 4.7.3 接缝板的技术要求

试验项目	接缝板种类			备注
	木类	泡沫类	纤维类	
压缩应力/MPa	5.0～20.0	0.2～0.6	2.0～10.0	
复原率/(%)	>55	>90	>65	吸水后不应小于不吸水的90%
挤出量/mm	<5.5	<5.0	<4.0	
弯曲荷载/N	100～400	0～50	5～40	

接缝板的厚度误差范围不应大于±5%，长度与宽度误差范围不应大于±2%。木类板应挖除板上的树节，并用原质木材修补。该类材料不宜在高等级公路上使用。

2. 填缝料

用于水泥混凝土路面修补的填缝料，应具备如下技术性能。

① 与水泥混凝土板缝壁具有较好的黏结力。当混凝土板伸缩时，填缝料能与混凝土板缝壁黏结牢固，而不致从混凝土缝壁上拉脱。

② 具有较高的拉伸率，填缝料必须能随混凝土板伸缩，而不致被拉断。

③ 耐热及耐嵌入性好，在夏季高温时，填缝料不发生流淌。填缝料应耐砂石杂物嵌入，保证混凝土板伸胀不受阻。

④ 具有较好的低温塑性。在冬季低温时，填缝料不发生脆裂，仍具有一定的延伸性。

⑤ 耐久性好，在野外恶劣的气候条件下，填缝料应能在较长时间保持良好的使用性能，即耐磨、耐水等，不过早老化。填缝料寿命不得低于3年。同时，施工方便，价格适中。

(1) 加热施工式填缝料。加热施工式填缝料的品种主要有聚氯乙烯胶泥、沥青橡胶类和沥青玛蹄脂等，其技术要求应符合表4.7.4的规定。

表 4.7.4 加热施工式填缝料的技术要求

试验项目	低弹性型	高弹性型
针入度/(0.1 mm)	<50	<90
弹性(复原率)/(%)	>30	>60
流动度/mm	<5	<2
拉伸量/mm	>5	>15

(2) 常温施工式填缝料。常温施工式填缝料的品种主要有聚氨酯焦油类、氯丁橡胶类、乳化沥青橡胶类等，其技术要求应符合表4.7.5的规定。

表 4-17 常温施工式填缝料的技术要求

试验项目	技术要求	试验项目	技术要求
针入度/(0.1 mm)	<20	流动度/mm	0
失黏时间/h	6～24	拉伸量/mm	>15
弹性(复原率)/(%)	>75		

（三）水泥混凝土路面板块修补材料

水泥混凝土路面板块修补问题，长期以来未能得到很好解决，其根本问题之一是修补材料的性能不理想。根据板块修补的施工特点，用于水泥混凝土路面板块修补的材料必须符合下列技术要求。

（1）快硬高早强。路面修补与普通混凝土路面施工不同，需要进行修补的水泥混凝土路面都是正在使用的道路，不允许长时间封闭交通。因此，修补材料必须具有快速硬化的性能，使修补路面短时间内达到通车的强度要求。用于板块修补的混凝土材料应在 24 h 内达到原板块设计强度 70%以上，48 h 内达到原板块设计强度。

（2）收缩小。水泥混凝土路面修补，新老混凝土的接合部位是薄弱环节。造成新老混凝土接合不好的重要因素之一是新拌混凝土的收缩。现浇混凝土产生收缩应力，使新老混凝土拉开。因此，要控制修补材料的收缩率，尽可能选用无收缩或收缩很小的修补材料。混凝土 7 d 内无收缩，28 d 的收缩率小于 0.02%。

（3）新旧混凝土黏结好。新旧混凝土接合处的剪切强度应达到混凝土整体剪切强度的 55%。

（4）后期性能稳定。修补用混凝土的后期强度发展规律应与普通混凝土相一致，不允许强度减少，也不允许强度发展过快，致使新老混凝土力学性能差异太大，影响路面整体性能。

（5）耐磨性高，耐久性好。修补后的混凝土耐磨性必须达到原有未损坏的旧混凝土耐磨性，且应具有抗冻、耐腐蚀、抗渗等耐久性能。

（6）施工和易性好。修补用混凝土初凝时间应满足施工要求，一般宜大于 2h。对于需水量大、硬化过快的修补材料，应通过试验，掺入一定量的缓凝型减水剂，以保证新修补混凝土的施工和易性。

（7）修补后的混凝土表面颜色应与旧混凝土基本一致。

另外，水泥混凝土板块修补宜采用性能稳定的早强混凝土、聚合物乳液细粒式混凝土或钢纤维水泥混凝土。

1. 传统修补材料

1）沥青混凝土

长期以来，公路部门都习惯采用沥青混凝土对损坏的水泥混凝土路面进行修补，尽管方法简便，但隐患较多。用沥青混凝土对水泥混凝土路面进行修补的缺点主要有以下几点。

① 道路强度不均匀，载荷不一致。沥青混凝土与水泥混凝土有着本质上的区别，如处理不当，有可能导致水泥混凝土路面更大程度的破坏。

② 使用寿命短。沥青混凝土的使用寿命本来就较水泥混凝土短得多，夹在水泥混凝土板面中间更易发生破坏，有的甚至一个冬季或雨季过后，就要进行重新修理。沥青混凝土修补水泥混凝土路面只能是应急措施，解决不了根本问题，易形成坏了修补、补了再坏、坏了再补的恶性循环。

③ 影响路面平整度，降低表面使用功能。由于沥青混凝土的热稳定性差，夏季在外部荷载作用下，沥青混凝土已产生变形。尤其是与水泥混凝土路面这种刚性材料一起承载时，沥青混凝土更易产生坑洼不平的现象，导致路面平整度下降，影响路面使用功能。

④ 不美观。将整片灰白色的水泥混凝土路面中补上一块黑色的沥青混凝土，路面景观受到

影响，行车者见了也很不舒服。

2）普通水泥混凝土

公路上另一种传统的修补水泥混凝土路面的方法是将破损的混凝土除掉，新铺上与原设计标号相同或高标号的普通混凝土。采用普通水泥混凝土修补水泥混凝土路面，主要有以下缺点：收缩性大，易导致新老混凝土拉开；水泥混凝土本身黏度低，与老混凝土结合差；新老混凝土间的界面缺陷，易使混凝土开裂；养护期长，影响交通。

2. 快硬硅酸盐水泥

快硬硅酸盐水泥对缩短修补路面的养护期是有好处的。早在20世纪80年代，英国、德国、日本等就研究出这方面的产品，并在市场上进行销售。我国亚卓子山水泥厂等也在20世纪80年代末进行了这种水泥的试生产，并获得成功，目前，国内已有许多水泥厂可以生产快硬硅酸盐水泥。

（1）早强混凝土原材料组成如下。

① 水泥。宜选用52.5号普通硅酸盐水泥或52.5号硅酸盐水泥，如因条件限制，也可采用强度富余系数大于1.10的42.5号普通硅酸盐水泥，不宜采用矿渣水泥、粉煤灰水泥、火山灰水泥及后期性能不稳定的硫铝酸盐水泥，禁止使用高铝水泥及其他不适合于水泥混凝土路面修补的水泥。

② 细集料。宜选用细度模数为2.5～3.0的河砂，砂子含泥量应小于1%。禁止使用海砂或特细河砂。

③ 粗集料。宜选用质地坚硬、级配较好的石灰石。全厚度修补，石子最大粒径宜选用40 mm以内；半厚度修补，石子最大粒径宜控制在30 mm以内。石子的含泥量应小于0.5%。

④ 外掺料。宜选用高早强、收缩小、耐久性好的混凝土快速修补剂。对水泥混凝土路面修补，一般不宜用引气型混凝土减水剂。

⑤ 水。宜选用干净的河水或饮用水，不得使用污水或海水。

⑥ 混凝土配合比。应经过实验室试配后确定，混凝土混合料坍落度宜控制在1 cm以内。

（2）用快硬水泥配制的修补混凝土性能。

① 需水量。用快硬水泥配制修补混凝土时，混凝土的用水量要比普通混凝土增加2%～5%才能达到相同的坍落度。

② 泌水性、凝结时间和易修整性。快硬水泥的泌水性一般要比普通水泥小1/3左右，其泌水结束时间也要比普通水泥快1 h左右。用快硬水泥配制的修补混凝土，初凝时间要比普通混凝土快30～90 min，终凝时间快2～3 h，并且初凝到终凝的间隔时间比较短。显然，初凝之后水泥浆硬化特别快。

用快硬水泥配制的修补混凝土比普通混凝土具有更好的塑性，并且泌水少，所以它具有良好的易修整性。但由于快硬水泥的凝结时间较快，且初凝时间和终凝时间间隔很短，所以修补施工时必须十分注意掌握好混凝土表面的养护和抹光时间。

此外，快硬水泥混凝土具有较大的黏塑性，混凝土坍落度损失快，所以修补时要精心施工，以防产生孔洞。

③ 强度。快硬水泥混凝土的强度发展，对环境温度较为敏感。5 ℃时，混凝土14 h前基本没有强度，24 h也只有5.8 MPa的抗压强度，抗折强度在1.0～1.5 MPa间；20 ℃时，混凝土8 h就可获得5.4 MPa的抗压强度，24 h抗压强度可达20.2 MPa，抗折强度可达3.5～4.0 MPa；30 ℃时，混

凝土 8 h 就可获得 11.0 MPa 的抗压强度和 2.7 MPa 的抗折强度，24 h 抗压强度可达 28.5 MPa，抗折强度可达 5.0 MPa。

采用快硬水泥进行混凝土路面修补，如以老混凝土设计强度的 80%作为修补混凝土的通车强度要求，施工环境温度在 5～20 ℃时，混凝土路面修补后约需 3 d 时间可投入使用；20～30 ℃时，混凝土路面修补后需 1～2 d 时间可投入使用。

快硬水泥的抗折强度一般是抗压强度的 1/5～1/6，其弹性模量与普通混凝土相比，稍小一些。

④ 干缩率。快硬水泥的早期干缩率比普通混凝土稍大一些，但后期反而变小，所以在一般情况下，可以认为快硬硅酸盐水泥的干缩率与普通水泥混凝土基本相同。考虑到混凝土的收缩大，修补时应注意及时养护。

⑤ 其他性能。快硬水泥的抗渗性、吸水性均与普通硅酸盐水泥相同。它的颜色和普通水泥几乎一样，都呈灰色。它的耐久性、安定性和长期强度等性能均与普通硅酸盐水泥一样是可以信赖的。

(3) 注意事项。

① 快硬硅酸盐水泥因其比表面积大，可能有易于风化的趋势。

② 与普通混凝土一样，干缩率大，新老混凝土黏结力差。

③ 初期水化速度快。混凝土内部温度容易升高，这就存在着因温度应力而产生裂缝的危险，所以在使用它进行快速修补时，事先要考虑周密。同时，施工季节也要适宜，应尽可能避免在夏季高温期施工。

④ 混凝土配合比设计时，水灰比应控制在合适的范围内(0.45～0.55)。混凝土的含砂率不必太高，即使比普通混凝土减少 2%～4%，也同样能配制出和易性良好的混凝土。

3. 聚合物水泥砂浆和混凝土

聚合物水泥砂浆和混凝土主要包括两大类：一是直接在水泥砂浆和混凝土搅拌时掺入聚合物配制成的混凝土；二是聚合物浸水泥砂浆和混凝土。后者需要加热处理，工艺较复杂。适用于水泥混凝土路面修补的主要是掺聚合物水泥砂浆和混凝土，另外还有环氧改性水泥砂浆。

(1) 掺聚合物乳液的水泥砂浆和混凝土。

聚合物固体用表面活性剂分散成为微细的球形颗粒(粒径为 0.05～1 μm)，悬浮于水中即得聚合物乳液。所用聚合物有天然橡胶、合成橡胶、热塑性树脂、热固性树脂、沥青与石蜡等。乳液的浓度通常按质量计为 40%～60%。

在掺聚合物乳液时，必须注意聚合物粒子的电性与浆体中的水泥粒子电性一致。水泥粒子通常是不带电的，因此要尽可能选择由正离子表面活性剂制成的聚合物乳液。

常用的有天然橡胶乳液(由橡胶树汁浓缩加入稳定剂、消泡剂与防老剂等制成)、合成橡胶乳液(由某些单体聚合物制成)、热塑性聚合物乳液等。

聚合物乳液细粒式混凝土可用高分子聚合物乳液和碎石混凝土配制成。对具有高早强要求的聚合物乳液细粒式混凝土可掺入适量的早强剂。适合于配制聚合物乳液细粒式混凝土的高分子聚合物乳液有环氧树脂乳液、丙烯酸酯乳液、苯丙乳液等，掺量宜为 10%～15%(占细粒式混凝土用水泥重量百分率)。混凝土坍落度以 0.5～1.50 cm 为宜。

聚合物在水泥砂浆和混凝土中最佳掺量为 10%～20%。在此掺量范围内，水泥混凝土的抗折强度、黏结性能、防水性能、抗冲击、耐磨性等均有明显改善。

掺聚合物乳液的水泥砂浆和混凝土的主要优点可归结为如下几点。

① 拌和后的砂浆和混凝土流动性好，用水量较普通水泥砂浆和混凝土低。

② 当聚合物掺量为10%～20%时，与普通水泥砂浆和混凝土相比，抗拉、抗折强度可提高150%～1 000%，抗压强度与延伸能力也有所提高。

③ 与老混凝土黏结力强，以掺聚醋酸乙烯酯溶液的水泥砂浆为例，它与老混凝土的黏结强度相比，高于普通水泥砂浆和混凝土9～10倍。

④ 由于聚合物填塞了硬化体中的孔隙，加强了水泥石与集料的黏结，其抗渗、抗冻、耐腐蚀性能均有显著提高。

⑤ 与普通水泥砂浆和混凝土相比，聚合物水泥砂浆和混凝土的抗冲击性可提高数倍至十几倍，耐磨性也可提高十几倍至几十倍。

⑥ 干缩率随聚合物掺量增大而减小，但因聚合物种类与养护条件而定。

(2) 掺水溶性聚合物的水泥砂浆和混凝土。

聚合物以水溶液的形式加入水泥砂浆和混凝土中。可加入水泥砂浆和混凝土中的水溶性聚合物有酚醛、脲醛、环氧、聚乙烯醇、密胺甲醛(三聚氰胺与甲醛的缩合物)、聚乙烯基呋喃树脂等。用得较多的是水溶性环氧。水溶性聚合物的常用掺量为1%～2%(与水泥质量的百分比)。

掺水溶性聚合物的水泥砂浆和混凝土既可在空气中硬化，也可在潮湿条件下和水中硬化，这一特性很适合水泥混凝土路面的修补，即采用该材料修补后无需再进行保湿养护。

在水泥砂浆和混凝土中掺入水溶性聚合物后，抗压强度可提高15%～30%，抗拉强度提高1.5～2倍。掺水溶性聚合物的水泥砂浆与素砂浆相比，徐变可减少20%，静压弹性模量增大10%。水溶性聚合物对水泥浆起塑化作用，当保持和易性不变时，可使砂浆的水灰比由0.42降至0.29。

在水泥砂浆和混凝土中掺入水溶性聚合物，其水泥石的孔隙率可下降10%～20%，砂浆和混凝土的抗冻性和抗渗性明显提高，黏结性能及抗冲击、耐疲劳与耐化学腐蚀等性能均能得到明显改善。

4. 纤维增强水泥混凝土

为克服水泥混凝土抗折强度低、抗裂性差、脆性大的缺点，在水泥混凝土中掺入一定数量的纤维，通过纤维增强，提高混凝土的抗拉、抗剪、抗折、抗冲击强度，降低脆性。

纤维增强混凝土同时也是水泥混凝土路面板块修补使用的材料之一。

常用增强纤维有石棉、玻璃纤维、钢纤维以及其他纤维。

玻璃纤维增强水泥混凝土，在水泥混凝土路面的修补中用得不多，主要是纤维与水泥混凝土的混拌不宜均匀，生产较为困难。

用于钢纤维水泥混凝土中的钢纤维必须洁净、无锈、无油污、无毒，并不含其他杂质和碎屑。纤维极限抗拉强度应大于500 MPa，长径比以50～80为宜。

钢纤维水泥混凝土纤维体积率以1%～1.5%为宜，含砂率以45%～50%为宜，水灰比宜控制在0.50以内。为降低混凝土水灰比，改善其和易性，宜在混凝土中掺适量的高效减水剂。

5. JK系列混凝土快速修补剂

为提高混凝土路面的修补质量，国内一些单位相继开发出了性能良好的水泥混凝土快速修补剂。江苏省建筑科学院研制成功的JK系列混凝土快速修补剂，克服了传统修补材料的一系列弊端，不仅有快硬高早强的特点，而且收缩小，与老混凝土黏结力强、耐磨、耐久，是目前国内较为理想的混凝土新型快速修补剂。JK系列混凝土快速修补材料，根据其强度性能分为JK-4

型、JK-10 型和 JK-24 型。

（四）水泥混凝土路面罩面材料

对出现严重裸石的水泥混凝土路面，可采用罩面的方法进行修补。

罩面修补材料的主要要求是：①与老混凝土黏结力强；②材料抗折、抗压强度满足行车要求；③材料耐磨性能高；④材料耐蚀，不易老化。

1）聚合物乳液水泥砂浆和混凝土

为提高罩面材料与老混凝土的黏结性能，除必须在修补混凝土表面上做打毛等必要的表面处理外，还应在表面处理过的洁净混凝土面上先用聚合物乳液作为界面剂涂刷，然后再浇筑聚合物乳液水泥砂浆和混凝土。

2）钢纤维水泥砂浆

用钢纤维配成钢纤维增强水泥砂浆或钢纤维增强细石混凝土，对损坏的水泥混凝土路面进行罩面修补，具有较好的应用效果。

影响钢纤维水泥砂浆性能的主要因素是钢纤维水泥砂浆的配合比，即钢纤维体积率、长径比、水泥砂浆配合比。

3）沥青混凝土

用于水泥混凝土路面罩面修补的大多是细粒式沥青混凝土，这种材料的石子粒径较小，石子最大粒径为 10 mm～15 mm。

沥青混凝土对石料的要求较高，用于修补的集料必须是干净、含泥量低于 1%、强度为 1 级的石料。集料的种类以石灰石为好，因为它与沥青有着良好的黏附性。集料的级配可参照普通沥青混合料得集料级配要求确定。

沥青混凝土罩面的最大问题是：老混凝土缺陷的反射和与混凝土间的黏结。为防止或延缓老混凝土缺陷的反射，可在混凝土接缝或已处理过的缺陷处铺上土工布或玻纤格栅，然后再铺混凝土罩面。

4）板下封堵灌浆材料

板下脱空，但板面尚未损坏时，为稳定基层，需进行板下灌浆。灌浆材料主要技术指标依据早期通车要求确定。

(1) 板底脱空灌浆材料，宜选择流动性高，具有一定微膨胀能力的水泥砂浆或水泥浆。主要技术性能应达到如下要求。

① 具有自流淌密实性。

② 早期具有一定微膨胀性能，砂浆 14 d 水养护膨胀率大于 0.02%。

③ 凝结时间适中，初凝时间不早于 2 h，终凝时间不超过 3.5 h。

④ 早强高，12 h 抗压强度应达到 3.5 MPa。

板下封堵灌浆材料一般宜采用水泥砂浆，也可采用水泥浆。

(2) 板下封堵用水泥砂浆由水泥、砂、外掺剂和水混拌而成。板下封堵用水泥砂浆的原材料应符合如下规定。

① 水泥宜选用 42.5 号或 52.5 号普通硅酸盐水泥，水泥各项性能符合《硅酸盐水泥、普通硅酸盐水泥》(GB 175—1999)规定。

② 砂宜选用粒径小于 3 mm 的优质河砂，砂的含泥量应小于 2%。

③ 外掺剂宜选用具有减水、早强、微膨功能的混凝土快速修补剂。

④ 水宜选用洁净的河水或饮用水。

在有条件的地方，也可选用部分Ⅱ级粉煤灰超量取代水泥。

(3) 板下封堵用水泥浆由水泥、粉煤灰、外橡剂、水混拌而成。板下封堵用水泥浆的原材料应符合如下规定。

① 水泥宜选用 42.5 号或 52.5 号普通硅酸盐水泥，水泥各项性能符合《硅酸盐水泥、普通硅酸盐水泥》(GB 175—1999)规定。

② 粉煤灰宜选用Ⅱ级粉煤灰。

③ 外掺剂宜选用具有减水、早强、微膨功能的混凝土快速修补剂。

④ 水宜选用洁净的河水或饮用水。

复习思考题

1. 常见的水泥混凝土路面的病害有哪些？
2. 水泥混凝土路面上宽度小于 3 mm 的裂缝应该如何处理？
3. 唧泥病害应如何处理？
4. 水泥混凝土加铺层的加铺方式有哪几种？
5. 水泥混凝土路面的接缝补强材料有哪几种？

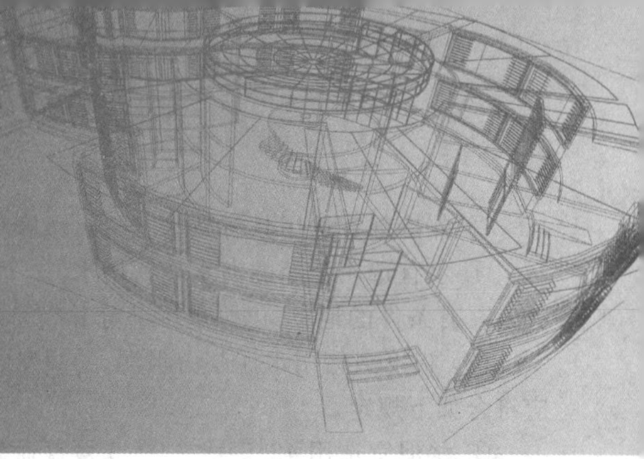

学习情境 5 桥涵构造物养护与维修

【学习目标】

1. 知识目标

（1）掌握桥涵的经常性检查、定期检查的方法和技术；

（2）掌握桥面系检查的要点；

（3）熟悉桥梁检验的相关试验方法；

（4）掌握桥涵常见的病害的养护与维修施工技术；

（5）熟悉桥涵构造物的预防性养护措施。

2. 能力目标

（1）能根据技术规范进行桥梁的一般评定，提出养护建议；

（2）能根据桥涵出现的不同病害提出针对性的施工养护措施。

◈ 引导案例

桥梁的安全关系到人民群众的生命财产安全，近几年运营中的桥梁垮塌给我们敲响了桥梁养护的警钟。2010 年，我国公路危桥 9.35 万座，危桥数量居高不下，公路桥梁安全状况不容乐观。据统计，我国拥有桥梁 65.8 万座，总计 30 483 094 延米，已经超越美国（约 62 万座），成为桥梁第一大国。根据规划，到 2020 年左右，我国公路桥梁将达到 80 万座。

桥梁营运过程中，由于频繁承载，甚至超载，再加上自然因素（如雨、雪等）的影响，以及交通事故等人为事端的侵袭，会造成桥梁损伤和局部破坏。随着使用年限的增加，桥梁的损伤种类和损伤部位会越来越多，其程度也会越来越严重。如果因设计和施工的原因导致一座先天不足的桥梁，运营中则会问题不断，难以维持正常使用状态。因此，桥梁结构的耐久性问题和养护维修工作越来越显得重要。只有认真地、不断地对桥梁结构的病害进行养护维修才能保持桥梁的各组成部分处于健康状态，确保桥梁抵抗自然灾害的能力。应在保证安全运营的同时，最大限度的实现和延长桥梁的设计和使用寿命。

同样，一些涵洞年久失修，有的变得坑洼不平，有的已经不能满足交通的需求，有的因大雨影响，发生内部坍塌，造成涵洞上面土方及路面整体塌陷，甚至造成人员伤亡。因为涵洞在公路交通中处于相当的重要位置，这些难行的涵洞就像一只无形的手，已经“轻轻扼住”了公路交通的咽喉，让老百姓在这里放慢了脚步。

为保证公路畅通无阻，应尽量保证桥涵构造物处于完好的技术状态，延长其使用年限，满足承载力和通行能力要求，因此对桥涵构造物进行经常性的养护维修是十分必要的。桥涵构造物不能满足实际承载能力及通行能力要求时，需对其进行必要的加固、拓宽等技术改造。

桥涵构造物的养护维修主要是对危害桥涵正常运营的部分进行经常性的修缮工作，如保持桥面清洁、伸缩缝完好并能伸缩自由以及疏通泄水孔、铺砌加固涵洞进出口等。

一、桥涵养护与修理工作范围

(1) 技术检查与检验。

(2) 建立和健全完整的桥涵技术档案。

(3) 桥涵构造物的安全防护。

(4) 桥涵构造物的经常保养、维修与加固。

二、桥涵养护与修理工作规定

(1) 公路桥涵养护应符合下列要求。

① 桥涵外观整洁。

② 桥面铺装坚实平整、横坡适度。

③ 桥头顺适。

④ 排水、伸缩缝、支座、护墙、栏杆、标线等设施齐全良好。

⑤ 结构无损坏。

⑥ 基础无冲刷、淘空。

⑦ 与路基不同宽度的小桥，应逐步改建成与路基同宽。

(2) 公路桥涵养护工作应贯彻“预防为主，防治结合”的方针，以桥梁结构安全为中心、以承重部件为重点加强全面养护。

(3) 应加强桥涵的日常巡查。桥涵日常巡查是桥涵日常工作的重要内容之一，应予以充分重视，发现隐患或病害应及时处置。

(4) 桥涵构造物的养护，应首先使原结构保持原设计汽车荷载等级的承载要求及设计交通量的通告要求。

(5) 桥涵养护工程应重视经济技术方案的比选，并充分利用原有工程材料和原有工程设施，以降低成本。

(6) 桥梁管养单位应对辖区内所有桥梁建立“桥梁基本状况卡片”，将有关信息输入数据库，建立信息化档案。

(7) 为利于分析判断桥梁可能发生的病害原因，应在结构正常状况时设置永久性控制检测点。

(8) 加强桥涵档案管理工作。

三、桥涵养护工程分类

1. 小修保养

1) 保养

(1) 清除污泥、积雪、积冰、杂物，保持桥面清洁。

(2) 疏通涵管及桥下河槽。

(3) 伸缩缝养护,泄水孔疏通,钢支座加润滑油,栏杆油漆。

(4) 桥涵的日常养护。

2) 小修

(1) 局部修理、更换桥栏杆及修理泄水孔、伸缩缝、支座和桥面的局部轻微损坏。

(2) 修补墩、台及河床铺底和防护圬工的微小损坏。

(3) 涵洞进出口铺砌的加固修理。

(4) 通道的局部维修和疏通修理排水沟。

2. 中修工程

(1) 修理、更换木桥的较大损坏构件及防腐。

(2) 修理更换中小桥支座、伸缩缝及个别构件。

(3) 大中型钢桥的全面油漆除锈和各部件的检修。

(4) 永久性桥墩、台侧墙及桥面的修理和小型桥面的加宽。

(5) 重建、增建、接长涵洞。

(6) 桥梁河床铺底或调治构造物的修复和加固。

(7) 通道的修理与加固。

(8) 排水设施的更换。

(9) 各类排水泵站的修理。

3. 大修工程

(1) 在原技术等级内加宽、加高、加固大中型桥梁。

(2) 改建、增建小型桥梁和技术性简单的中桥。

(3) 增建、改建较大的河床铺底和永久性调治结构物。

(4) 吊桥、斜拉桥的修理与个别索的调整更换。

(5) 大桥桥面铺装的更换。

(6) 大桥支座、伸缩缝的修理更换。

(7) 通道改建。

4. 改建工程

(1) 提高公路技术等级,加宽、加高大中型桥梁。

(2) 改建、增建小型立体交叉。

(3) 增建公路通道。

(4) 新建渡口的公路接线码头引线。

四、桥梁养护的技术政策

(1) 公路桥涵养护工作应贯彻“预防为主,防治结合”的方针,以桥梁结构安全为中心,以承重部件为重点加强全面养护。

(2) 推广应用先进的养护技术和科学的管理办法,改善养护手段,提高养护技术水平,采用先进公路桥涵养护机械。

(3) 公路桥涵的养护按其工程性质、规模大小、技术难易程度划分为小修保养、中修、大修、改建四类。

(4) 建立并执行公路桥梁养护管理工作制度，加强桥梁的检查、维修、加固和改建，逐步消灭危桥，并及时处理废桥、碍洪桥，以及改建加宽宽路窄桥和不符合公路荷载等级的桥梁。

(5) 重视环境保护和综合治理，保护河道自然平衡，保护景观和文物古迹，防止河道变迁和环境污染。

(6) 桥涵养护工程应重视经济技术方案的比选，并充分利用原有工程材料和设施，以降低成本。

任务1 桥梁检查、评定与检验

一、工作任务

熟悉桥梁检查的分类，掌握经常性检查、定期检查，熟悉特殊检查；掌握桥面铺装、伸缩缝装置、桥面排水设施，熟悉栏杆、扶手及人行道的检查。掌握桥面附属设备、桥梁上部结构、基本构件缺陷的检查方法，熟悉梁式桥横向联系的检查方法；掌握拱桥、支座及桥梁墩台与基础的检查方法。熟悉桥梁技术状况的评定和分类方法、桥梁技术状况评定流程及评定方法和标准、桥梁检验桥梁检验的准备工作、桥梁结构检算、桥梁静、动载试验。

二、相关配套知识

桥梁的检查与检验是桥梁养护工作的两个重要环节，也是桥梁养护的基础性工作。对桥梁进行检验与检查，目的在于系统地掌握桥梁的技术状况，较早地发现桥梁的缺陷和异常，进而提出合理的养护措施。

（一）桥梁检查

1. 桥梁检查的分类

桥梁检查分为经常检查、定期检查和特殊检查。

1) 经常检查

经常检查也叫一般检查，主要对桥面设施和桥台附属构造的技术状况进行日常巡视检查，及时发现缺损，进行小修保养工作。

桥梁的经常检查至少每月进行一次，汛期要加强检查。经常检查一般采用巡视目测方法，当场填写《公路桥涵养护规范》(JTG H11—2004)要求的“桥梁经常检查记录表”，登记检查项目的缺损类型、估计缺损范围及养护工作量，提出相应的小修保养措施，并组织实施。桥梁的经常检查包括如下内容。

(1) 外观是否整洁，有无杂物堆积，是否有杂草蔓生。构建表面的涂装层是否完好，有无损坏、老化变色、开裂、起皮、剥落、锈蚀。

(2) 桥梁铺装是否完整，有无裂缝、局部坑槽、积水、沉陷、波浪、碎边；混凝土桥面是否有剥离、渗漏；钢筋是否露筋、锈蚀；缝料是否老化、损坏；桥头有无跳车。

(3) 排水设施是否良好，桥面泄水管是否堵塞和破损。

(4) 伸缩缝是否堵塞卡死，连接部件有无松动、脱落、局部破损。

(5) 人行道、缘石、栏杆、扶手、防撞护栏和引道护栏有无撞坏、断裂、松动、错位、缺件、剥落、锈蚀。

(6) 观察桥梁结构有无异常变形、异常的竖向振动、横向摆动等情况，然后检查各部件的技术状况，查找异常原因。

(7) 支座是否有明显缺陷；活动支座是否灵活，位移量是否正常。

(8) 桥位区段河床冲淤变化的情况。

(9) 基础是否受到冲刷损坏、外露、悬空、下沉；墩台及基础是否受到生物腐蚀。

(10) 墩台是否受到船只或漂浮物撞击二次受损。

(11) 翼墙(侧墙、耳墙)有无开裂、倾斜、滑移、沉降、风化剥落和异常变形。

(12) 锥坡、护坡、调治构造物有无塌陷，铺砌面有无缺损、勾缝脱落、灌木杂草丛生。

(13) 交通信号、标志、标线、照明设施以及桥梁其他附属设施是否完好。

(14) 是否有其他显而易见的塌坏或病害。

2) 定期检查

定期检查也叫详细检查，桥梁的定期检查是桥梁养护管理系统中，采集结构技术状况动态数据的工作，为评定桥梁使用功能、制订养护计划提供基本数据。

按规定周期，由实践经验丰富的专职桥梁养护工程师参与，对桥梁主体结构及其附属构造物的技术状况进行全面检查，主要检查各部件的功能是否完善有效、构造是否合理耐用，发现问题需及时进行大修、中修，以改善或限制交通的桥梁缺损状况。同时，还需检查小修保养状况。

定期检查以目测为主，辅以必要的测量仪器、望远镜、照相机、探查工具和现场器材等设备，必须接近或进入各部件以仔细检查其功能材料的缺损状况，并在现场完成以下工作。

(1) 现场校核桥梁基本数据并填写有关的表格、卡片，记录各部件缺损状况并做出技术状况评分。

(2) 实地判断缺损原因，估定维修范围及方式。

(3) 对难以判断损坏原因和程度的部件，提出特殊检查(专门检验)要求。

(4) 对损坏严重、危及安全运行的危险桥梁，提出暂时限制交通的建议。

(5) 根据桥梁的技术状况，确定下次检查时间。

定期检查的时间应符合下列规定。

(1) 新建桥梁交付使用 1 年后，进行第一次全面检查。

(2) 桥梁检查周期一般为 3 年，可视被检桥梁技术状况确定，每 1～5 年检查一次。

(3) 临时桥梁每年检查不少于一次。

(4) 在经常检查中发现的重要部(构)件的缺损明显达到三、四、五类技术状况时，应立即安排一次检查。

定期检查工作应按规范程序进行,工作流程如图 5.1.1 所示。

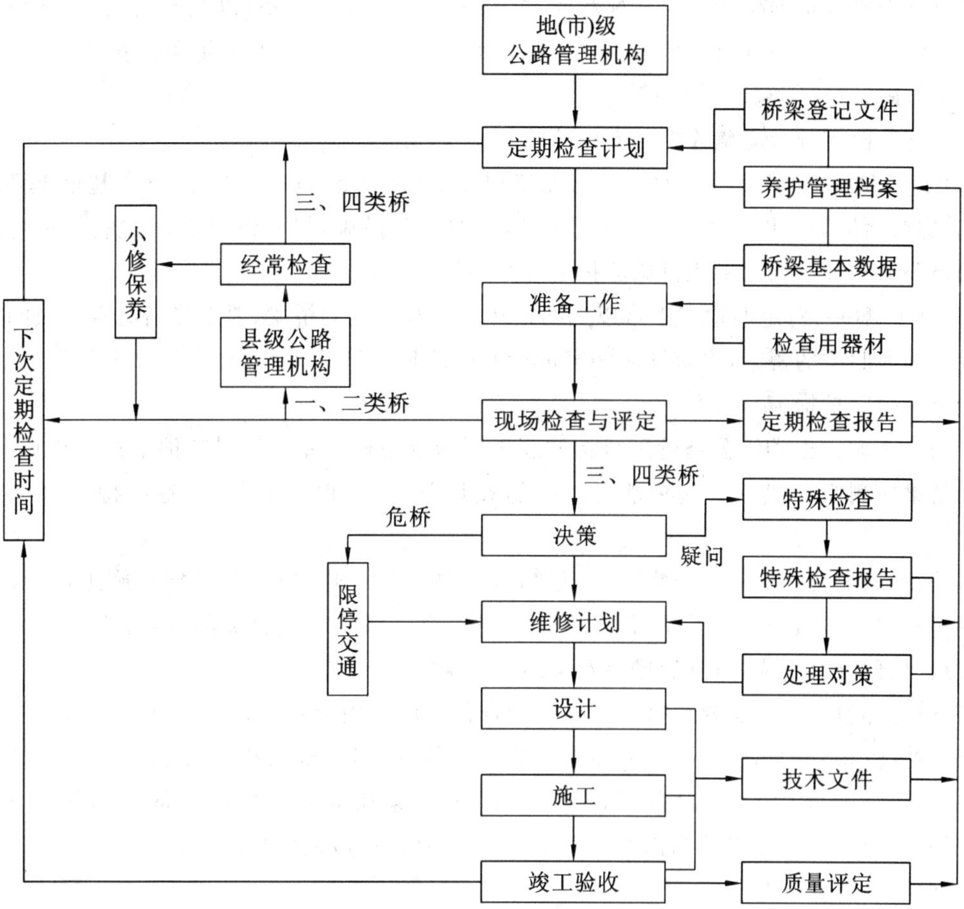

图 5.1.1　公路桥梁定期检查工作流程

桥梁定期检查后应整理提出检查文件,并符合下列要求。

(1) 桥梁定期检查数据表。每天检查的现场记录,应在次日整理并填写好每座桥梁定期检查数据表。

(2) 典型缺损和病害的照片及附录说明,主要说明缺损的部位、类型、性质、范围、数量和程度等。

(3) 每座桥梁应有两张总体照片,一张为桥面正面照片,另一张为桥梁上游侧立面照片。桥梁改建后应重新照一次。

(4) 桥梁清单。

(5) 桥梁基本状况卡片。定期检查完成后,应将本次检查的桥梁各部件技术状况评定结果登记在桥梁卡片内。

(6) 提出定期检查报告,应包括下列内容:①辖区内所有桥梁的保养小修情况;②需要大中修或改善的桥梁计划,说明修理的项目,拟用修理方案,估计费用和实施时间;③需要特殊检查的桥梁的报告,说明检验的项目及理由;④需限制交通的桥梁的建议报告。

3）特殊检查

桥梁特殊检查根据桥梁破损状况和性质，采用适当的仪器设备，以及现场勘探、试验等特殊手段和科学分析方法，查明桥梁病害原因、破损程度和承载能力，确定桥梁的技术状态，以便采取相应的加固、改善措施。

桥梁特殊检查分为应急检查和专门检验。

（1）应急检查：桥梁遭受洪水、流冰、漂流物、船舶撞击及滑坡、地震、风灾和超重车辆通过之后，应立即对结构做详细检查，查明破损状况，采取应急措施，尽快恢复交通。应急检查通常由地（市）级公路管理机构的专职桥梁养护工程师主持。

（2）专门检验：对定期检查中难以判明损坏原因及程度的桥梁、要求提高载重等级的桥梁以及技术状况为四类的桥梁，要求针对病害进行专门的现场试验检测、验算与分析等鉴定工作，以便采取有效的养护措施。

专门检查通常由省级公路管理机构的总工程师或授权的专职桥梁养护主管工程师主持，委托公路桥梁检测中心或具有这种能力的科研设计单位、工程咨询单位，签订特殊检查合同后实施。

实施特殊检查前，应充分收集资料，包括计算书、竣工图、材料试验报告、施工记录、历次桥梁定期检查和特殊检查报告以及历次维修资料等，原资料不全或有疑问时，可现场测绘构造物尺寸、测试构件材料组成及性能、勘察水文地质情况等。

特殊检查之后，应提交检查报告。检查报告包括以下内容：①概述检查的一般情况，包括桥梁的基本情况、检查的组织、时间、背景和工作过程等；②当前桥梁技术状况的描述，包括现场调查、试验与检测项目及方法、检测数据与分析结果和桥梁技术状况评价等；③详细阐述检查部位的损坏原因及程度，并提出结构构件和总体的修理、加固或改造的建议方案。

2. 桥面系检查

1）桥面铺装的检查

桥面铺装的检查首先是调查桥面铺装的类型，然后检查铺装层存在的主要缺陷。

目前永久性公路桥梁常用的桥面铺装有两大类，即沥青桥面铺装和水泥混凝土桥面铺装。沥青桥面铺装的主要缺陷与损伤现象有：轻微裂缝（发状或条状）、严重裂缝（龟裂、纵、横裂缝）、坑槽、车辙、拥包、泛油、磨光和起皮等。水泥混凝土桥面铺装的主要缺陷与损伤现象有裂缝、剥落、坑洞和磨光等。

2）伸缩缝装置的检查

伸缩缝装置的缺陷首先有可能导致跳车，影响行车舒适，引起司机心里不快，从而造成交通事故。

伸缩缝装置的检查主要是通过目测，必要时用直尺测量破坏的范围，并在记录中详细描述缺陷的形式。

对U形伸缩缝，主要检查伸缩缝是否堵死，缝内的沥青是否挤出或冷缩，锌铁皮是否拉脱。对钢制梳形板式伸缩缝，主要检查钢板是否破坏，伸缩缝间隙是否被石块等杂物卡死，连接螺栓是否损坏。对目前使用较多的橡胶伸缩缝，则主要检查橡胶件的剥离、损坏或老化状况，锚固螺栓是否失效，伸缩缝是否有下陷或凸起等缺陷。

最近又出现了一种新型伸缩缝装置，有的称其为填充型伸缩缝，也有称为弹塑性体伸缩缝。这类伸缩缝在使用过程中主要检查填充体（或弹塑性体）与桥面铺装或梁体黏结是否有效、可靠，填充体范围内的平整度是否满足要求等。

各种伸缩缝装置本身的缺陷主要是容易产生漏水，从而加速支座和结构本身的损坏。因此，在雨雪后，宜对伸缩缝装置安排较为详细的检查。

3）桥面排水设施的检查

桥面排水设施的检查主要是检查桥面泄水管槽有无破损、堵塞及桥下是否漏水。

桥面排水设施的缺陷在降雨、化雪时最易观察，因此最好在此时检查，也可在雨后进行。

桥面排水设施的缺陷往往导致桥面积水，降低桥面摩擦系数，引起车辆打滑。同时，积水通过桥面铺装裂缝或伸缩缝缺陷浸入桥梁主要承重结构，进而影响这些承重结构的耐久性。

4）栏杆、扶手及人行道的检查

栏杆、扶手及人行道的检查主要是检查人行道、缘石、栏杆混凝土有无剥落、裂缝、露筋，扶手、立柱是否松动、脱裂、缺件等。

5）桥面附属设备的检查

如果桥梁上设有标志牌、照明设备或过桥管线，则应检查标志牌是否醒目、齐备，照明设施是否满足使用要求，过桥管线是否有漏水、漏油、漏气等现象，通信电缆及电线绝缘性能是否安全可靠。

3. 桥梁上部结构的检查

桥梁上部结构是桥梁的主要承重结构，由梁、板、拱肋等基本构件组成。

1）桥梁基本构件缺陷的检查

桥梁基本构件的缺陷一般出现于施工或使用过程中。对钢筋混凝土桥梁上部结构的基本构件，主要检查构件表面是否存在以下现象。

（1）混凝土局部酥松、砂浆少、集料多，且骨料之间有空隙，形成蜂窝状孔洞。

（2）混凝土表面缺浆、粗糙，或有许多麻面形成。

（3）空洞现象，常发生在钢筋密集处或预留孔洞或预埋件处。

（4）露筋现象，即构件的主筋或箍筋无保护层而外露。

（5）保护层剥落。

（6）缝隙夹层，即施工缝处混凝土结合不好，有缝隙或夹有杂物。

（7）构件表面裂缝。

上述(1)～(7)一般可简单地通过目测或用超声波进行检测。而混凝土裂缝则一般应检查裂缝发生的位置、形态、发展长度、宽度及裂缝数量，除裂缝的宽度需用仪器检查外，其他项目一般可目测进行。

裂缝宽度一般用刻度放大镜（或称为读数显微镜）量测，目前常用 JDX-3 型，放大倍数为 20 倍，测量精度为 0.01 mm。

检查裂缝的方法为：①在裂缝的起点及终点用红油漆或红粉笔与裂缝垂直画线，同时也可在裂缝附近沿裂缝延伸方向划细线，以标明裂缝的形态和发展长度；②在标注的裂缝上，选择目测裂缝宽度较大的位置用刻度放大镜量测裂缝的宽度；③量出主要裂缝宽度后，将裂缝的位置、走向、长度、分布情况及特征用坐标法绘制裂缝展开图。

各类混凝土桥梁上部结构的裂缝检查的重点部位如表 5.1.1 所示，各类恒载裂缝不应超过表 5.1.2 的规定，否则应进行修补。

表 5.1.1　裂缝检查部位

桥　型	检查部位	桥　型	检查部位
简支梁	跨中、四分点、支点	双曲拱	主拱圈(跨中、四分点、$3L/4$、拱脚)
连续梁	跨中、反弯点处(约为跨径的1/5处)、支点		拱上建筑(侧墙、腹拱)
悬臂梁	支点、牛腿	桁架拱	桁片的受拉弦杆、腹杆,实腹段,节点、拱脚处

表 5.1.2　裂缝限值

<table>
<tr><th>结构类型</th><th colspan="3">裂缝种类</th><th>允许最大缝宽/mm</th><th>其他要求</th></tr>
<tr><td rowspan="5">钢筋混凝土梁</td><td colspan="3">主筋附近竖向裂缝</td><td>0.25</td><td></td></tr>
<tr><td colspan="3">腹板斜向裂缝</td><td>0.30</td><td></td></tr>
<tr><td colspan="3">组合梁结合面</td><td>0.50</td><td>不允许贯通接合面</td></tr>
<tr><td colspan="3">横隔板与梁体端部</td><td>0.30</td><td></td></tr>
<tr><td colspan="3">支座垫石</td><td>0.50</td><td></td></tr>
<tr><td rowspan="2">预应力混凝土梁</td><td colspan="3">梁体竖向裂缝</td><td>不允许</td><td></td></tr>
<tr><td colspan="3">梁体纵向裂缝</td><td>0.20</td><td></td></tr>
<tr><td rowspan="3">砖、石、混凝土拱</td><td colspan="3">拱圈横向</td><td>0.30</td><td>裂缝高度小于截面高度一半</td></tr>
<tr><td colspan="3">拱圈横向</td><td>0.50</td><td>裂缝长度小于跨径的1/8</td></tr>
<tr><td colspan="3">拱波与拱肋接合处</td><td>0.20</td><td></td></tr>
<tr><td rowspan="7">墩台</td><td colspan="3">墩台帽</td><td>0.30</td><td rowspan="7">不允许贯通墩身截面一半</td></tr>
<tr><td rowspan="5">墩台身</td><td rowspan="2">经常受浸蚀性水影响</td><td>有筋</td><td>0.20</td></tr>
<tr><td>无筋</td><td>0.30</td></tr>
<tr><td rowspan="2">常年有水,但无浸蚀性水影响</td><td>有筋</td><td>0.25</td></tr>
<tr><td>无筋</td><td>0.35</td></tr>
<tr><td colspan="2">干沟或季节性有水河流</td><td>0.40</td></tr>
<tr><td colspan="3">有冻结作用部分</td><td>0.20</td></tr>
</table>

注:表中所列除特指外适用于一般条件,对潮湿环境和空气中含有较多腐蚀气体等条件下的缝宽限制要求应严格一些。

2) 梁式桥横向联系的检查

基本构件的横向联系是保证桥梁上部结构整体的重要组成部分。对横向联系的检查,一般包括联系本身状况的检查以及与基本构件联结状况的检查。

对有横隔板的梁式桥,主要检查横隔板的损伤裂缝及连接钢板的锈蚀情况;对无横隔板梁式桥,则主要检查桥道板的开裂状况。

3) 桥梁拱桥的检查

拱桥的检查主要是检查拱圈的拱脚、$L/4$(L为跨径)、$3L/4$、拱顶和拱上结构的变形,以及混凝土开裂与钢筋锈蚀等缺损状况。

拱上立柱(或立墙)上下端、盖梁和横系梁应检查混凝土有无开裂、剥落、露筋和锈蚀,下承式拱桥的吊杆上下锚固区的混凝土有无开裂、渗水,吊杆锚头附近有否锈蚀或断裂现象。

双曲拱桥应注意检查拱肋间横向联结拉杆是否松动或断裂,拱波与拱肋接合处是否脱裂,拱波之间砂浆有否松散脱落,拱坡顶是否开裂、渗水等。

圬工拱桥的检查应包括下列内容:① 主拱圈有无变形、灰缝松散脱落、渗水,砌块有无断裂、脱落;② 实腹拱的侧墙与主拱圈间有无脱裂,侧墙角有无变形,拱上填土有无沉陷或开裂;③ 空腹拱的小拱是否变形、错位,立墙或主柱有无倾斜、开裂;④ 砌体表面是否长苔藓,砌缝有否滋生草木。

4) 桥梁支座的检查

桥梁支座主要检查其功能是否完好,组件是否完整、清洁,有无断裂、错位和脱空现象。各种支座的检查应包括下列内容。

① 简易支座的油毡是否老化、破裂或失效。

② 钢板滑动支座和弧形支座是否干涩、锈蚀。

③ 摆柱支座各组件相对位置是否正确,受力是否均匀。

④ 四氟板支座是否脏污、老化。

⑤ 橡胶支座是否老化、变形。

⑥ 盆式橡胶支座的固定螺栓是否被剪断,螺母是否松动。

⑦ 辊轴支座的辊轴是否出现不允许的爬动、歪斜。

⑧ 摇轴支座的辊轴是否倾斜。

⑨ 活动支座是否灵活,实际位移量是否正常。

⑩ 支承垫石是否破碎。

另外,由于支座变形或其他因素的影响,支座上、下的结构也可能出现异常,所以应尽可能同时进行检查。

5) 桥梁墩台与基础的检查

墩台与基础的检查,应包括下列内容。

(1) 有否滑动、倾斜、下沉或冻拔。

(2) 台背填土有无沉降裂缝或挤压隆起。

(3) 混凝土墩台及帽梁有无冻胀、风化、腐蚀、开裂、剥落、露筋等。空心墩的水下通水洞是否堵塞。

(4) 石砌墩台是否有砌块断裂、通缝脱开、变形,砌体泄水孔是否堵塞,防水层是否损坏。

(5) 墩台顶面是否清洁,有无泥土杂物堆积、滋生草木,伸缩缝处是否漏水。

(6) 基础下是否发生不许可的冲刷或掏空现象;扩大基础的地基有无侵蚀;桩基顶段在水位涨落、干湿交替变化处有无冲刷磨损、颈缩、露筋,有无环状冻裂,是否受到污水、碱水或生物的腐蚀。

墩台的变位(包括沉降、位移和倾斜)检查,通常先用目测并结合桥梁上部结构检查进行初步判断。墩台沉降的详细检查用水准仪量测,应以永久水准点为基准并按国家一、二等水准测量规范检查。在墩台上设置固定的铅垂线测点,用经纬仪或吊垂球来测定墩台身的倾斜度。墩台的水平位移可用铟钢线尺丈量或由小三角测量确定跨径，与竣工时的跨径进行比较即可得出水平位移值。有关吊桥及斜拉桥的检查，可参见《公路养护技术规范》(JTG H10—2009)。

（二）桥梁技术状况的评定

1. 评定分类

桥梁评定分为一般评定和适应性评定。

桥梁一般评定是依据桥梁定期检查资料，通过对桥梁各部件技术状况的综合评定，确定桥梁技术状况等级，提出各类桥梁的维护措施。

桥梁适应性评定是依据桥梁定期及特殊检查资料，结合试验与结构受力分析，评定桥梁的实际承载力、同行能力、抗洪能力，并提出桥梁维护方案、改造方案。评定的周期一般为 3～6 年。

2. 桥梁技术状况评定流程

《公路桥梁技术状况评定标准》(JTG/T H21—2011)于 2011 年 9 月 1 日开始实施，评定的流程是：构件评定—部件评定—组成评定—总体评定，详细流程如图 5.1.2 所示。从实际使用来看，构件的评定最为复杂。新的评定标准越来越多地用到量化指标，造成查表工作量越来越大，评定的细则越来越多，计算工作量也很大，建议采用电算程序进行计算。

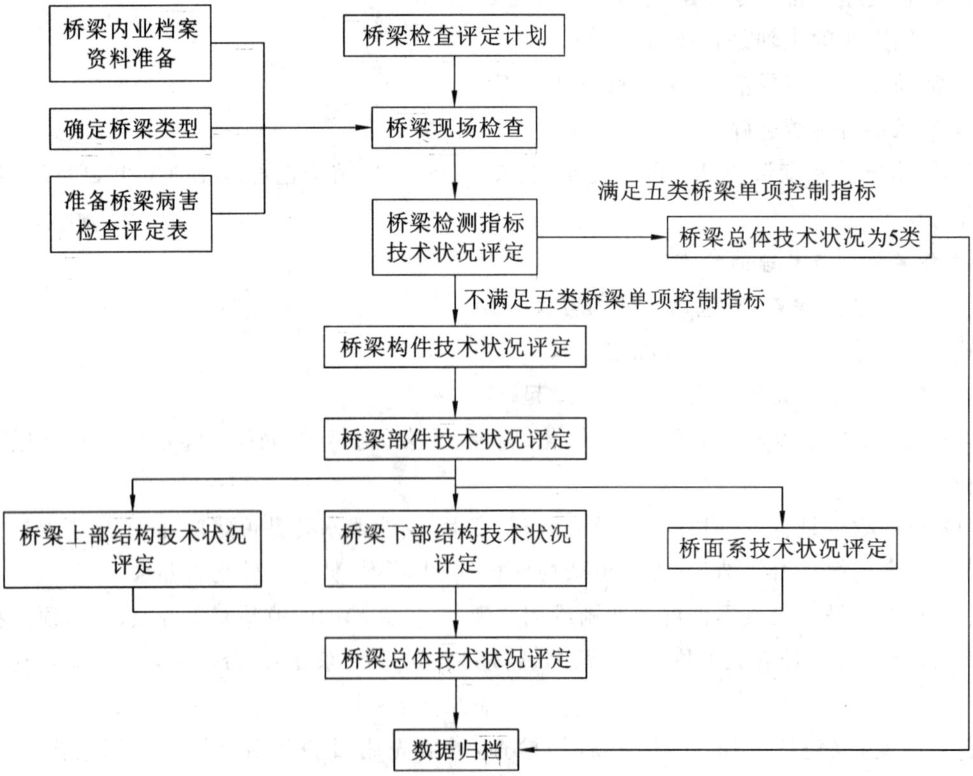

图 5.1.2 桥梁技术状况评定流程图

3. 评定方法及标准

1）桥梁各部件技术评定的方法

（1）根据缺损程度（大小、多少或轻重）、缺损时结构使用功能的影响程度（无、小、大）和缺损发展变化状况（趋向稳定、发展缓慢、发展较快）三个方面，以累加评分方法对各部件缺损状况做出等级评定。评定方法如表5.1.3所示。

表5.1.3　桥梁部件缺损状况评定方法

缺损状况及标度			组合评定标度					
缺损程度及标度		程度	小—大 少—多 轻度—严重					
		标度		0	1	2		
缺损对结构使用功能的影响程度	无、不重要	0				0	1	2
	小、次要	+1				1	2	3
	大、重要	+2				2	3	4
以上两项评定组合标度				0	1	2	3	4
缺损发展变化状况的修正	趋向稳定	−1			0	1	2	3
	发展缓慢	0			1	2	3	4
	发展较快	+1		1	2	3	4	5
最终评定结果			0	1	2	3	4	5
桥梁技术状况及分类			完好	良好	较好	较差	差的	危险
			一类	二类	三类	四类	五类	

注：（1）"0"表示完好状态，或表示没有设置的构造部件。当缺损程度标度为"0"时，不再进行叠加。

（2）"5"表示危险状态，或表示原无设置，而调查表明需要补殴的部件。

（2）重要部件（如墩台与基础、上部承重构件、支座）以其中缺损最严重的构件评分，其他部件，根据多数构件缺损状况评分。

（3）全桥总体技术状况的等级评定应采用考虑桥梁各部件加权系数的综合评定方法，也可以重要部件最差的缺损状况评定，或对照桥梁技术状况评定标准（见表5.1.4）进行评定。各部件加权系数可参见表5.1.5，也可根据当地的环境条件和养护要求，采用专家评估法确定。

2）桥梁技术状况评定标准

根据《公路桥涵养护规范》（JTG H11—2004）的规定，桥梁技术状况评定等级分为一类、二类、三类、四类、五类。桥梁总体及部件技术状况评定标准如表5.1.4所示。

表 5.1.4　桥梁技术状况评定标准

	一类 （完好、良好状态）	二类 （较好状态）	三类 （较差状态）	四类 （很差状态）	五类 （危险状态）
总体评定	1. 重要部件功能与材料均良好； 2. 次要部件功能良好，材料有少量（3%以内）缺损或污染； 3. 承载能力和桥面行车条件符合设计指标	1. 重要部件功能良好，材料有局部（3%以内）缺损或污染，零缝宽小于限值； 2. 次要部件有较多（10%以内）缺损或污染； 3. 承载能力和桥面行车条件达到设计指标	1. 重要部件材料有较多（10%以内）缺损，裂缝宽超限值，或出现轻度功能性病害，但发展缓慢，尚能维持正常用功能； 2. 次要部件有大量（10%～20%）缺损，功能降低。进一步恶化将不利于重要部件和影响正常交通； 3. 承载能力比设计降低 10%以内，桥面行驶不舒适	1. 重要部件材料有大量（10%～20%）缺损，裂缝宽超限值，风化、剥落、露筋、锈蚀严重，或出现轻度功能性病害，且发展较快，结构变形小于或等于规范值，功能明显降低； 2. 次要部件有 20%以上的严重缺损，失去应有功能，严重影响正常交通； 3. 承载能力比设计降低 10%～25%	1. 重要部件出现严重的功能性病害，且有继续扩张现象；关键部位的部分材料强度达到极限，出现部分钢筋断裂、混凝土压碎或杆件失稳变形的破损现象，变形大于规范值，结构的强度、刚度、稳定性和动力响应不能达到平时交通安全通行的要求； 2. 承载能力比设计降低 25%以上
墩台与基础	1. 墩台各部匀完好； 2. 基础及地基状况良好	1. 墩台基本完好； 2. 3%以内的路面有风化、麻面、短细裂缝，缝宽，小于限值，砌体灰缝脱落； 3. 表面长有璃青苔、杂草； 4. 基础无冲蚀现象	1. 墩台 3%～10%的表面有各种缺损裂缝宽超限值，有风化、剥落、露筋、锈蚀现象；砌体灰缝脱落，局部变形等； 2. 出现轻微的下沉、倾斜、滑动等现象，发展缓慢或趋向稳定； 3. 基础有局部冲蚀现象，桩基顶被磨损	1. 墩台 10%～20%的表面有各种缺损，裂缝宽而密，剥落、露筋、锈蚀严重，砌体大面积松动变形； 2. 墩台出现下沉、倾斜、滑动、冻拔现象，变形小于或等于规范值，台背填土有沉降裂缝或挤压隆起，变形发展较快； 3. 基础冲刷大于设计值，基底冲空面在 10%～20%以内。桩基顶段被侵蚀、露筋、缩颈，或有冻裂，木桩腐蚀、蛀蚀严重	1. 墩台不稳定，下沉、倾斜、滑动、冻拔现象严重，变形大于规范值，造成上部结构和桥面变形过大，不能正常行车； 2. 墩台、桩基出现结构性裂缝，裂缝宽度超过限值； 3. 基底冲刷深度大于设计值，冲空面达 20%以上。地基承载能力降低，桥台岸坡滑移

续表

	一类（完好、良好状态）	二类（较好状态）	三类（较差状态）	四类（很差状态）	五类（危险状态）
支座	1. 各部分清洁、完好，位置正确； 2. 支座工作状态正常	1. 支座有尘土堆积，略有腐蚀； 2. 支座滑动面干涩	1. 钢支座固定螺栓松动，锈蚀严重； 2. 橡胶支座开始老化； 3. 混凝土支座有剥落、露筋、锈蚀现象	1. 钢支座的组件出现断裂； 2. 橡胶支座老化开裂； 3. 混凝土支座碎裂； 4. 活动支座坏死，不能活动； 5. 支座上下错位过大，有倾倒脱落的危险	支座错位、变形、破损严重，已失去正常支承功能，使上下部结构受到异常约束，造成支撑部位的缺损和桥面的不平顺
砖、石、混凝土上部结构	1. 结构完好，无渗水，无污染； 2. 次要部位有少量短细裂纹，裂纹宽度小于限值	1. 结构基本完好； 2. 3%以内的表面有风化、麻面、短细裂缝，缝宽小于限值，砌体灰缝脱落； 3. 上、下游侧表面有水迹污染，砌体滋生杂草	1. 结构3%～10%的表面有各种缺损，裂缝宽超限值，有风化、剥落、露筋、锈蚀，桥面板裂缝渗水； 2. 石砌拱桥砌体灰缝脱落，局部松动、外鼓； 3. 横向连接件断裂、脱焊或松动，边梁或边拱肋有横移或外倾迹象	1. 结构10%～20%的表面有各种缺损，重点部位出现接近全截面的开裂，裂缝宽超限值，顺主筋方向有纵向裂缝，钢筋锈蚀和混凝土剥落严重，桥面开裂渗水严重，砌体有较大松动、变形； 2. 结构存在明显的永久变形，变形小于或等于规范值，桥面竖向成波形	1. 结构永久变形大于规范值； 2. 重点部分出现全截面开裂，裂缝宽度超过限值，部分钢筋屈服或断裂，混凝土压碎。主拱圈出现四铰，成不稳定结构； 3. 受压构件有严重的横向扭曲变形； 4. 承载能力比设计降低25%以上
钢结构	1. 各部件及焊缝均完好； 2. 各节点铆钉、螺栓无松动； 3. 各部分油漆均匀、完整，色泽鲜明	1. 各部件完好，焊缝无开焊； 2. 少数节点有个别铆钉、螺栓松动变形； 3. 油漆变色、起泡剥落，面积在10%以内	1. 个别次要构件有局部变形，焊缝有裂纹； 2. 连接铆钉、螺栓损坏在10%以内； 3. 油漆失效面积在10%～20%之间	1. 个别主要构件有扭曲变形、损伤裂纹、开焊、严重锈蚀； 2. 连接铆钉、螺栓损坏在10%～20%之间 3. 油漆失效面积在20%以上	1. 主要构件有严重扭曲变形、开焊，锈蚀削弱截面10%以上，钢材变质，强度性能恶化，油漆失效面积在50%以上； 2. 节点板及连接铆钉、螺栓损坏在20%以上； 3. 结构永久变形大于规范值； 4. 结构振动或摆动过大，行车和行人有不安全感

续表

	一类 （完好、良好状态）	二类 （较好状态）	三类 （较差状态）	四类 （很差状态）	五类 （危险状态）
人行道栏杆	完整清洁、无松动，少数构件局部有细裂纹、麻面	个别构件破损、脱落，3%以内构件有松动、开裂、剥落和污染	10%以内构件有松动、开裂、剥落、露筋、锈蚀、破损、脱落	10%～20%构件严重损坏、错位、变形、脱落、残缺	
桥面铺装、伸缩缝	1. 铺装层完好、平整、清洁，或有个别细裂缝； 2. 防水层完好，泄水管完好、畅通； 3. 伸缩缝完好、清洁； 4. 桥头平顺，无跳车现象	1. 铺装层10%以内的表面有纵横裂缝，浅坑槽、波浪； 2. 防水层基本完好，泄水管堵塞，周围渗水； 3. 伸缩缝局部缺损； 4. 桥头轻度跳车，台背路面下沉在2 cm以内	1. 铺装层10%～20%的表面有严重龟裂、深坑槽、波浪； 2. 桥面板接缝处防水层断裂渗水，泄水管破损、脱落； 3. 伸缩缝普遍缺损； 4. 桥头跳车明显，台背路面下沉2～5 cm	1. 铺装层20%以上表面有严重的破坏，桥面普遍坑洼不平、积水； 2. 防水层老化失效，普遍断裂、渗水、泄水管脱落，泄水孔堵塞； 3. 伸缩缝严重破损、失效，难以修补； 4. 桥头跳车严重，台背路面下沉大于5 cm	
调制构造物	1. 构造设置合理，功能正常； 2. 构造物完好	1. 构造功能基本正常； 2. 构造物局部断裂，砌体松动、变形	1. 构造本身抗洪能力不足，基础局部冲蚀； 2. 构造物20%以内出现下沉、倾斜、局部坍塌	1. 构造本身抗洪能力太低，基础冲蚀严重； 2. 构造物20%以上被破坏，部分丧失功能或功能下降	
翼（耳）墙锥（护）坡	1. 翼（耳）墙完好无损，清洁； 2. 锥（护）坡完好，无垃圾堆积，无草木滋生； 3. 桥头排水沟和行人台阶完好	1. 翼（耳）墙出现个别裂缝，缝宽小于限值，局部剥落，砌体灰缝脱落，面积在10%以内； 2. 锥（护）坡局部塌陷，铺砌缺损，垃圾堆积，草木丛生； 3. 桥头排水沟堵塞不畅通，行人台阶局部塌落	1. 翼墙断裂与桥台前墙脱开，但无明显外倾、下沉、砌体灰缝脱落、局部松动外鼓，面积小于20%； 2. 锥（护）坡出现大面积塌陷，铺砌缺损，形成冲沟或积水坑，坡脚有局部冲蚀； 3. 桥头排水沟和行人台阶损坏，功能降低	1. 翼墙断裂、下沉、外倾失稳，砌体变形，部分严重倒塌； 2. 锥（护）坡体和坡脚冲蚀严重，有滑坡、坍塌，坡顶下降较大，作用明显减小； 3. 桥头排水沟和行人台阶全部损坏，几乎消失	

续表

	一类 (完好、良好状态)	二类 (较好状态)	三类 (较差状态)	四类 (很差状态)	五类 (危险状态)
照明标志、附属设施	完好无缺,布置合理	照明灯泡坏,灯柱锈蚀,标志不正、脱落,附属设施基本完好	灯柱歪斜不正,灯具损坏。标志倾斜损坏,附属设施需保养维修	照明线老化破断或短路,灯柱、灯具残缺不齐,标志损失严重,附属设施需维修与更换	

表 5.1.5　推荐的桥梁各部件权重及综合评定方法

部件	部件名称	权重 W_i	桥梁技术状况评定办法
1	翼墙、耳墙	1	1. 综合评定采用下列算式 $D_I = 100 - \sum_{i=1}^{n} R_i W_i / S$ 式中：R_i——按表 5.1.3 方法对各部件确定的评定标度(0～5)； W_i——各部件权重，$\sum W_i = 100$； D_i——全桥结构技术状况评分(0～100)，评分高表示结构状况好，缺损少。 2. 评分分类采用下列界限 $D_i \geqslant 88$　一类 $88 > D_i \geqslant 60$　二类 $60 > D_i \geqslant 40$　三类 $40 > D_i$　四类、五类 $D_i \geqslant 60$ 的桥梁，并不排除其中有评定标度 $R_i \geqslant 3$ 的部件，仍有维修的需求
2	锥坡、护坡	1	
3	桥台及基础	23	
4	桥墩及基础	24	
5	地基冲刷	8	
6	支座	3	
7	上部主要承重构件	20	
8	上部一般承重构件	5	
9	桥面铺装	1	
10	桥头与路堤连接部	3	
11	伸缩缝	3	
12	人行道	1	
13	栏杆、护栏	1	
14	灯具、标志	1	
15	排水设施	1	
16	调治构造物	3	
17	其他	1	

4. 维护措施

对一般评定划定的各类桥梁,分别采取不同的养护措施:一类桥梁进行正常保养;二类桥梁需要进行小修;三类桥梁需进行中修,酌情进行交通管制;四类桥梁需进行大修或改造,及时进行交通管制,如限载、限速通过,当缺损较严重时应关闭交通;五类桥梁需进行改建或重建,及时关闭交通。

对适应性不能满足的桥梁,应采取提高承载力,加宽、加长基础防护等改造措施;若整个路段有多座桥梁的适应性不能满足，应结合路线改造进行方案比较和决策。

（三）桥梁检验

桥梁专门检验是对桥梁结构及部件的材料质量和工作性能方面所存在的缺损状况进行详细检测、试验、判断和评价的过程。检验的项目主要有以下两方面：①结构材料缺损状况诊断，包括材料损坏程度检测、材料物理和化学性能测试及缺损原因的分析判断；②结构整体性能、功能状况鉴定，包括结构承载能力（强度、刚度和稳定性等）鉴定、桥梁抗洪能力的鉴定。

结构材料缺损状况的检测宜根据缺损的类型、位置和检测的要求，可选择表面测量、无破损检测技术和局部试样等有效、可靠的方法。试样宜在有代表性构件的次要部件获取，检测与评定要依照相应的试验标准进行。采用没有标准依据的检测技术，应事先通过模拟试验，制订适用的检测细则，保证检测结果具有一定的可靠性。

结构整体性能、功能状况鉴定可采用以下两种方法：①根据实际的结构技术状况进行结构验算、水文和水力验算；②当验算结果不满足功能要求或难以确定时，可采用承载力试验鉴定。

1. 桥梁检验的准备工作

检验前应尽量收集有关资料（见表 5.1.6），并做好现场核对工作。

表 5.1.6　桥梁技术资料搜集项目内容简表

类　别	收集资料的主要内容
桥梁概况及历史资料	1. 桥梁所在公路路线名称，跨越河流名称，桥梁全长、孔数、跨径组合、桥面净宽、横坡及纵坡等； 2. 桥梁净空与通航河流等级及其最高洪水位等； 3. 桥梁各部结构形式及建桥材料种类； 4. 桥梁建造年代； 5. 桥梁发生损伤、破坏、事故、水害等的程度及抢修、恢复情况； 6. 建造及修复（包括加固）时所依据的设计标准（包括载重、洪水频率、地震烈度等）； 7. 桥梁营运使用、交通量变化情况； 8. 历年经常维修养护的一般情况，包括经常养护工作中所频繁出现的主要问题和缺陷
桥梁技术资料	1. 建造及加固（包括大修）时的设计资料、竣工图样，预制梁出厂合格证明书； 2. 材料试验、施工记录、设计变更及隐蔽工作检验，竣工验收、总结等资料； 3. 桥梁定期检查的有关记录资料； 4. 建桥前后的水文、地质及航道交通变化等资料

2. 桥梁结构检算

桥梁结构检算应按实际断面尺寸及缺损状况、材料的实际强度和弹性模量、地基实际容许承载力和水文条件进行计算，并按现行《公路桥涵设计通用规范》(JTG D60—2004)和《公路旧桥承载能力鉴定方法》有关条文办理。

3. 桥梁静、动载试验

承载力试验分为静力荷载和动力荷载试验，试验评定方法按照《公路旧桥承载能力鉴定方法》或《大跨径混凝土桥梁的试验方法》的有关内容实施。

静力荷载试验按设计荷载或被控制的车辆荷载，并计及冲击系数的结构件应作为最大试验荷载，同时测量结构控制截面和约束部位的位移、应变（或应力）和裂缝等结构力学性能参数。将实测数据与计算值或规范值进行比较，当各项实测参数均小于或等于规定值时，一般可认为结构承载能力满足使用荷载的要求。

动力荷载试验通常采用一辆重车按可能的最高车速，分为四种以上车速进行往返行车试验，以及在跨中或 $L/4$ 处进行跳车或制动试验，同时测量结构动力响应（位移、速度或加速度等参数的时间历程曲线），处理分析结构自振特性（振型、频率和阻尼系数）和受迫振动性能（位移峰值、冲击系数与临界车速等），评定结构动力性能是否满足行车和行人安全舒适的要求。

承载力试验结果不满足的桥梁，在加固改善之前，应采取限载、限速或封闭交通的措施，并可继续监测结构变化状况。

桥梁定期检查、特殊检查、养护对策和维修、加固或改造的设计、施工、竣工验收等有关技术文件，均应按统一格式完整地归入桥梁养护技术档案。

任务2 桥梁上部构造的维护与加固

一、工作任务

掌握栏杆的养护维修方法、桥面排水设施的养护维修方法，熟悉桥面伸缩缝的养护方法、桥面铺装的养护维修方法；掌握桥梁支座的养护维修与更换方法，熟悉桥跨结构的养护维修一般原则；掌握钢筋混凝土及预应力混凝土梁桥的养护维修表层损坏、裂缝的修补方法，熟悉主梁的加固要求，了解拱桥的养护维修方法、圬工拱桥的维修方法、圬工拱桥的加固及双曲拱桥的维修加固方法。

二、相关配套知识

桥梁上部构造通常包括桥面铺装、防水和排水设备、伸缩缝、支座、栏杆和桥跨结构等。上部结构是养护维修的重点，因为其大部分构造天然敞露，受车辆及大气影响十分敏感。

（一）栏杆的养护维修

栏杆是桥上的一种安全防护设施，是桥梁上部结构一个不可缺少的组成部分，也是桥梁美化的一种艺术装饰。

桥梁栏杆应经常保持完好状态。公路桥梁栏杆的缺陷主要有撞坏、缺损、裂缝。栏杆损坏虽然不妨碍交通，但会丑化桥容，使桥上交通缺少安全感，降低交通安全的舒适水平。因此，应及时修理损坏的桥梁栏杆。

栏杆柱应竖立正直，水平杆件能自由伸缩，如有缺损，应及时补齐；如已撞坏，需及时重新安装。钢筋混凝土栏杆如发现有裂缝或剥落，轻者可灌注环氧树脂，严重者应凿除损坏部分，重新修补完整。钢质栏杆应经常清刷，每年定期油漆一次。桥梁两端的栏杆柱，涂以 20 cm 宽红白相间的油漆，顶部下 20 cm 为红色，油漆鲜明。

（二）桥面排水设施的养护维修

桥面排水设施主要有泄水管道和引水槽两种，这两种排水设施的常见缺陷有以下几种。

(1) 泄水管管道破坏、损伤。在外界作用影响下而产生局部破裂、损伤，出现洞穴而产生漏水等。

(2) 管体脱落。主要由于接头连接不牢而产生掉落，失去排水作用。

(3) 管内有泥石杂物堆塞，从而造成排水不畅，甚至水流不通。

(4) 管口有泥石物堆积。

(5) 引水槽有堆泥、堵塞、水流不畅、槽口破裂损坏而出现漏水、积水等。

桥面排水设施出现缺陷会导致桥面积水，给行车带来不利影响，降雨时引起车辆滑移，成为交通事故的原因，严重时还会损坏桥梁结构本身安全。当雨水由伸缩缝进入支座时，将会使支座的功能恶化。在城市桥梁或立交跨线桥中，由于桥面积水，车辆过桥时污水四溅，殃及行人和破坏周围环境，使桥下居民受害。所以，必须加强对桥面排水系统的维修养护，主要要做到以下几点。

(1) 桥面的泄水管、引水槽要及时清扫、疏通。缘石的横向泄水孔道，不够长的要接长，避免桥面流水沿梁侧流泻。

(2) 泄水管损坏要及时修补，接头不牢或已掉落的要重新安装接上，损坏严重的要予以更换。

(3) 引水槽已破裂的要重新修理，长度不足时应接长。当槽口太小，不能满足排水需要时要扩大槽口重新修筑。

（三）桥面伸缩缝的养护

目前常用的桥面伸缩缝有锌铁皮伸缩缝、钢板式伸缩缝和橡胶伸缩缝三种。由于伸缩缝设置在桥梁梁端构造薄弱部位，直接承受车辆反复荷载作用，又多暴露于大自然中，受到各种自然因素的影响，因此，可以说伸缩缝是易损坏、难修补的部位，经常发生各种不同程度的缺陷。

伸缩缝出现缺陷后会使车辆行驶出现跳车、噪声，甚至引起交通事故。同时，缺陷不及时修补也会向结构主体进一步发展。因此，对桥面伸缩缝要注意经常养护、经常检查，出现破坏后，要进行必要的修补或者更换。

1. 伸缩缝的养护

伸缩缝应经常养护，清除缝内沉积物，拧紧螺栓，使其发挥正常作用。对于梳形伸缩缝，应及时清除锯齿内的杂物；搭板伸缩缝，如有损坏，应及时修复；橡胶伸缩缝，如有损坏和老化，应修理更换；早期修建的 U 形槽伸缩缝，大都已经损坏失去作用，可更换为橡胶伸缩缝等其他形式伸缩缝；多孔简支梁（板）桥，在可能条件下，可改做成水泥混凝土或沥青混合料铺装的连续桥面，减少伸缩缝总数。

2. 伸缩缝的维修

桥面伸缩缝维修前应查明原因，采用行之有效的维修方法。伸缩缝产生破损的原因如表5.2.1所示。维修工作要依据缺陷的程度，或部分修补，或部分以至全部更换。常用的橡胶伸缩缝构造如图5.2.1所示，其更换的操作程序如下。

表5.2.1 桥面伸缩缝缺陷的产生原因

产生原因	具体内容
设计方面的原因	1.桥面板端部刚度不足； 2.伸缩缝构造本身刚度不足； 3.伸缩缝构造钻固的构件强度不足； 4.过大的伸缩间距； 5.后浇压铸材料选择不当； 6.变形量计算不正确
施工方面的原因	1.桥面板间伸缩缝间距施工不良； 2.后浇压铸材料养护管理不当； 3.伸缩缝装置安装得不好； 4.桥面铺装浇筑得不好； 5.墩台施工不良
养护不良及其他外部因素的影响	1.车辆荷载增大，交通量增加； 2.桥面铺装层老化； 3.接缝处桥面凸凹不平； 4.桥面没有经常进行清扫； 5.地震等其他恶劣气候条件的影响

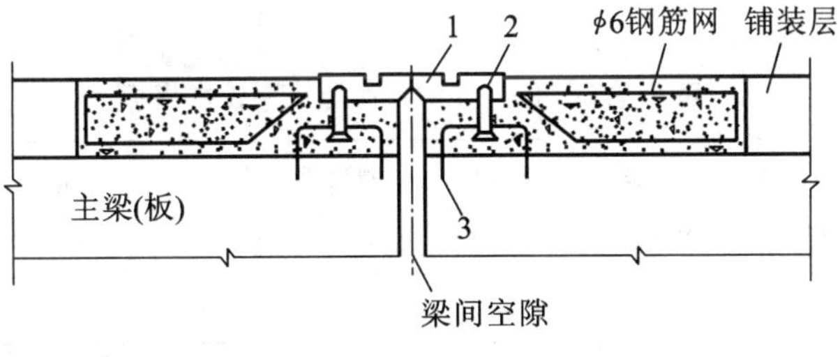

图5.2.1 橡胶板伸缩缝构造图

1—橡胶板；2—预埋螺栓；3—预埋钢筋

(1) 将伸缩缝两边各宽40 cm范围内的铺装层混凝土凿除，并清洗干净，调整原预埋螺栓锚筋及露出的桥面钢筋。

(2) 如为新装橡胶伸缩缝，应凿挖或钻成埋置螺栓用的锚筋孔，并预先埋好锚筋。锚筋必须埋设牢固，尽可能直接焊接在桥面钢筋上，在孔内灌注环氧树脂浆胶，使其不易拔出。

(3) 预埋的螺栓,必须保证位置正确、安装牢固。

(4) 安装橡胶板伸缩缝,使橡胶板平整、坚实。

(5) 按原式浇筑铺装层混凝土。为维持通车,可分半幅桥面进行,也可在伸缩缝上架设跨缝设施。桥面为沥青混合料铺装时,可采用钢筋混凝土盖板式伸缩缝,其构造如图 5.2.2 所示。

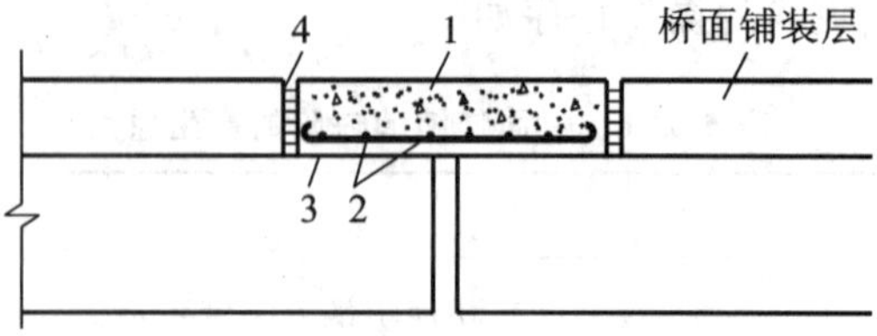

图 5.2.2 钢筋混凝土盖板式伸缩缝的构造

1—混凝土盖板;2—钢筋;3—表面涂沥青;4—沥青麻絮

对伸缩量在 50 ram 以内的各类中小跨径桥梁伸缩缝的更换或改造,可采用 TST 碎石填充新型伸缩装置。更换旧桥伸缩缝时,槽口切割尺寸应尽可能接近标准槽口尺寸(见图 5.2.3),主要技术指标按表 5.2.2 取值。

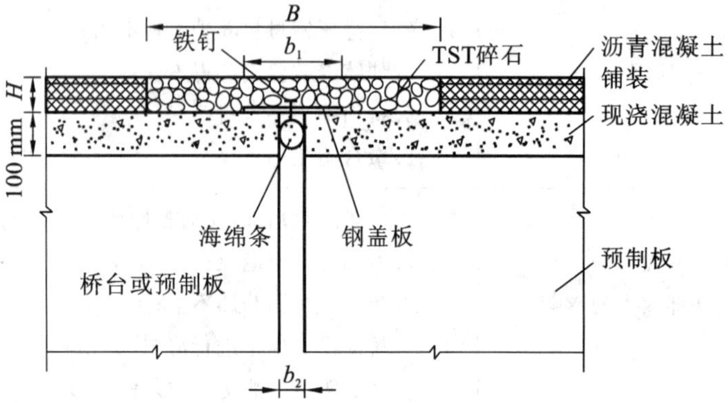

图 5.2.3 槽口构造

表 5.2.2 TST **伸缩缝装置主要技术指标**

槽口及盖板宽 B/b_1/mm	伸缩量 ΔB/mm	安装梁缝宽 b_2/mm	铺装厚度 H/mm	槽口及盖板宽 B/b_1/mm	伸缩量 ΔB/mm	安装梁缝宽 b_2/mm	铺装厚度 H/mm
200/120	10	20	60	500/180	40	40	80
300/140	20	20	60	600/200	45	40	80
400/160	30	30	80				

注:钢盖板厚 5~6 mm,每段长 1.0~1.5 mm。

桥面伸缩缝的修补或更换工作不宜中断交通。因此,通常可考虑采用限制车辆通行,半边施工、半边通行车辆;或白天使用盖板,夜间施工时禁止或限制车辆通行。总之,既要注意抓紧时间缩短工期,又要保证修补质量。

（四）桥面铺装的养护维修

桥面铺装材料主要有水泥混凝土和沥青类材料两种，由于使用材料的不同，产生缺陷形式也不一样。沥青类铺装层的缺陷主要有泛油、松散、露骨、裂缝、高低不平及产生“跳车”，普通水泥混凝土铺装层的缺陷主要有磨光、裂缝、脱皮、露骨及高低不平。

桥面铺装的养护工作包括：应经常清扫桥面，保持桥面清洁完整和有一定路拱；在雨后应随时将积水扫到泄水管口排除，冬天结冰或下雪后，应及时清除桥面上的冻块或积雪；严禁在桥面上堆置杂物或占为晒场等，以保证车辆过桥时行驶的安全。此外，桥面防水层如有损坏要及时进行修复。

水泥混凝土铺装层如有磨光、脱皮、露骨或破裂等缺陷时，通常可用如下方法进行维修。

(1) 原结构凿补。将原水泥混凝土铺装层的表面凿毛，并尽可能深一些，使骨料露出，用清水冲洗干净并充分润湿，再涂刷上同标号的水泥砂浆（或其他黏结材料），最后铺筑一层4～5 cm厚的水泥混凝土铺装层（在桥梁荷载能力容许的前提下）。

(2) 采用黑色路面改建桥面。采用黑色路面（即沥青类材料）修补桥面铺装，一般较水泥混凝土铺装容易，且上下接合也比较牢靠，施工期间对交通影响也比较小。但路面改变了原有结构且必须主桥加铺，否则影响美观。黑色路面修补的结构可采用沥青表面处治或沥青细砂罩面，也可加铺一层2～3 cm的沥青混凝土。采用沥青细砂时，应先涂刷黏层沥青，使之与旧面层接合良好。

(3) 全部凿除，重筑铺装层。桥面铺装层如已损坏严重，可采用全部凿除并重筑铺装层的方法修补。

新铺的面层可采用普通水泥混凝土，也可采用钢纤维混凝土等其他材料。沥青类桥面铺装层出现缺陷后，应及时处理，经常保持桥面完好平整。

如因构件连接处沉陷不均引起桥面凸凹不平时，可采用在桥下以液压千斤顶顶升，调整构件连接处标高，使其顶面具有相同高度的方法进行维修。

（五）桥梁支座的养护维修

1. 桥梁支座的养护

桥梁支座是桥梁上下部结构的结合点，一旦损坏将严重影响到桥梁承载能力和使用寿命，所以必须注意经常养护，保证其处于正常的工作状态。

当前，我国在钢筋混凝土梁式桥中采用的支座形式有垫层支座、弧形钢板支座、摆柱式支座和橡胶支座等。根据《公路桥涵养护规范》(JTG H11—2004)规定，桥梁支座的养护工作主要有以下内容。

(1) 支座各部分应保持完整、清洁，每季一检查，半年一清扫，清除支座周围的油污、垃圾，防止积水、积雪，保证支座正常工作。

(2) 在滚动支座滚动面上应定期涂上一层润滑油（一般每年一次）。在涂油之前，应把滚动面揩擦干净。

(3) 为了防锈，支座各部分除钢辊和滚动面外，其余部位均应涂刷防锈油漆保护。

(4) 及时拧紧钢支座各部分接合螺栓，使支承垫板平整、牢固。

(5) 应防止橡胶支座接触油污引起老化、变质。

(6) 滑板支座、盆式橡胶支座的防尘罩，应维护完好，防止尘埃落入或雨、雪渗入支座内。

2. 桥梁支座的维修与更换

支座如损坏时，应及时查明原因(见表 5.2.3)，制订可行的维修、加固计划进行修补。

表 5.2.3　支座损坏的原因一览表

支座损坏原因	具体内容	支座损坏原因	具体内容
设计时缺乏足够的考虑	1. 形式的选定与布置错误； 2. 材料选定错误； 3. 支座边缘距离不够； 4. 支座支承垫石补强钢筋不足； 5. 对螺栓、螺母等的脱落研究不够	维修管理不善	1. 滑动面、滚动面夹杂尘埃、异物； 2. 因防水、排水装置的缺陷，向支座污水、溢水，使支座锈蚀； 3. 螺母、螺栓松动、脱落，又没有及时修理
施工制作时不完备	1. 铸件等材料 质量管理不够，质量较差； 2. 金属支座的油漆、防腐防锈处理不可靠； 3. 砂浆填充不可靠	其他因素	桥台、桥墩产生的不均匀沉陷、倾斜与水平变位以及上部结构位移，影响支座的正常使用

(1) 支座有缺陷或发生故障时的维修和更换。

① 支座的固定锚销剪断，滚动面不平整，轴承有裂纹、切口以及个别辊轴大小不合适时，必须予以更换。

② 梁支点承压不均匀时，应进行调整。调整时可采用千斤顶把梁上部顶起，然后移动调整支座的位置。在矫正支座位置以后，降落上部构造时，为避免桥孔结构倾斜，应徐徐下落，并注意千斤顶的工作状态是否均衡，同时调整顶升用木框架的楔子，以保证上部结构能恢复原位。

③ 支座座板翘起、扭曲、断裂时，应予以更换或补充；焊缝开裂，应予整修。

④ 如需要抬高支座时，可根据抬高量的大小选用下列几种方法：a. 垫入钢筋(50 mm 以内)或铸钢板(50～100 mm)；b. 更换为橡胶板支座；c. 就地浇筑钢筋混凝土支座垫石，垫石高度按需要设置，一般应大于 100 mm。

(2) 油毡支座因损坏、掉落而不能发挥作用时，摆柱式支座工作性能不正常及有脱皮、露筋或其他异常情况发生或橡胶支座已老化、变质而失效时，都须进行调整，加以维修加固。

(3) 对辊轴(或摇轴)支座，支座辊轴的实际纵向位移应与计算的正常位移相符。如实际纵向位移大于容许偏差或有横向位移时，应加以修正。辊轴矫正时，可用液压千斤顶进行矫正。如纵向或横向移动不大，用倾斜安装的千斤顶进行顶移；如移动较大，可先用千斤顶把上部结构顶起，放于木井架的移动托板上，然后再用绞车或千斤顶进行移动矫正。

（六）桥跨结构的养护维修

桥跨结构是桥梁的主要承重结构，除直接承受车辆荷载的作用外，还长期暴露在自然界中。由于长期受到自然界的各种因素的影响，当桥跨结构出现缺陷时，其势必会扩大、加深、发展，危及桥梁的安全。因此，发现桥跨结构出现缺陷后，必须及时进行调查研究，分析缺陷的产生原因、现状、发展趋势，以及桥梁遭受破坏的程度、对使用的影响等，及时采取措施进行维修加固。

1. 一般原则

应在桥梁检查及评定的基础上，针对产生病害的原因进行；应充分发挥原有结构的承载能力，并选择投资少、工效快、尽量不中断交通、技术上可行且有较好耐久性等的方法进行。

2. 钢筋混凝土及预应力混凝土梁桥的养护维修

钢筋混凝土及预应力混凝土梁桥上部结构的主要缺陷有表层损坏、裂缝、蜂窝及锈蚀等，还会由于设计标准低、结构布置不合理、施工质量差、外在因素的影响等，致使桥梁结构受到破坏，承载能力和通过能力不足，危及结构的安全，影响桥梁的正常使用。所以，钢筋混凝土及预应力混凝土梁桥的养护维修工作的主要内容包括：损坏表层、裂缝的修补、主梁（或横梁）的补强加固等。

1）钢筋混凝土及预应力混凝土表层损坏、裂缝的修补

实际混凝土桥梁结构中裂缝的成因多种多样，然而不管何种裂缝，只要其裂缝宽度超过规范的限定值，都将影响桥梁结构的耐久性，甚至会降低桥梁的承载能力。因此，在桥梁养护工作中，应充分重视裂缝的修补。目前，修补裂缝的材料主要有两大类，即水泥（砂）浆和高分子化学材料。

水泥（砂）浆通常用高标号干硬性水泥配制，适用于缺少修补机具的工程。当裂缝宽度较小时，一般用水泥浆修补；当裂缝宽度大于 0.4 mm 时，一般用水泥砂浆修补。施工时，先采用凿毛、喷砂或钢丝刷拉毛等方法清除原构件混凝土的松散组织或石料的风化及破裂部分，并沿填裂缝长度凿成 V 形槽口，用高压气枪或水枪冲洗吹干，然后用水泥（砂）浆人工用力挤压填缝，同时加强养护。当采用机械灌浆时，水泥浆的水灰比一般不宜小于 1.6，方法与化学材料灌浆类似。

采用高分子化学材料灌浆修补裂缝的材料一般以环氧树脂为主，其黏结力强、稳定性好、收缩性小、耐腐蚀且可灌性好，适合于裂缝宽度在 0.1～0.4 mm 的修补工作。环氧树脂灌浆材料由主剂、固化剂、增塑剂及稀释剂四部分组成。主剂环氧树脂是一种线型高分子聚合物。桥梁工程常用的环氧树脂见如表 5.2.4 所示。未固化的氧树脂是热塑性材料。

表 5.2.4　常用环氧树脂

名称	原牌号	外　观	黏度/(Pa·s)	软化点/℃	环氧值(当量/100 g)
E-14	6101	黄色至琥珀色高黏度液体	20～40	12～20	0.41～0.47
E-42	634			21～27	0.38～0.45
E-35	637			20～35	0.30～0.40

固化剂的作用主要是与环氧树脂直接起化学反应，使其固化并形成强度。固化剂的用量应根据环氧树脂的种类严格控制，用量过多则化学反应加快，易产生暴凝，使胶液报废；用量过少会使环氧胶固化时间加长、强度降低甚至引起其他不良后果。常用的固化剂有脂肪族胺类、芳香族胺类和改性胺类三种，如表 5.2.5 和表 5.2.6 所示。

表 5.2.5　脂肪族胺类及芳香族胺类固化剂

类别	名称	简称	沸点/℃	熔点/℃	状　态	一般用量/(%)	性　　能
脂肪族胺类	乙二胺	EDA	116		刺激臭味无色液体	6～8	挥发性小，毒性较大，使用期限短
	三乙烯四胺	TTA	267		无色黏稠液体	9～11	毒性较小，使用期限较长
	四乙烯五胺	TPA	340		无色黏稠液体	13～15	毒性较小，使用期限较长
	多乙烯多胺	PEDA			棕色黏稠液体	11～15	毒性较小，使用期限较长
芳香族胺类	间苯二胺	MPDA		63	淡黄的结晶，潮湿后呈褐色	14～16	要预热防溶解，使用期限长
	间苯二甲胺	MXDA			无色透明液体	16～20	可在常温下固化，使用期限较长
	ka 苯二甲胺				无色液体	15	可在常温下固化

表 5.2.6　改性胺类固化剂

名称	合成原因	状态	一般用量/(%)	性　　能
590 固化剂	由间苯二胺与环氧丙烷基醚反应而得到的一种衍生物	黄至棕黑色黏稠液体	15～20	可在室温下固化，使用时间较长，比间苯二胺使用方便，而且固化物的物理力学性能也较好
591 固化剂	二乙烯三胺与丙烯氰反应，经氰乙化后得到的产物	浅黄色溶体	20～25	固化时放热温度低，使用时间长，固化后抗冲击性能及耐溶剂性能较好，毒性也低
593 固化剂	二乙烯三胺与环氧丙烷丁基醚在一定温度下加成反应而得到的产物	浅黄色黏性透明液体	23～25	黏度小，毒性低，能在室温下固化，放热较缓和，固化后机械性能、电性能均较好

增塑剂的作用主要是改善环氧树脂胶硬化后的脆性，提高抗弯抗冲击韧性。增塑剂有活性与非活性之分，把加入环氧树脂后不能起化学反应，也不能很好融合的称为非活性增塑剂，反之能参加固化反应的称为活性增塑剂(见表 5.2.7)。

表 5.2.7　常用增塑剂

类别	名　称	简称或型号	沸点/℃	状　态	一般用量/(%)	性　　能
非活性	邻苯二甲酸二丁酯	DBP	335	无色液体	5～20	在固化过程中，会游离出来，造成老化，加入量过多会降低强度
	邻苯二甲酸二辛酯	DOP	384	无色液体	5～20	
	磷酸三苯酯	TPP	熔点 49～50	白色晶体	5～20	
	磷酸三甲粉酯	TCP	240	无色液体	5～20	

续表

类别	名　称	简称或型号	沸点/℃	状　态	一般用量/(%)	性　　能
活性	聚酰胺树脂	200 号	—	棕红色黏稠状	—	在常温下可与环氧树脂反应,具有较好的弹性和附着力
	聚酰胺树脂	300 号	—	棕色黏稠状	—	
	聚酰胺树脂	650 号	—	棕色流体	80	
	聚酰胺树脂	651 号	—	棕色流体	45	
	聚硫橡胶	LP-2	—	黄色流动性液体	30～50	不同配比可得到坚硬的或橡胶的不同状态的固化树脂,但反应慢,需同时加固化剂
	聚硫橡胶	LP-3	—	黄色流动性液体	30～50	
	聚硫橡胶	LP-8	—	黄色流动性液体	30～50	

稀释剂的作用在于降低环氧树脂的黏度,便于灌浆施工。稀释剂也分活性与非活性两大类。常用的稀释剂如表 5.2.8 所示。

表 5.2.8　常用稀释剂

类别	名　称	简称或型号	沸点/℃	状　态	一般用量/(%)	性　　能
非活性	丙酮		56.5	易挥发的无色液体	5～15	仅起降低黏度作用,在树脂固化时,增加收缩率,降低黏结力和机械性能,不宜多加
	环己酮		156.0	无色或淡黄色油状液体	5～15	
	苯		80.3	无色,易燃液体	5～15	
	甲苯		110.8	无色,易燃液体	5～15	
	二甲苯		144	无色,易燃液体	5～15	
活性	环氧丙烷丁基醚	501 号	170	无色透明液体	—	能起到增韧作用,效果好,毒性低,能提高抗冲击能力
	环氧丙烷苯基醚 环氧氧丙烷	690 号	245 117	无色透明液体	—	毒性较低,人体对其有过敏反应
	甘油环氧树脂	662 号	＞300		—	毒性,刺激性最小

环氧灌浆材料配方目前较多,常用的如表 5.2.9 和表 5.2.10 所示。

表 5.2.9　常用环氧树脂浆液配方

浆液组成 / 材料名称	用于一般情况(重量比)			用于水下灌浆
	1	2	3	
E-44 环氧树脂(6101)	100	100	100	100 g
邻苯二甲酸二丁酯	10	10	10	10 mL
二甲苯	40	60	60	40 mL

续表

材料名称 \ 浆液组成	用于一般情况(重量比)			用于水下灌浆
	1	2	3	
环氧氯丙烷	2	20	—	20 mL
乙二胺	15	—	10	10 mL
间苯二胺	—	17	—	—
煤焦油	—	—	—	25 g
DMP-30	—	—	—	5 mL

表 5.2.10　糠醛-丙酮稀释剂体系环氧树脂浆液配方表

材料名称 \ 浆液组成(重量比)	用于一般情况	用于低温情况			
		1	2	3	4
E-44 环氧树脂(6101)	100	100	100	100	100
糠醛	30～50	50	50	50	50
丙酮	30～50	80	80	80	80
591 固化剂	20～50	—	—	—	—
乙二胺	—	15	15	15	15
703 号	—	20	20	30	—
KH550	—	6	6	6	6
DMP-30	—	3	10	3	10

注:−7～11 ℃的冷库养护。

2) 主梁的加固

钢筋混凝土及预应力混凝土梁桥主梁加固的方式很多,目前比较成熟且应用较广的技术有:增加构件截面和配筋加固法、粘贴钢板加固法、施加预应力加固法、改变结构体系加固法及增加构件加固法等。

(1) 增加构件截面和配筋加固法。

对抗拉强度不足的简支梁桥,可在梁底部(受拉区)或侧面增配补强主筋,或在腹板上增设补强箍筋,然后喷涂或浇筑混凝土,从而使梁的抗弯截面增大,以提高梁的承载能力。

增加构件截面和配筋加固法的优点是:能在桥下施工,不影响交通;加固工作量不大,而且加固的效果也较为显著,一般多用于梁板桥的加固,其加固程序如图 5.2.4 所示。

① 将梁下面的混凝土保护层凿去,露出主钢筋,并将原箍筋切断拉直。

② 在暴露的原有主钢筋上缠上或焊上需要补充的拉力钢筋。补强钢筋的尺寸和数量应按强度计算确定。

③ 恢复箍筋,即将原箍筋接长,焊接成形。如计算箍筋不足,应增设箍筋,新增箍筋上端埋入桥面板中,梁腹上增设销钉固定新增箍筋位置。

④ 浇筑混凝土保护层。材料可采用环氧树脂混凝土或膨胀水泥混凝土。

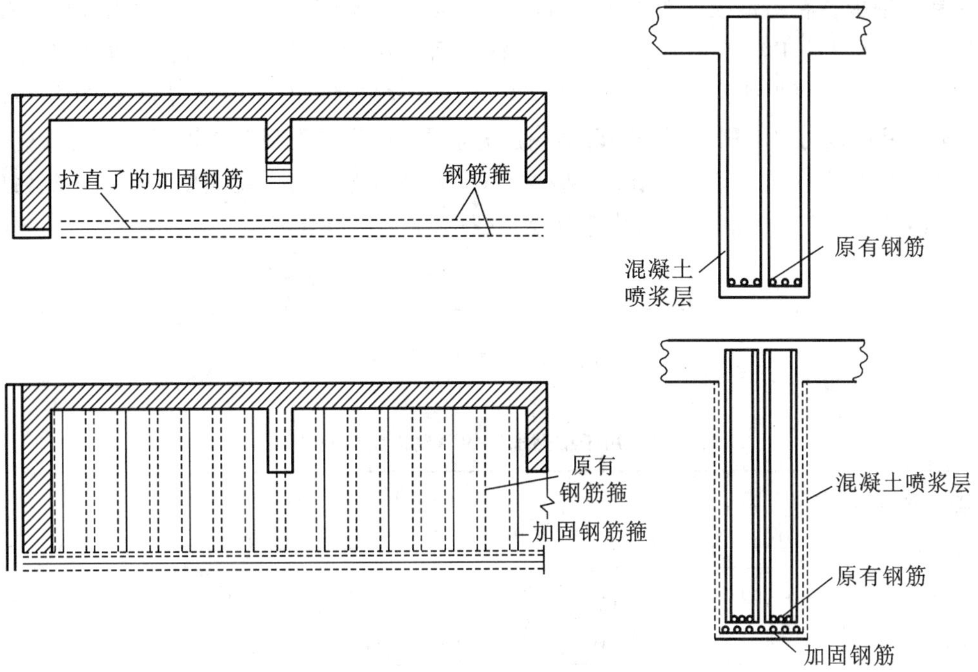

图 5.2.4 加固程序图

⑤ 养护。

(2) 粘贴钢板加固法。

粘贴钢板加固法是采用化学粘贴剂将钢板粘贴在梁(板)的受拉缘或薄弱部位,使之与结构物形成整体,用以代替需增设的补强钢筋,提高梁的承载能力,达到补强效果的一种加固方法(见图 5.2.5)。20 世纪 60 年代以来,该法在国内外得到了广泛的应用,取得了较好的效果。一般采用环氧树脂浆液作为黏结剂。

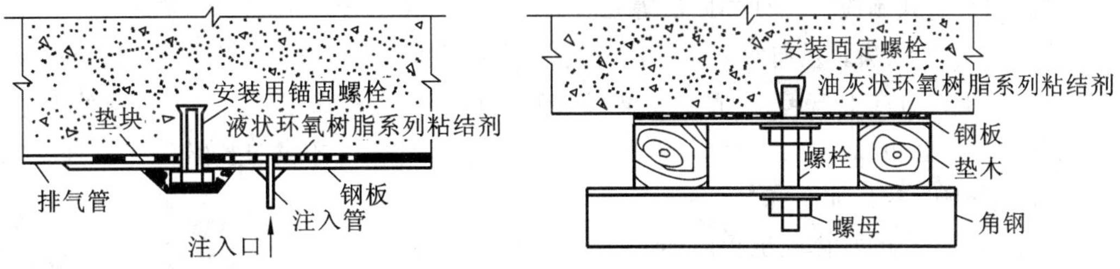

(a) 注入施工法　　(b) 压贴施工法

图 5.2.5 粘贴钢板加固法

用粘贴钢板来加固桥梁,具有不需要破坏被加固的原有结构物、加固工程几乎不增加原结构的尺寸、施工工艺简单、便于操作、施工期短等优点。

粘贴钢板加固法的施工程序如下。

① 表面处理。将梁(板)底面混凝土凿毛,使骨料露出,并清除破碎部分和浮尘。钢板表面的油污和锈蚀应清除干净。

② 粘贴钢板。粘贴钢板一般可用注入施工法和压贴施工法来完成。从使用效果来看，压贴施工法较好。压贴施工法施工时先在混凝土粘贴面上用冲击钻成孔，钻孔可采用梅花形布置(见图 5.2.6)，安装膨胀螺栓，螺栓直径常用 8～12 mm，在钢板的相应位置布孔；在钢板和混凝土粘接面上用刮刀均匀涂刷配制好的环氧树脂打底层，然后再用刮刀在钢板上均匀涂刷配制好的环氧树脂黏结剂(配方见表 5.2.11)；粘贴钢板后迅速拧紧螺母。用稠度较高的环氧树脂水泥砂浆填塞钢板与混凝土表面之间的缝隙及封住螺母。

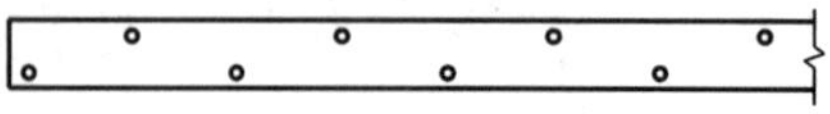

图 5.2.6　钻孔布置图

表 5.2.11　用于粘贴加固的环氧树脂浆液(重量比)

配方 用途	环氧树脂 (6010)	增塑剂 三丁酯或苯酚		稀释剂 二甲苯或丙酮		固化剂 二乙烯三胺或乙胺		水泥	砂 (<0.4 mm)
粘贴钢板(砂浆)	100	15～20	10	30	10～15	12～25	6～8	100	150～200
粘贴钢板(砂浆)	100	10～15	10	20	10～15	12～25	6～8	100～150	150～300
粘贴玻璃布(胶浆)	100	15～20	10	20	10～15	12～25	6～8		

③ 防护处理。目前，一般采取清除钢板外露面油污并除锈，即先涂一层环氧树脂薄浆罩面，然后再涂两层防锈漆。近几年出现的适用于工程的电化学镀锌(铝)工艺，已在西安市五路口人行天桥及广州市海珠大桥成功用于钢结构防锈，效果良好。

(3) 施加预应力加固法。

施加预应力加固法是运用预应力原理，在原梁体外受拉区域施加一定预压应力，来改善结构受力状态的一种加固方法。按施加预应力的方式划分为横向收紧张拉法、纵向张拉法、竖向顶撑张拉法和组合式预应力拉杆加固法等几种。

① 横向收紧张拉法。横向收紧张拉法是将作为拉杆的粗钢筋分两层布置在梁肋底面两侧，在靠近梁端适当位置向上弯起，与固定在梁端的钢制 U 形锚固板焊接。粗钢筋弯起处用短柱支撑，纵向每隔一定间距设一道撑棍和锁紧螺栓。通过收紧器将拉杆横向收紧而使拉杆受拉，从而在梁体产生预压应力，如图 5.2.7 所示。

横向收紧张拉法的具体施工程序如下。

a. 粘贴锚固钢板。将梁端混凝土保护层凿除，使主筋外露，清除碎渣浮尘后用环氧砂浆粘贴 U 形锚固钢板。

b. 焊接拉杆粗钢筋。先将粗钢筋的弯起段按设计斜度焊在锚固板上，然后用夹杆将粗钢筋的水平段与弯起段焊在一起。

c. 安装张拉装置。先放好弯起点垫块撑棍，再安设中间撑棍及锁紧螺栓，紧贴锁紧螺栓处安放收紧器。

d. 预张拉。预张拉的目的在于检查拉杆的焊接质量，预张拉力按设计张拉力的 80%～90% 控制，预张拉保持 12 h 后卸除。

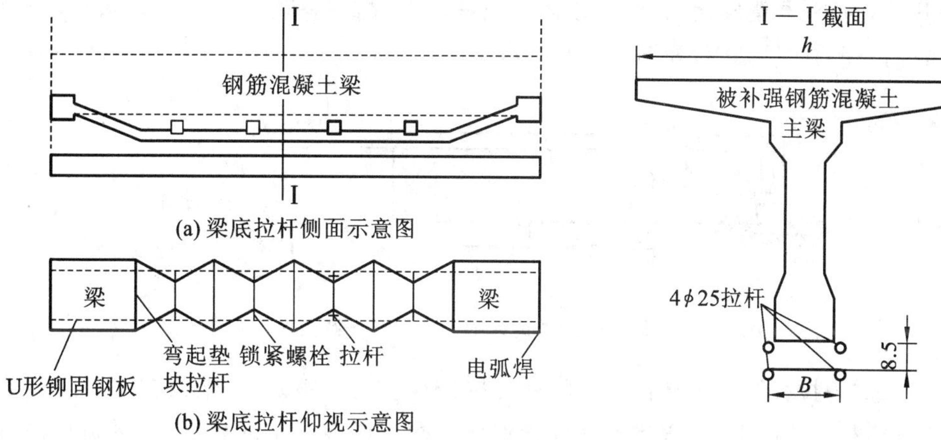

图 5.2.7　外预应力高强钢丝加固——横向收紧张拉法体

e. 张拉。旋紧收紧器，使两侧拉杆向中间收拢，按设计收紧量对称地分次收紧。达到设计收紧量后再收紧 1～2 mm，然后拧紧锁紧螺栓，并用双螺母锁住，最后卸除收紧器。各段拉杆横向收紧的距离按设计预应力值计算出拉杆总变形值，并通过几何关系计算出具体的数值。

f. 防护处理。拉杆粗钢筋及 U 形锚固板均需涂以防护涂料以防锈蚀。

② 纵向张拉法。当采用纵向张拉法补强加固时，拉杆钢筋仍沿梁底布置，两端向上弯起。它与横向收紧张拉法不同之处在于拉杆两端弯起段通常都穿过翼缘板上的斜孔伸至桥面，拉杆端部设有丝扣，用轧丝锚锚固于梁顶锚固槽内，如图 5.2.8 所示。

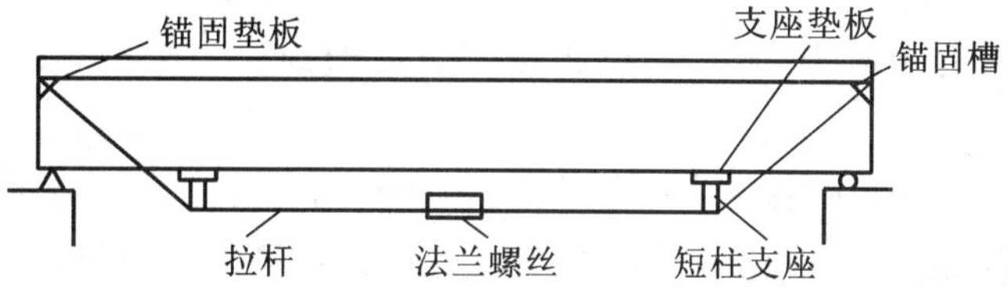

图 5.2.8　体外预应力高强钢丝加固——纵向张拉法

纵向张拉法对于拉杆钢筋施加预应力可以用旋紧螺帽，端部用张拉千斤顶张拉，拉杆中间设置法兰螺丝收紧丝扣及电热法张拉等手段完成。纵向张拉补强加固的施工工艺步骤如下。

a. 凿开梁端桥面铺装。在梁端顶部按设计斜度凿出锚固槽。

b. 钻孔。在锚固槽内沿梁腹板侧壁方向按设计斜度钻两个平行的孔洞。

c. 粘贴梁端锚固垫板和梁底的短柱支座垫板。

d. 安装拉杆钢筋。拉杆分水平段及弯起的锚固段两部分，各拉杆的松紧度应调整一致。

e. 张拉。每片梁上的几根拉杆应保持均衡张拉。

f. 封锚。用防水砂浆或环氧砂浆填入锚固槽封锚。

g. 防护处理。

③ 竖向顶撑张法。采用竖向顶撑张拉是在梁端底部设置 U 型钢锚固板，沿梁底设置拉杆，拉杆两端焊在钢锚固板上，在梁的 1/4 跨径及跨中(或跨向横隔板)位置设置张拉夹具，张紧夹具安装固定于梁腹或横隔板上的承托架上，给拉杆施加预应力，当拉杆达到设计应力值后，用钢

筋混凝土垫块在拉杆与梁底面间楔紧，以固定拉杆位置并保持张拉力，最后卸除张紧夹具和承托架，并做好拉杆的防锈处理，如图 5.2.9 所示。

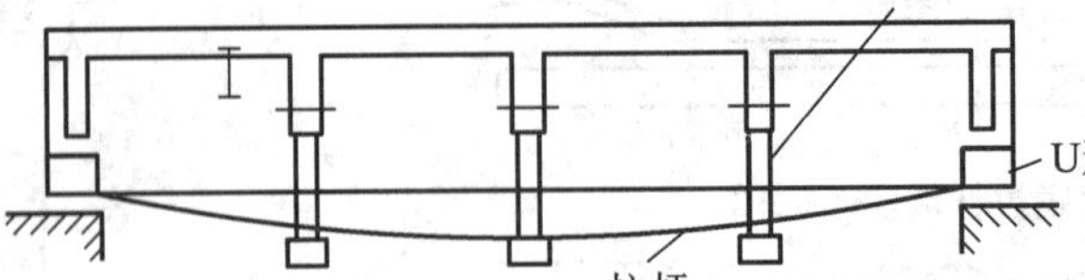

图 5.2.9　体外预应力高强钢丝加固——竖向顶撑张法

下撑式预应力拉杆加杆法是将水平的补强拉杆在接近支座处(一般设在 1/4 跨径处)向上弯起，锚固于梁板支座的上部，弯起点处设置钢筋混凝土或混凝土的承托架，再施加预拉应力，当拉杆达到设计应力值后，通过拉杆承托架传力，对梁结构产生作用力，起到卸载作用。下撑式预应力拉杆加固的施工程序如下。

a. 凿好主梁锚固点孔洞，孔洞直径应较锚固套管大 2～3 cm，以便用环氧树脂砂浆将套管增大。

b. 装置张拉用的紧固件，并连接好槽钢和预应力拉杆粗钢筋。

c. 拉杆施加预应力，可用双作用千斤顶等机械张拉法或电热张拉法，张拉达到规定吨位和长度后，拧紧两端螺母，使粗钢筋拉杆获得预拉应力。

采用下撑式拉杆进行补强加固时，在设计中必须考虑以下各部分的预应力损失，包括：螺栓锚固引起的预应力损失、拉杆松弛引起的预应力损失、拉杆与混凝土间温差引起的预应力损失、混凝土弹性压缩引起的预应力损失、混凝土徐变引起的预应力损失、支座(短柱支座)摩擦损失等。

在下撑式预应力拉杆加固施工中必须注意：由于横向各片主梁的共同作用使各片主梁的受力相互影响这一特点，当张拉后一片主梁时，前一片已张拉过的主梁拉杆中的预应力值将减小。因此，需要对各片主梁进行反复补充张拉，以调整各主梁的预应力值，使各片主梁均达到设计值。

准确地控制拉杆的预应力值是保证下撑式预应力拉杆补强加固效果和施工安全的关键。预应力值的控制通常可有以下几种方法：拉杆上贴应变片，测量拉杆的应变；直接由张拉千斤顶压力表读数；用测力扳手测定螺帽旋转力；控制螺帽转数，测量构件的上挠度。

无论采用哪一种方式对拉杆施加预应力，下撑式预应力拉杆均外露在结构外表，拉杆的锈蚀、梁下支撑的位移等都会影响到补强效果，特别是采用横向收紧张拉法施工时，撑棍的变形、锁紧螺栓在行车振动作用下可能发生的松动等，都会使拉杆中的预应力值受到损失，从而降低补强效果。为此，除严格各工艺过程的施工质量外，还要认真做好防护处理，并进行定期检查，加强维修。

④ 组合式预应力拉杆加固法。组合式预应力拉杆加固法是既布置有水平拉力箱杆，也布置有下撑式拉杆的一种加固方法，如图 5.2.10 所示。

(4) 改变结构体系加固法。

不同的结构体系受力特点也不同，例如简支梁的跨中弯矩较同跨径的连续梁、拱式或刚架

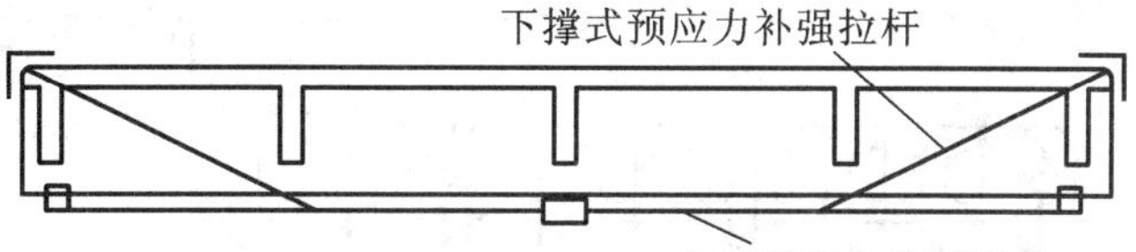

图 5.2.10　组合式预应力拉杆加固法

式体系要大得多，利用这一特点，通过改变原桥上部结构的结构体系可以达到改善结构受力、提高承载能力的目的。

改变结构体系的方法可以有多种，例如在桥下净空和墩台基础受力许可的条件下，采用在梁（板）底下加八字撑的方法使简支梁变成连续梁，如图 5.2.11 所示。采用改变结构体系方法进行技术改造时，必须进行认真的计算并采取相应的措施。例如，在简支梁跨中增设支点时，应验算新增支点处由负弯矩产生的拉应力，并根据应力大小增加配置梁（或板）的上缘钢筋。此时也可以考虑利用原结构上缘的架立钢筋等承受部分负弯矩，也可按不产生负弯矩的原则选择支点位置，或者使新支点处产生的活载负弯矩与未增设支点前该处的恒载正弯矩接近，否则就有可能导致主梁上缘的开裂。该法一般要在桥下操作，且要设一些永久设施，因而会影响桥下净空，必须在不影响通航及排洪能力的情况下使用。

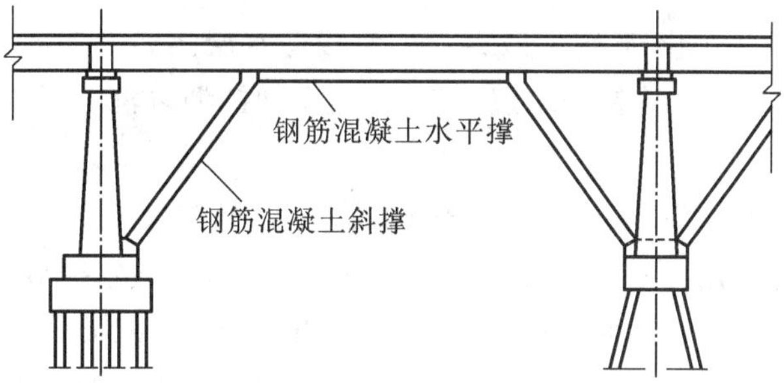

图 5.2.11　改变结构体系加固法

（5）增设构件加固法。

① 增加主梁加固。采用增加主梁的方法不仅可以较为有效地提高结构的承载能力，对同时要求拓宽桥面的 T 形梁桥，也是一种切实可行的方案。

当采用增加主梁的方法进行技术改造时，新增加的主梁一般设置在原有中梁的两侧，图 5.2.12 所示即为新、旧主梁的布置图式。即在新增主梁位置上将原桥面凿开，切断原横隔梁，利用原结构设置悬挂模板，现场浇筑新增主梁混凝土。对预应力混凝土桥梁，考虑到在桥上无法进行预应力张拉，新增预应力梁必须先在预制场张拉后再安装就位。这种采用新增主梁的技术改造方法对过去常见的少主梁或双主梁整体现浇式桥梁的技术改造尤为有利，这种上部结构不仅仅主梁的间距大，新增的主梁容易布置与浇筑，增加主梁后对上部结构的承载能力可以明显得到提高，而且增加主梁后也改善了原有桥面板的受力状况。

为使新旧结构成为整体共同受力，通常需将原主梁的横隔梁内钢筋与新梁横隔梁的钢筋焊接起来，或通过预埋钢板将新旧横隔梁连接，有时还在横隔梁下部增设贯通全桥宽的连接钢筋，并加大横梁下缘混凝土截面，将此钢筋包裹在混凝土内。与此同时，整体浇筑桥面铺装混凝土，

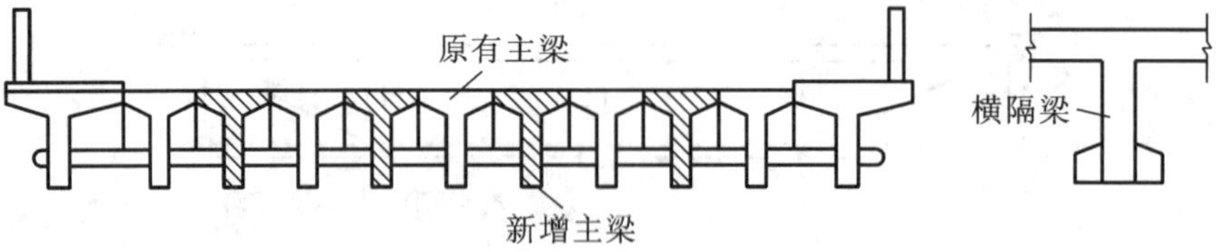

图 5.2.12　增加主梁加固法

为进一步加强整体性，桥面铺装混凝土中常设置钢筋网。

② 增加横梁加固。对因横向整体性差而降低承载能力的桥梁上部结构，可以采用增加横隔梁的方法以增加各主梁之间的横向连接。此时，可在新增横隔梁部位的主梁梁肋上钻孔。设置贯通全桥宽的横向连接钢筋，此钢筋的两端用螺帽锚固在两侧主梁梁肋外侧。浇筑新增横隔梁混凝土之前，应将与主梁接合处的混凝土表面先凿毛清洗，然后悬挂模板浇筑横隔梁混凝土。

3. 拱桥的养护维修

1) 圬工拱桥的维修

圬工拱桥的维修工作主要是修理拱圈和拱上结构砌体的个别损坏部分，如灰缝的脱落、裂缝、局部变形等，以防止缺陷的进一步扩大，恢复损伤结构的整体作用。圬工拱桥常用的维修方法有以下几种。

(1) 修理防水层。圬工拱桥为防止渗漏，均宜设防水层。如发现原桥没有防水层或防水层损坏失效时，可挖开拱上填料重铺防水层，或在桥面上加铺沥青混合料或水泥混凝土路面，可防止水渗入圬工砌体内。

(2) 保护面层不受风化。圬工拱桥应注意灰缝的保养，如有脱落或缝内长草，应及时清除并修补好；如砖、石有风化剥落，可喷一层 1～3 mm 的 M10 以上的水泥砂浆，喷浆应分 2～3 层喷注，每隔 1～2 日喷一层，必要时可加布一层钢丝网，以增加喷涂层的强度。

(3) 修补裂缝。圬工拱桥一旦开裂，裂缝往往容易发展，危及桥梁的使用和安全，应及时修补。修补的方法主要采用压注水泥砂浆和其他化学浆液的方法。

2) 圬工拱桥的加固

圬工拱桥的加固一般通过拱圈加固来实现。

(1) 原拱圈下增设拱圈加固法。在桥下净空容许，或根据水文资料得出桥下泄水面积容许缩小时，可在原有拱圈下部增设拱圈，即紧贴原拱圈下面，喷射钢丝网水泥拱圈或浇筑钢筋混凝土新拱圈，如图 5.2.13 所示。

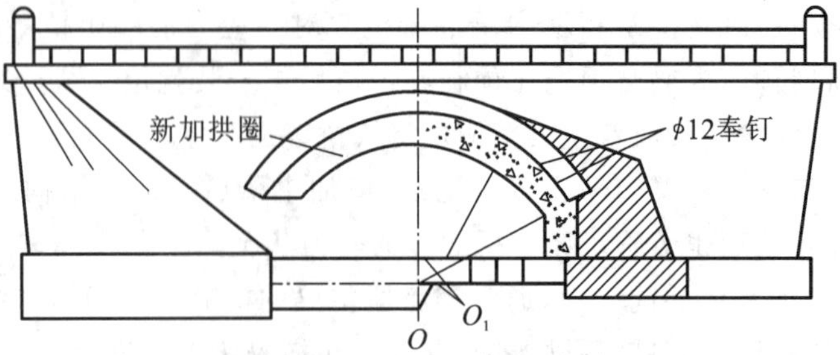

图 5.2.13　圈下增设拱圈加固法

(2) 原拱上增设钢筋混凝土拱圈加固法。在拱圈上面加一层新拱圈,即挖开原拱顶填土层直到拱背,洗净修补好,凿毛,加筑新拱圈,如图 5.2.14 所示。在加厚拱圈时,应同时考虑墩台受力是否安全可靠等因素。当多孔石拱桥需全部加设新拱圈时,拆除拱上填料必须对称地同时进行。

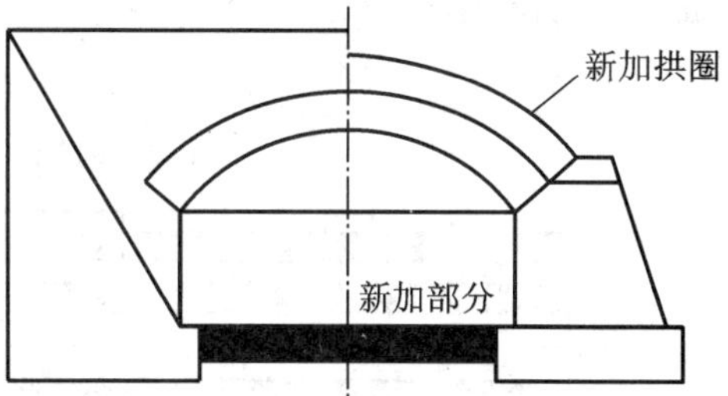

图 5.2.14　原拱上增设钢筋混凝土拱圈加固法

(3) 用双银锭腰铁钳入、卡牢相邻拱石的加强拉结法。对石砌拱桥采用锁牢整体拱圈的办法,可使相邻拱石得到加强,该法在我国古代桥梁建造中最早使用,如图 5.2.15 所示。

(4) 石拱桥拱圈加固的钢板箍(或钢拉杆)与螺栓锚固法。石拱桥也可在拱圈的跨中和 1/4L 处加设三道(或多道,视具体情况而定)钢板箍(钢板厚可用 6～8 mm)或钢拉杆,用螺栓在拱底及拱侧钻孔锚固,并注意将锚固点设在拱圈厚度的 1/3L 处,如图 5.2.16 所示。基锚固孔用膨胀水泥砂浆填塞牢靠。

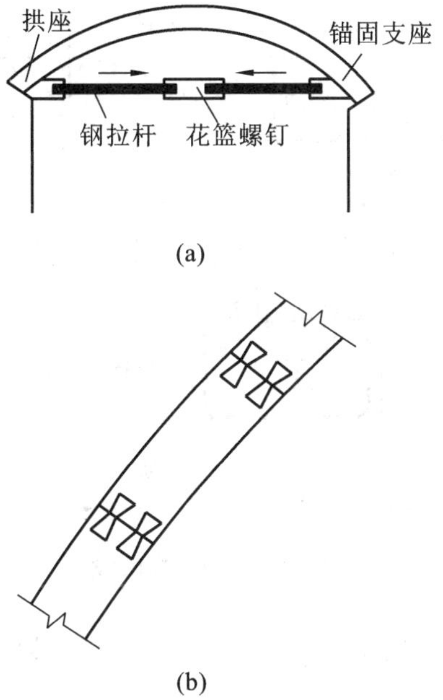

图 5.2.15　用双银锭腰铁钳入、卡牢相邻拱石的加强拉结法

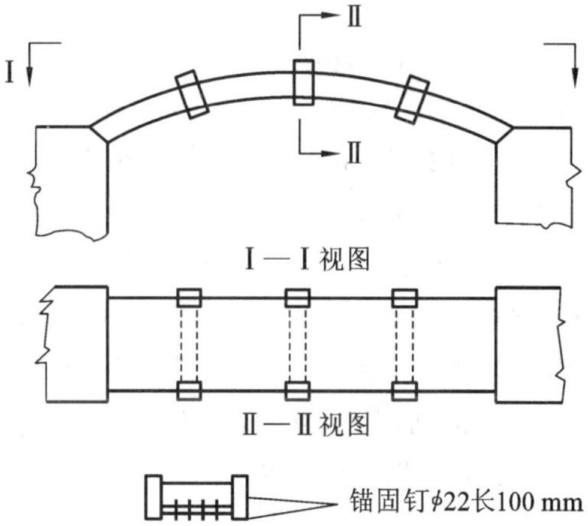

图 5.2.16　石拱桥拱圈加固的钢板箍(或钢拉杆)与螺栓锚固法

3) 双曲拱桥的维修加固

双曲拱桥的维修加固,除对下部构造采取维修加固措施外,上部构造的维修加固主要是指对拱肋的加强、拱横向系梁的加强以及上部结构填料的调整等工作,具体分述如下。

(1) 粘贴钢板加固拱肋法。为加固双曲拱桥桥肋强度,可以在拱肋表面清洁后,用环氧类砂浆粘贴钢板的方法提高其承载能力。在拱圈产生裂缝或承载能力不足时,采用该法加固效果明显。粘贴钢板的位置主要置于拱肋截面下,可用成条整板(或分块焊接)在拱圈弧形范围内间隔粘贴。一般可视具体情况选定尺寸,可参照图 5.2.17 进行,钢板厚度宜用 4~10 mm,过厚时施工比较困难。

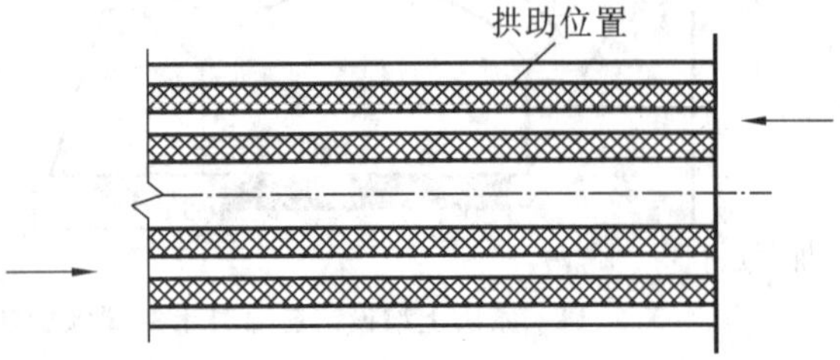

图 5.2.17　粘贴钢板加固拱肋法

(2) 螺栓钢板接合加固拱肋法。此法与前述利用钢板加固拱肋的基本目的相同,但不是单纯依靠粘贴,而是除利用胶黏剂之外,再按一定间距凿孔并埋入螺栓,然后就钢板预钻孔对准预埋件位置穿入并以螺母紧固。这种拱肋凿孔做法比较费劲,埋设位置不易准确,因此,钢板钻孔要留有余量,如采用椭圆形孔或扩大孔径,方可减少对位时的麻烦。

(3) 粘贴钢筋加固法。此法与前述基本相同,但所采用的是钢筋加固件。从实际情况看,此法与钢板粘贴法相比,具有与结构物黏附性能好、加固成形容易、补强效果更为显著的特点。

(4)扩大拱肋截面加固法。此法是通过采用钢筋和混凝土外包加大原拱肋,从而达到扩大拱肋的截面尺寸,增加拱肋断面的含筋率或变无筋拱肋为有筋拱肋,提高拱肋的抗弯刚度的一种加固方法,如图 5.2.18 所示。该方法作用明确、效果显著、应用广泛。

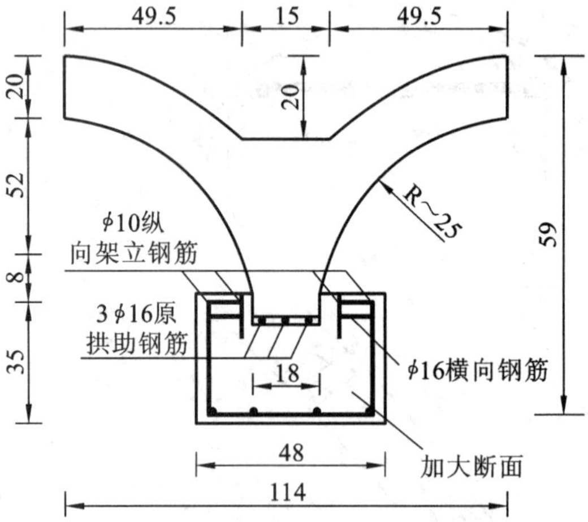

图 5.2.18　扩大拱肋截面加固法

(5) 增设拱肋加固法。可在原桥所有或部分拱肋下新增拱肋,也可在原桥最外侧两拱肋旁新增拱肋并加强横向联系。

(6)调整拱上自重、改变结构体系加固法。当双曲拱桥由于自重或地基承载力不足,致使拱脚发生水平位移或转动、拱轴线发生变形时,在条件许可的情况下,可采取调整拱上自重的布置,改变双曲拱桥结构体系的方法,来改善拱圈受力情况,以达到加固的目的。根据具体情况,常采用的方法有以下几种。

① 拆除拱上建筑,改建为桁架拱,以减轻自重,并使主拱圈主要承受全部活载及活载引起的轴压力。拆除拱上建筑时应保留立柱脚钢筋,以便桁架节点固定在拱圈上。桁架腹杆以三角形为宜,它的下节点较少,可降低构造上的困难,桁架拱的布置如图 5.2.19 所示。

图 5.2.19　桁架拱的布置

② 清除拱上建筑及实腹段范围内的填料,降低拱顶断面高度,浇筑钢筋混凝土桥面板,并用混凝土填料加强原有拱上建筑与桥面板的联系,从而加强拱上建筑刚度,使整个体系向柔拱刚梁转化,促使主拱圈在活载作用下主要承担轴力,而弯矩转让

给加固后的拱上建筑。加固构造措施如图 5.2.20 所示。

③ 当立柱无钢筋且改造为桁架有困难时，可将拱上结构改造为刚架拱，如图 5.2.21 所示。计算结果表明，刚架拱在空腹范围内主拱圈的弯矩要比无铰双曲拱小，而且拱脚弯矩也将减少很多。

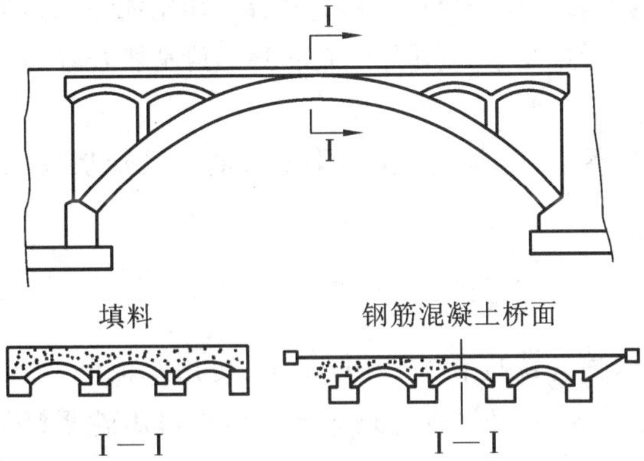

图 5.2.20 加固构造措施

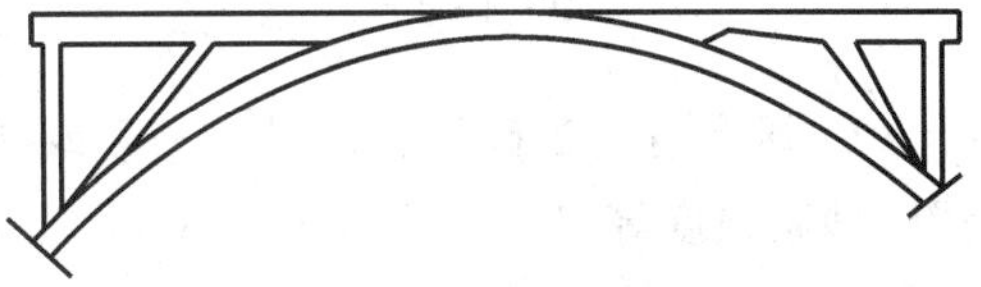

图 5.2.21 改造为刚架拱的方法

(7) 顶推加固法。顶推的基本做法是在一端桥台的拱脚处安装顶推装置，将拱肋自拱脚向跨中方向顶推，使两脚间已发生的相对位移减小以至完全消除，以减轻或消除因桥台位移对上部结构产生的危害。

任务 3 桥梁下部构造的维护与加固

一、工作任务

掌握墩台基础的养护方法，掌握墩台的修理与加固方法，掌握基础的修理与加固方法。

二、相关配套知识

(一) 墩台基础的养护

砖石、混凝土和钢筋混凝土桥梁墩台养护的目的和任务是为使结构物保持完整、牢固、稳定、不发生倾斜，并减少行车震动和基础冲刷。根据《公路桥涵养护》(JTG H11—2004)规定，对墩台基础养护的主要工作内容如下。

(1) 桥梁上下游各 1.5 倍桥长，在不小于 50 m 和不大于 500 m 的范围内，应做到：①河床要适时地进行疏浚，每次洪水过后，应及时排除、清理河床上的漂浮物和沉积物，使水流顺利宣泄；②不得任意修建对桥梁有害的水工建筑物，必须修建时，应采取必要的桥梁防护措施。

(2) 墩台表面必须保持清洁，要及时清除青苔、杂草、荆棘和污秽。

(3) 圬工砌体长期受大气影响、雨水浸蚀而发生灰缝脱落，应重新勾缝。

(4) 混凝土表面发生浸蚀剥落、蜂窝麻面等病害时，应及时将周围凿毛洗净，用水泥砂浆抹平。

(5) 圬工砌体镶面部分严重风化和损坏时，应予以更换。用石料或混凝土预制块补砌，要求接合牢固，色泽和质地与原砌体基本一致。

(6) 梁式桥墩台顶面没有流水坡或坡面凹凸不平、有裂缝时，应及时铺填水泥砂浆或混凝土，做成横向坡度以利排水。

(二) 墩台的修理与加固

(1) 墩台身圬工砌体表面风化剥落或损坏时，损坏深度在 3 cm 以内的，可用水泥砂浆抹面修补，砂浆强度等级一般不应小于 M5。当损坏面积较大且深度超过 3 cm 时，不得用砂浆修补，而需采用挂网喷浆或浇筑混凝土的方法加固，如图 5.3.1 所示。

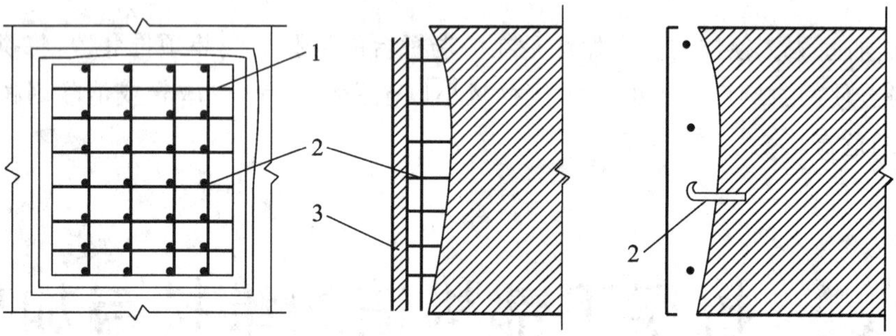

图 5.3.1 混凝土缺损修补

1—钢筋网(直径：8～12 mm)；2—牵钉(间距不大于 50 cm)；3—模板

(2) 当墩台出现变形时，应查明原因，采取下列针对性措施：①由于桥台台背填土遇水膨胀而变形，应挖去膨胀土，检修排水设施填以砂砾，修好损坏部位；②由于冻胀原因引起的变形，应挖去冻土，填以矿渣砂砾等，并封闭表面使其不渗水，修好损坏部位；③属于砌筑不良的变形，应凿去或拆除变形部分，重新砌筑或浇筑；④由于砌筑填缝不实、墩台有空洞的，可择空洞部位附近，开凿通眼，以压浆机压注水泥砂浆或环氧树脂修补。

(3) 当墩台由于水泥混凝土温度收缩、局部应力集中及施工质量不良等原因产生裂缝时，应视裂缝大小分别采取下列措施：①裂缝小于表 5.1.2 所示的规定值时，可进行封闭处理，一般涂刷环氧树脂胶；②裂缝大于表 5.1.2 所示的规定值时，应采用压力灌浆法灌注环氧树脂胶或其他灌缝材料；③石砌圬工出现通缝和错缝不足时，应拆除部分石料，重新砌筑；④由于活动支座失灵而造成墩台拉裂时，应修复或更换支座，并处理裂缝；⑤由于基础不均匀沉降而产生的自下而上的裂缝时，应先加固基础，再视裂缝发展程度，确定采取灌缝或加固墩台措施。对已贯通墩台的裂缝，可用钢筋混凝土围带或钢箍进行加固，如图 5.3.2 所示。

(4) 墩台发生水平位移和倾斜时，应分析原因并按照具体情况确定加固方案。

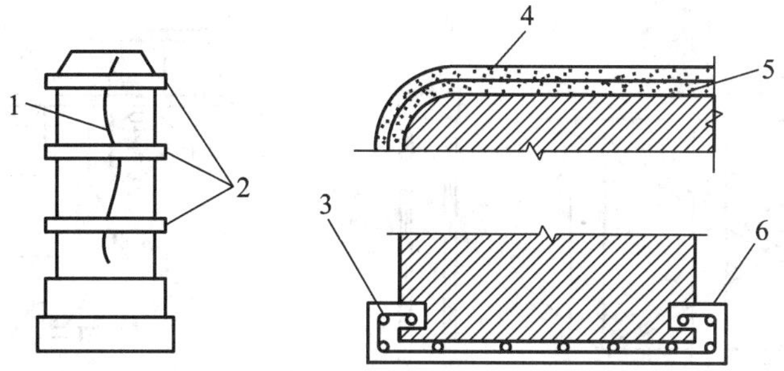

图 5.3.2　围带加固

1—桥墩裂缝；2—钢筋混凝土围带；3—钢筋；4—桥墩环形围带；5—牵钉；6—桥台U形围带

梁式桥台背上压力大，造成桥台向桥孔方向位移，可采取下列方法加固：①挖去台背填土，加厚桥台胸墙，更换内摩阻角大的填料，减小土压力，如图 5.3.3 所示；②小跨径简支架桥可在台间加设钢筋混凝土支撑梁，顶住桥台，以平衡台后土压力，如图 5.3.4 所示。

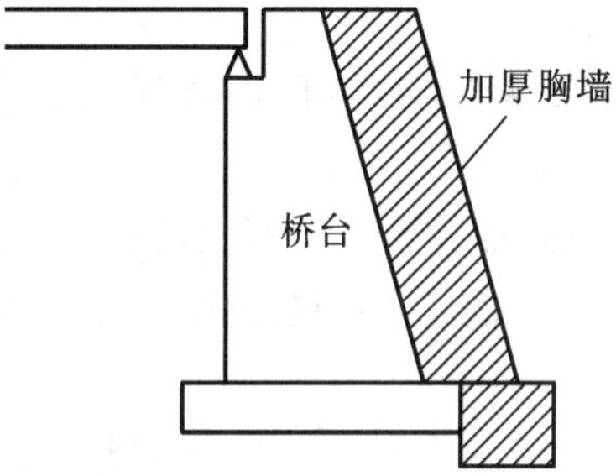

图 5.3.3　加厚胸墙

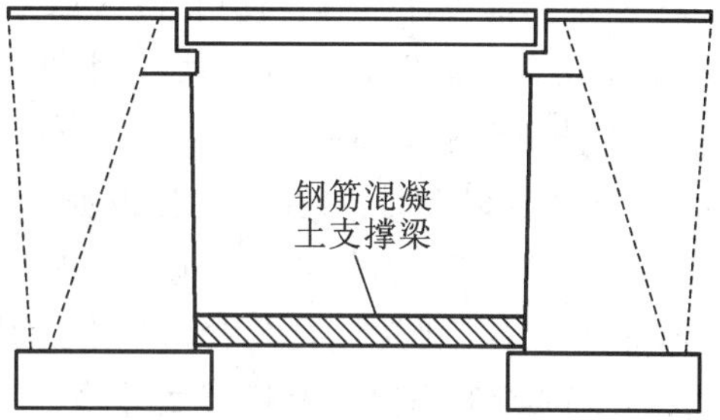

图 5.3.4　台间设支撑梁

当拱桥桥台产生位移和转动，可选择下列加固方案。

①在桥台两侧加厚翼墙，翼墙与桥台牢固接合为一整体，增加桥台横断面尺寸和自重，借以抵抗水平推力。

②当桥台的位移转动尚未稳定时，可在台后增设小跨引桥和摩阻板，以制止桥台继续沉降位移。

桩式墩台如结构强度不足或桩柱有被碰撞折断等损坏，在基桩承载力许可条件下，可采用下列方法修理加固。

① 桩柱式墩台结构的整体稳定性不足时，可采用加固整个桩柱式墩台的方法，即在桩或柱间用槽钢或角钢作横、斜撑连接，以增强整体性和稳定性，钢板箍和横夹板（用槽钢或角钢）用螺栓拧紧。斜夹板可用电焊接合，如图 5.3.5 所示。如盖梁强度不足，也可在盖梁下加横向夹梁，用螺栓拧紧，予以加强。

② 迎水侧桩。迎水侧桩往往被船只或流冰等碰撞损伤，以至折断，可视情况采用下列修理方法：a. 对损伤或折断的桩柱，凿除松动部分混凝土，添加必要的钢筋，立模浇筑混凝土按原式修复，施工时可在伤柱两侧加设临时支撑；b. 在桩柱损伤处，将原混凝土凿毛，外面加设钢筋混凝土围带，使损伤部位得以加强。

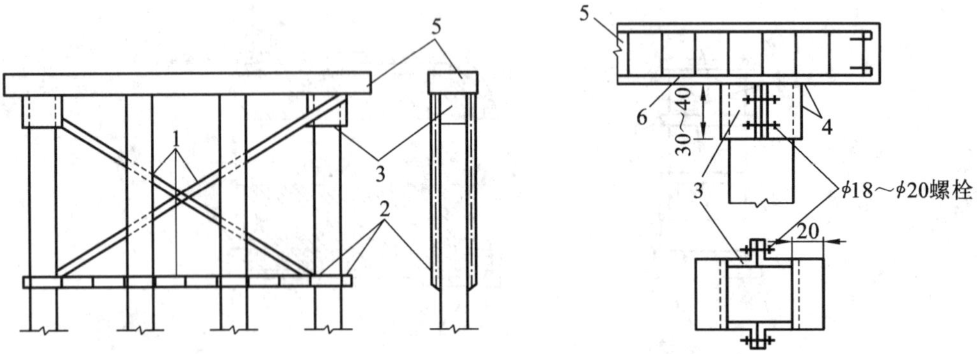

图 5.3.5　桩柱式墩加固

1—槽钢或角钢；2—螺栓；3—钢板箍厚(6～8 mm)；4—连接钢板；5—盖梁；6—主筋

（三）基础的修理与加固

(1) 基础局部被冲空时，可分情况采取下列措施。

①水深在 3 m 以下时，可筑围堰将水抽干，以砌石或混凝土填补冲空部分，达到顶端与基础顶面平齐或稍高于基础顶面。

② 水深 3 m 以上时，可在四周打板桩或其他方法做坝围堰，灌注水下混凝土防护；也可以编织袋盛装干硬性混凝土，每袋装置质量为袋容积的 2/3，通过潜水作业将袋装混凝土分层填塞冲空部分，并注意比基础边缘宽 0.4 m 以上，如图 5.3.6 所示。

③ 当基础置于风化岩上且基底外缘已被冲空时，应及时清除表面严重风化部分。在浅水时，填以混凝土，并将周围风化地基用水泥砂浆封闭。在深水时，要采取潜水作业，铺以袋装干硬性混凝土。基础周围被冲空范围较大时，除填补基底被冲空部分外，还要在基础四周采取下列防护措施：a. 打梅花桩，桩间块、片石砌平卡紧；b. 浆砌块、片石或混凝土预制块，如图 5.3.7 所示；c. 用铁丝、毛竹石笼，或以长鲜柳枝、荆条织成捆，内装片石或卵石，如图 5.3.8 所示。

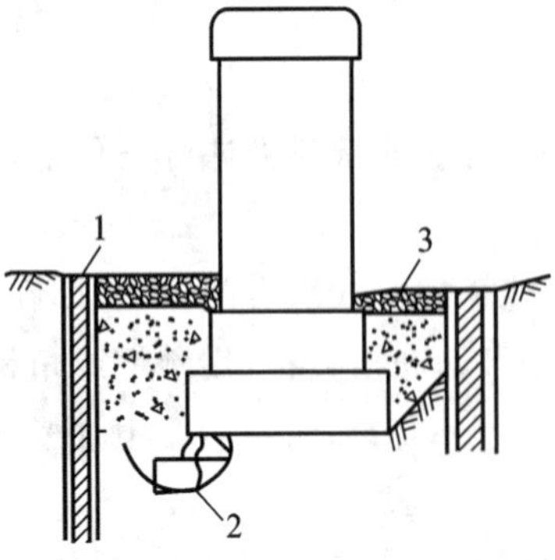

图 5.3.6　板桩及填补混凝土防护

1—板桩；2—抛石或水下混凝土；
3—表面浆砌片石

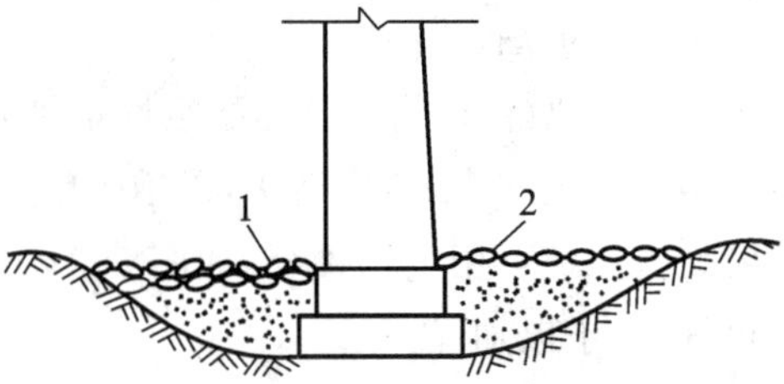

图 5.3.7　块片石防护

1—双层块片石；2—单层块片石

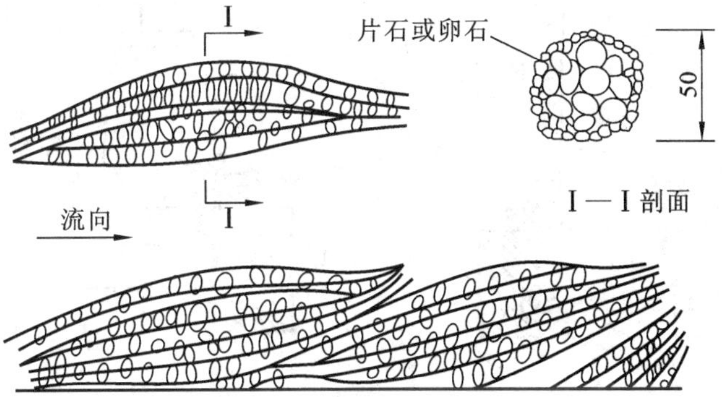

图 5.3.8　铁丝石笼、梢捆防护

(2) 墩台周围河床冲刷严重并危及基础时，除修补被冲空的基础外，必须在洪水期过后，采取必要的防护措施，以防再次被冲坏。

(3) 严寒地区，冬季冰层厚度变化，容易发生浅桩冻拔，深桩环状冻裂。可采取下列防护方法：①冰冻开始时，在距墩台周围 0.2～0.4 m 处凿冰沟(宽 0.5～1.0 m)，沟内填充干草或麦秆等保温材料；②桩基周围冰层很厚时，可打入套管或板桩，中间填以保温材料，如图 5.3.9 所示；③将周围的土挖至冰冻线，将基础和桩的表面涂以沥青，填以重油拌和的粗砂和砾石，上面盖黏土，或用矿渣置换冰冻线以上的土，最后宜做水泥混凝土封层以防渗水再次冻胀；④小桥可用培草、培土、填平冲刷坑和临时抬高水位等措施。

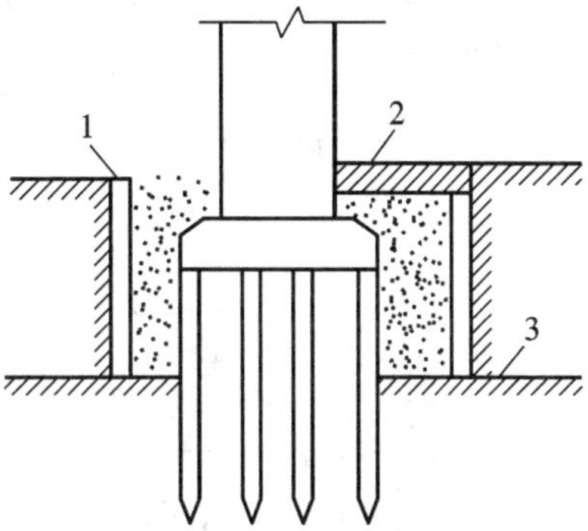

图 5.3.9　冻拔防护

1—套管；2—水泥混凝土；3—冰冻线

为防止桥墩台被流冰和漂浮物撞击，可视河流具体情况，在桥墩上游适当地点设置菱形破冰体以保护桥墩。

(4) 简支梁桥的墩台基础沉降和位移超过下列允许限值，且通过观察继续发展时，应采取相应措施予以加固。

① 墩台均匀总沉降值(不包括施工中的沉陷)为 $2.0\sqrt{L}$ cm。

② 相邻墩台均匀总沉降差值(不包括施工中的沉陷)为 $1.0\sqrt{L}$ cm。

③ 墩台顶面水平位移值为 $0.5\sqrt{L}$ cm。

注：L 为相邻墩台间最小跨径长度，以 m 计；跨径小于 25 m 的，以 25 m 计算。桩、柱式柔性墩台的沉降，以及基桩承台上的墩台顶面水平位移值，可视具体情况确定，以确保正常使用为原则。

(5) 当地基承载力不足引起墩台基础沉降时，可采取下列措施。

① 在刚性实体式基础周围加石砌圬工或混凝土，以扩大基础的承压面。新、旧基础要注意牢固接合，如图 5.3.10 所示。

② 桩式基础周围加钻孔灌注桩或打入钢筋混凝土桩，并扩大原承台，将墩台的压力部分传递到新桩基上，如图 5.3.11 所示。

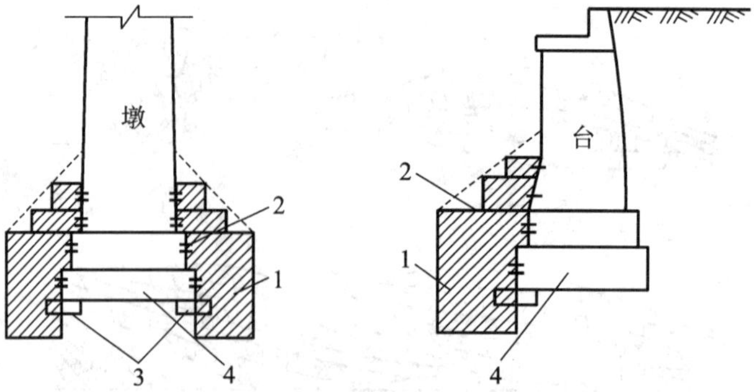

图 5.3.10 刚性基础加固

1—扩大基础；2—新旧基础接合；3—丁石；4—原基础

③ 在墩台基础之下，向墩台中斜向钻孔或打入压浆管，通过孔眼及管孔，在一定压力下压注水泥砂浆、加热的沥青、土的固结剂等提高地基承载力，加固范围和深度应通过计算确定，如图 5.3.12 所示。

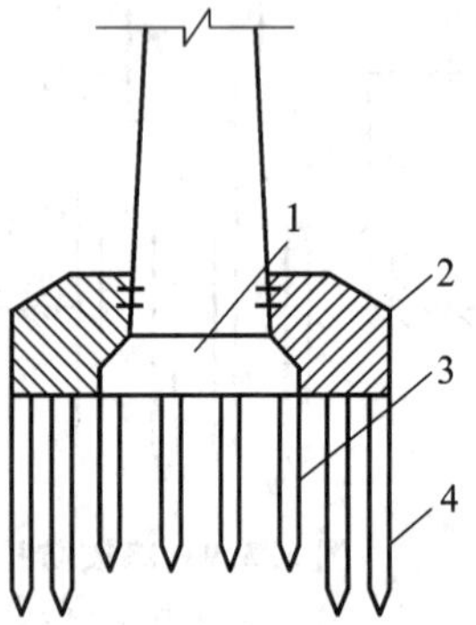

图 5.3.11 增补桩基

1—原承台；2—新承台；3—原桩基；4—新桩基

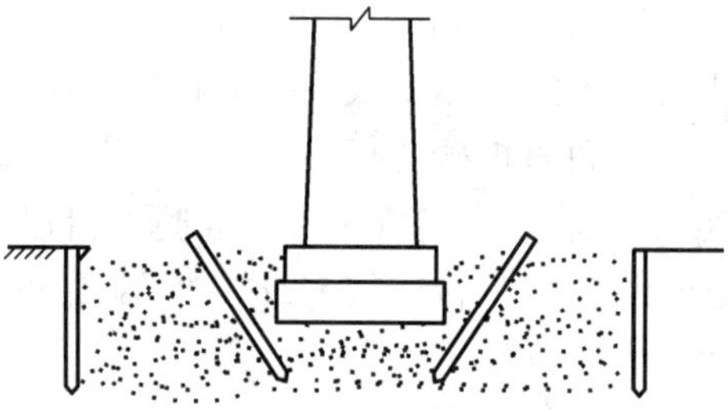

图 5.3.12 加固地基土

任务 4 涵洞的维护与加固

一、工作任务

熟悉涵洞的养护要求，掌握涵洞检查内容、涵洞日常养护、涵洞雨季养护的原则；熟悉涵洞水毁的主要原因、涵洞雨季养护注意要点，掌握预防涵洞水毁的主要工作内容；熟悉涵洞汛期养护、涵洞水毁抢修、涵洞水毁恢复的方法，掌握涵洞的维护措施。

二、相关配套知识

涵洞是公路上数量很多、形式多样且分布很广的一种构造物，是保证公路畅通无阻的环节之一，因此必须认真做好涵洞的养护工作。

（一）涵洞养护的要求与检查内容

1. 涵洞养护的要求

确保涵洞行车安全、排水顺畅和排放适当，保持涵洞结构及填土完好，维护涵洞表面清洁、不漏水。

2. 涵洞检查内容

涵洞应定期进行检查。在洪水和冰雪季节前，应对有缺陷和损坏的涵洞进行实地检查。主要检查下列内容。

(1) 涵洞的位置是否恰当，孔径是否足够，洞内有无淤塞、冲刷。

(2) 涵洞有无开裂或其他破损，填土有无沉陷，涵底、涵墙有无漏水，八字翼墙是否完整。

(3) 进水口是否堵塞，沉砂井有无淤积，洞口铺砌有无冲刷、脱落。

(4) 涵洞内有无积水、积雪，洞身是否冻裂。

(5) 现有涵洞设备是否能满足需要，是否需新建涵洞。

（二）涵洞日常养护

涵洞日常养护的主要任务与要求如下。

(1) 及时清除洞口和洞内的淤积杂物和积雪，并将其抛弃到路基边以外的适当地点。

(2) 洞口和洞底铺砌发生变形、沉陷、破损和漏水时，均需及时修理，并整理上下游沟槽，使水流的坡度保持顺适。

(3) 涵洞出水口的跌水、急流槽与洞口接合处发生裂缝时，应采用干燥麻絮浸透沥青填实，构件也应根据损坏程度及时修理或更换。

(4) 木涵上的螺栓、铁件如有松动、锈蚀、失落、损坏时，应当及时拧紧、更换或补充齐全。木构件也应根据损坏的程度及时修理或更换。

(5) 倒虹吸管易破裂、漏水，要认真检查，若虹吸管顶面出现湿斑，应及时停止使用，挖开修理，更换软化的路基填土和破裂的管节。接头处必须填塞紧密。

(6) 管涵的接头处和四铰涵管铰点的接缝处发生填缝料脱落时，应采用干燥麻絮浸透沥青后填实，不得采用灰浆抹缝的办法修理。

(7) 砖、石涵洞的表面发生局部风化、轻微裂缝时，一般可用水泥浆或环氧树脂封闭。灰缝脱落，应及时修补。

(8) 涵洞上下游的路基护坡、引水沟、泄水槽、窨井和沉淀井发生变形或沉陷时，一般因设计和施工不良造成，必须认真修复。

(9) 砖石拱涵的洞顶漏水，应挖开填土，用高标号水泥砂浆修理损失部分，再衬铺胶泥防水层 10～15 cm，或用油毡防水层（两层毡三层油），应认真重做，以防止渗漏。

（10）在开挖修理时，必须开设便道或采取半幅施工，设立标志、护栏，保障施工和行车安全。

（三）涵洞雨季养护

在一年四季中，涵洞均有可能不同程度地遭受暴雨、洪水、风沙和冰雪等自然灾害，尤以雨季最为严重。因此，不同的季节养护应以雨季为重点。

1. 涵洞雨季养护的原则

涵洞雨季养护必须遵循“预防为主”的原则。因此，每年的汛前检查十分重要，必须认真做好涵洞的水毁预防。在检查中发现水毁隐患时，应采取适当的工程技术措施，及时防治，并应注意提高其抗御能力，以减少水害。尤其是一些偏小的涵洞孔，应验算其在设计洪水条件下是否具有充分的抗洪能力，做出评定并提出处治办法。陡坡涵洞的上下游必须增设防护设施时，应采取适当的山坡排水工程技术措施。涵洞的孔径大多按无压力式计算，对无压力式涵洞，可根据洞内顶点至最高流水面净高，做出抗洪能力的评定。

2. 涵洞水毁的主要原因

防治涵洞水毁要做到有的放矢。涵洞水毁的主要原因大致归纳如下。

（1）抗御洪水能力极差的危险涵洞。

（2）进水口或洞孔淤积严重，甚至堵塞。

（3）洞口、洞底铺砌层破损，易被洪水冲刷破坏，造成基础冲空。

（4）进水口或洞孔被漂浮物堵塞。

（5）遭受大型漂浮物、流冰或波浪冲击。

（6）涵洞位置不当，其主要原因有二：一是设计、施工所致；二是后来沟床的不利演变，致使水流不顺畅，洪水冲击翼墙和周围路堤，进而造成水毁破坏。

（7）洞孔偏小，或发生超过设计频率的洪水，造成过高的涵前壅水，从而产生过大的动水压力和浮力，甚至水过涵顶，致使涵洞推倒或冲移破坏。

（8）傍河路线上的涵洞，因河道的不利演变而造成的水毁破坏。

3. 涵洞雨季养护注意要点

（1）山区公路，因沟床坡度陡，水流流速大，洞口、洞底铺砌层和跌水槽、急流槽易受洪水或漂流的大块石冲击而遭受破坏。

（2）平原区公路，洞口、洞孔和上下游沟槽被泥沙杂物淤积，造成水毁。

（3）傍河路段的下游洞口易遭受大河洪水冲击破坏。

4. 预防涵洞水毁的主要工作

在洪水来临之前，必须认真做好水毁预防，以保证涵洞具有良好的技术状况和抗洪能力。为此，在洪水来临之前必须做好以下工作。

（1）清除洞口和洞孔淤积杂物。

（2）整修沟床，使水道平整、顺畅，并注意清除涵洞上游有可能漂流的大块石，以免洪水冲击涵洞或堵塞洞孔。

（3）认真完成遗留病害的处治和拟建水毁预防工程。

(4) 涵洞位置不当的，一般可改建上游沟槽，并用水泥砂浆砌片或混凝土预制加固沟底和沟壁，使水流顺适，保证涵洞不漏水。

(5) 山区涵洞必须增设上游或下游陡坡排水设施时，应力争在洪水来临前修建。

(6) 孔径偏小的涵洞，应按汛前检查时验算的结果，根据地形、地质情况进行设计，采取一侧或两侧加孔，或扩大孔径(尽可能利用一侧涵台)的措施。施工时要开设便道，或采取半幅施工方式，并设临时标志、护栏，保证交通安全和施工安全。

5. 涵洞汛期养护

大雨或洪水期间，除组织昼夜巡视外，还必须有加强养护重点地段。

(1) 洪水期间，有些沟谷往往有大量草木等漂浮物或漂流的大块石，在有些高寒地区会有流冰冲击或堵塞涵洞。傍河路线，因为河道的不利演变，洪水波浪和漂浮物也会冲击涵洞。因此，在大雨或洪水期间应主要做好下列工作。

① 在涵洞上游及时打捞清除漂浮物。

② 洞口发生堵塞现象时，必须立即排除。

③ 洞口及其周围路堤被洪水破坏时，应立即用草袋、麻袋、编织袋装土石防护，以免水毁扩大。

④ 当涵洞发生局部和全部水毁，危及行车安全或阻车时，必须立即在其两端竖立危险警告标志或停止通车标志，以保证行车安全。

(2) 每次雨后或洪水以后，都要立即进行检查、维修，以减免水害。检查、维修内容有以下几项。

① 清除沟槽、洞口和洞沟淤积杂物，尤其是要清除涵洞上游沟床可能漂流的大块石。

② 进出水口或洞身、洞底的水毁破损处，均需及时修补，以防扩大。

③ 洞口、洞底已冲刷成深坑或基础冲空时，应及时加固。一般可用拌成半干湿的混凝土装入麻袋或草袋(约 2/3)，将冲空部位堆置密实，然后灌注混凝土。若冲空部位无水流或积水时，可用片石混凝土(或混凝土)填实。

④ 傍河路线因河道的不利演变，危及涵洞安全或造成水毁时，应立即用装土、石草袋(麻袋或各种编织袋)或石笼防护，待雨季后再按设计增设防护工程，修复水毁涵洞。

6. 涵洞水毁抢修

涵洞的局部或全部遭受水毁破坏，危及行车安全或阻车时，必须立即组织抢修，并尽量缩短阻车时间。根据“先抢通，后恢复”的原则，一般应采取以下抢修措施。

(1) 开设便道或搭设便涵，以维持雨季交通。

(2) 无法在雨季抢修恢复水毁破坏的部位时，必须根据具体情况立即采取临时性的防护措施，以免水毁继续扩大，如抛石、装土、石草袋(麻袋或各种编织袋)和石笼防护等。

(3) 在降雨量较少的地区，且地质情况较好的小涵洞，也可在雨季抢修恢复，并应采取雨季施工的必要措施，免遭水毁。

7. 涵洞水毁恢复

涵洞遭受局部或全部水毁破坏后，进行恢复时应有充分的科学依据。因此，必须认真调查，分析发生水毁的原因，精心设计、精心施工，修一处、保一处，并提高其抗洪能力，逐步减少涵洞水毁。

（四）涵洞的维护措施

1. 疏通清理

当涵洞进出口或洞身中淤积有泥沙或杂物、积雪时，应及时进行清理，疏通孔道，以保持流水畅通。洞底铺砌层、洞口上下游路基护坡引水沟、泄水槽、窨井（检查井）和沉砂井等处如发生淤积变形、塌陷，致使排水受阻，应及时清理，疏通所有排水设施，并对破损部分加以修理。

2. 堵漏和修理

涵底、涵墙及出水口的跌水设施与洞口接合处开裂、管涵的接头处及四铰涵管铰点接缝处出现裂缝或填料脱落而发生露缝、浆砌砖石涵洞洞（底）顶漏水、管涵的管节由于基础沉落发生严重错裂等破损现象时，应根据其具体情况，及时进行堵漏和修理。可以采用下述措施：疏整水道，使洞口铺砌与上下游水槽坡道平齐顺适；保持洞中底面平顺和一定纵坡，使水流不发生漩涡，并用水泥砂浆勾缝、铺底；衬砌胶泥防水层等。

3. 加固

对有些破损，必须采取加固措施。木涵洞上的螺栓铁件如有遗失、损坏、松动、锈蚀，应分别拧紧或补充更新；有的部件损坏严重时应予以更换；砖石、混凝土及钢筋混凝土端墙和翼墙如有离开路堤向外倾斜或鼓肚现象，应视情况采取开挖填土更换，或加固基础等措施；管节因基础被压沉而发生严重错裂，则可采取挖开填土加固基础并重做砂垫层的措施；砖石拱涵的加固，一般可采取拱圈上加拱的方法；对涵洞出水口处冲刷严重者，可采取浆砌块石铺底，并加水泥砂浆勾缝，铺砌末端设置混凝土或浆砌块石抑水墙，或在出口加做缓流的消力槛、消力池等设施或作三级挑坎（栏）处理。

对涵洞开挖修理加固时，应采取边施工、边维持通车方式，并应设立标志、护栏以确保安全。

任务 5 调治构造物的维护与加固

一、工作任务

熟悉调治构造物的养护方法，熟悉调治构造物的维修与加固方法。

二、相关配套知识

调治构造物包括导流堤、梨形堤、丁坝、顺坝和格坝等。调治构造物的作用是引导水流均匀、顺畅地通过桥孔，防止和减少桥位附近河床和河岸的不利变迁，保证桥梁墩台基础、河堤以及引道的稳定和安全。

(一)调治构造物的养护

对需要增建或改建调治构造物的桥梁,应查明每年河床与调治构造物的变化,并做记录,其内容如下。

(1) 桥位处河床状态。包括河槽对桥梁的相对位置、宽度、弯曲状况,河滩宽度、土质,有无沙洲、支流、水塘和冲刷坑以及植物覆盖和航行情况。

(2) 各种水位标高。包括历史洪水位、常水位、枯水位、流冰高水位、流冰低水位以及观测的日期;桥墩上有无常设的水位尺,是否鲜明完好,其零点标高与国家水准点的标高是否相同;桥台上游侧面有无当年的最高水位标记。

(3) 洪水通过形态。包括流速、主流方向及流量,有无涡流、斜流、流速不均匀、沉积不规则,水流是否偏离正常通道以及有无漂浮物等。

(4) 结冰及流冰状况。结冰时间、封冰范围、解冰时冰层厚度及冰色变化,冰层初期移动时间、流冰开始和持续时间以及流冰密度、冰块尺寸。

(5) 调治构造物工作状况。是否能正常发挥调治功能,着重检查桥下有无冲刷、淤积继续发生。

另外,经常巡视并及时清除调治构造物上的漂浮物、杂草和荆棘等;各调治构造物边坡受到洪水冲刷与波浪或流冰冲击、坡脚发生局部破坏时,应及时抛压片石防护;因河道改变而增做护岸工程容易受洪水冲刷,要注意坡面有无变化、基础是否牢固,发现问题及时处理。

(二)调治构造物的维修与加固

(1) 根据需要,将临时性的竹木、铁丝、石笼的调治构造物,有计划地改成浆砌块片石或混凝土永久性结构。

(2) 如调治构造物的边坡不足以抗御流水冲刷或流冰冲击时,应进行加固。加固方法、形式与引道护坡相同,淹没式的需加固至坝顶;非淹没式的加固高度,应高于设计洪水位至少50 m。

(3) 通过一定时期的观察,发现调治构造物的位置不当,或个数、长度不足,不能发挥正常作用时,应在洪水退后进行改建。

(4) 砌石调治构造物由于遭受漂浮物的撞击,基础冲空,发生损坏或砌缝开裂时,应立即进行修理。

(5) 当河道变迁、流向不顺或因桥梁上下游河道弯曲形成斜流或涡流危及桥梁墩台、桥头引道时,应根据不同情况增建调治构造物,具体情况如下。

① 导流堤。变迁性河流河滩不太宽时,可修建不漫水的封闭式导流堤,从桥孔一直延伸到基岸,封闭变迁区。与桥梁衔接部分应做成曲线,而与边岸衔接的上游段可做成直线,如图5.5.1所示。

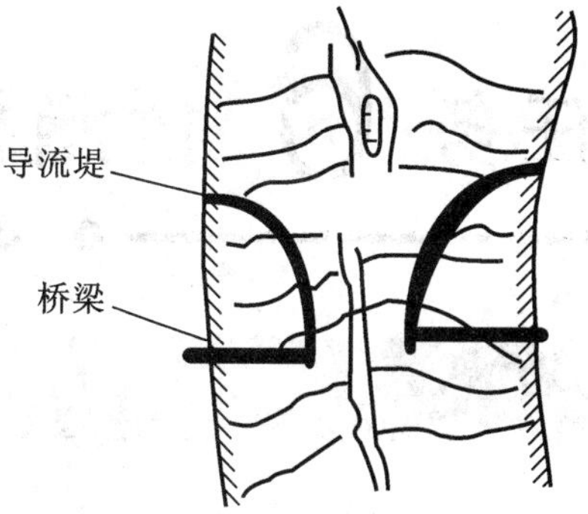

图 5.5.1　通过变迁区的导流堤

② 梨形堤。当河滩很宽、变迁很大时,为节省造价,

可修筑短的梨形堤，并加固引道路堤，如图 5.5.2 所示。

③ 丁坝。河床演变比较剧烈时，可在桥头引道的一侧或河岸边设置丁坝将水流挑离桥头引道和河岸，改变水流方向，使泥沙在丁坝后淤积。成群布置丁坝，其位置、方向、坝长等应符合导治线，其几何尺寸及与水流交角按有关设计确定，如图 5.5.3 所示（L_1、L_2、L_3 为丁坝间距）。

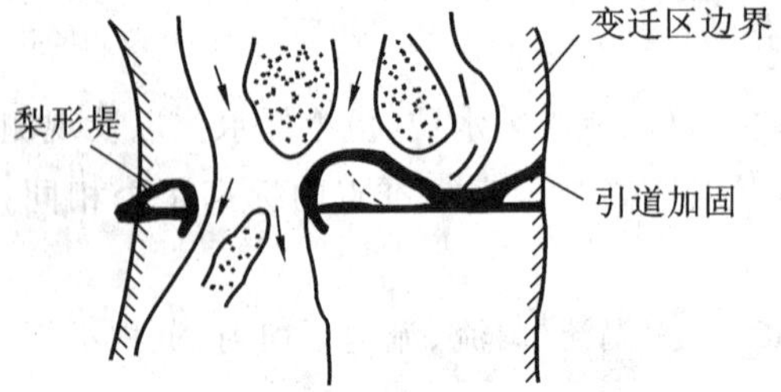

图 5.5.2　短梨形堤

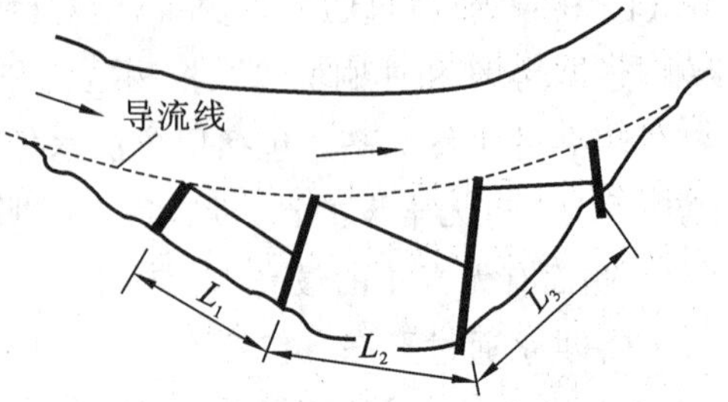

图 5.5.3　河岸边丁坝布置

④ 顺坝、格坝与丁坝的联合布置。由于上游第一个丁坝易遭冲刷损坏，可改为顺坝，组成联合布置，如图 5.5.4 所示。应注意短丁坝群头部的连线必须吻合导治线的一条平滑曲线，曲线两端需与河岸平顺连接，使水流不致突然改变方向。

(5) 导流堤与丁坝的联合布置。当引道路堤伸入河滩较长、桥梁与河道正交时，为防止滩流对路堤的冲刷，可在河滩引道上设置如图 5.5.5 所示的导流堤加丁坝群的联合布置。注意丁坝头部的连线应为一直线，使各丁坝充分发挥其挑流能力。

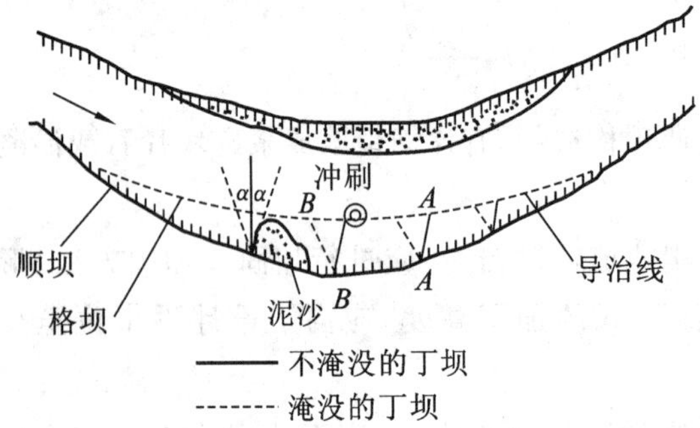

图 5.5.4　顺坝、格坝与丁坝的联合布置

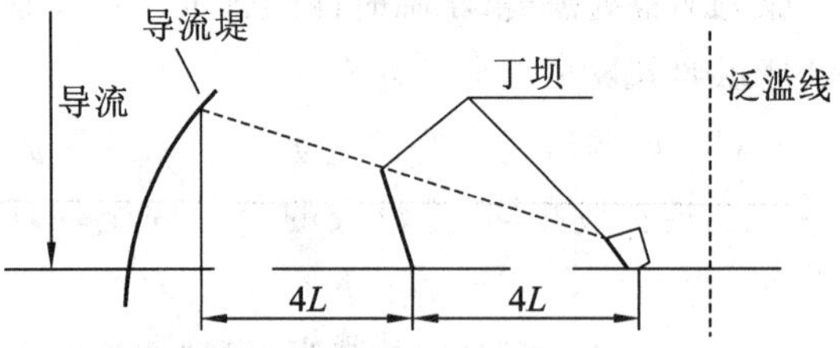

图 5.5.5　导流堤与丁坝的联合布置

任务 6　桥涵构造物的预防性养护

一、工作任务

熟悉水毁防治的内容，掌握洪水期的抢险与维修及冰害防治、冻害防治措施，掌握泥石流防治措施。

二、相关配套知识

由于桥梁所处的环境位置，承受自然灾害是不可避免的。自然灾害的出现是随机的，一般说来，破坏性越严重的灾害出现的频率越小。基于经济技术条件，桥梁设计时是依据道路等级、结构物的规模及重要性，针对一定频率的灾害来设防。超过设防限度，就会造成损害，因此要有应对超过设计安全度以外灾害的应急预案。灾害事件发生，轻则损伤桥梁结构，影响其安全性和耐久性，重则造成桥梁毁坏、交通中断，使生命、财产造成重大损失。因此，在桥梁养护管理中对防灾、减灾应做到高度重视，常备不懈。实践证明，加强防护、消除隐患以及准备充分的灾害应对措施可以大大减少灾害的危害程度。对桥梁防灾减灾方面应按“预防为主，防治结合，保证安全”的方针，积极防治，做到治早、治小、治轻以致根除隐患，应通过社会效益、技术经济的综合比较来确定治理措施。

重要的大、中桥梁及易遭受灾害的桥梁，宜事先储备必要的材料和设备，制订应急预案。一旦发生灾害，及时组织抢修，抢修时应以尽快恢复交通为第一位，确保安全通行。确定抢修方案时，要考虑其在后期恢复工程中能够被充分利用。

（一）水毁防治

抗洪能力评定是一项重要的基础工作，是实行科学管理的要求。一般应每3～6年进行一次评定，公路管理机构视辖区的具体情况做出规定。山区公路桥梁，因洪水造成破坏的概率较大，故建议每年评定一次。

根据桥长及孔径大小、桥孔位置、桥下净空、基础埋深、墩台冰害等情况，将公路桥梁的抗洪能力划分为强、可、弱、差四个等级。现场检查与测量后，按公路桥梁原有的技术等级进行检算评定。其评定标准件如表5.6.1所示。

表5.6.1 桥梁抗洪能力评定标准

等级	评定标准
强	1.桥下实际过水面积满足设计要求，桥下净空符合规定； 2.桥(孔)位置合适，调治构造物设置合理、齐全，河床稳定； 3.基础埋深足够，基底埋深安全值满足要求，浅基础已做防护，防护周边的冲刷深度小于设计冲刷深度； 4.墩台无明显冲蚀、剥落
可	1.桥下实际过水面积基本满足设计要求，河道压缩小于10%，上部结构底面标高与设计水位相同； 2.桥(孔)位置略有偏置，设置调治构造物，调治构造物有局部缺损，河床基本稳定； 3.基础埋深基本满足要求，基底埋深安全值满足规定的60%，浅基础防护基本完好； 4.墩台有冲蚀、剥落，面积小于10%

续表

等　级	评定标准
弱	1. 桥下实际过水面积大于设计的80%，不满足设计要求或河道压缩小于20%，上部结构底面标高基本与设计水位相同； 2. 桥(孔)有偏置，调治构造物不齐全或有较大损坏； 3. 基础埋深安全值较低，在规定的30%～60%以内，浅基础防护有破坏； 4. 墩台冲蚀、剥落，面积超过10%，有露筋及钢筋锈蚀
差	1. 桥下实际过水面积小于设计的80%，或河道压缩超过20%，上部结构底面标高低于设计水位； 2. 桥(孔)偏置，应设而未设调治构造物，或调治构造物严重损坏； 3. 基石埋深不够，基底埋深安全值在规定的30%以下，浅基础未做防护或防护被冲空面积在20%以上； 4. 墩台冲蚀、剥落严重且面积超过20%，桩顶外露或有颈缩、墩台砌体松动、脱落或变形、脱落及钢筋锈蚀严重

汛期的水文观测，尤其是行洪过程的水文观测，对于掌握洪水动态、判断对桥梁的影响十分重要。一般观测，只记录当年最高洪水位；对处于不良状态的河床，或因养护管理的特殊需要，可增加流速、流量、流向等观测项目，还可观测河床断面冲刷情况。水位观测一般采用水尺测读，水尺可设置在桥台、桥墩或调治构造物上。未设置水尺的，可用水准仪巡回测量洪水线高程。流速和流向观测可采用浮标法。

防洪能力的评定及水文观测都是为了指导桥梁的养护、维护与加固。评定为弱或差等的，已经不能满足正常使用的要求，应进行维修加固。

水毁预防包括汛期前的技术检查与采取预防工程措施，如清淤、加固维修、增设防漂浮物碰撞的设施及调治构造物等，以及做好抢修的各种准备。

近年来，盲目挖砂取石，破坏桥梁上、下游河道造成桥梁水毁的恶性人为灾害较多，2002年6月陇海铁路全长368.5 m的灞河桥被低频率的洪水冲毁，中断交通近3个月，造成巨大的经济损失和严重的社会影响，轰动全国。公路桥梁直接毁于人为破坏河道的更是时有发生。因此，应加强检查桥位上、下游有无挖砂取石和人为破坏河道危及桥梁安全的行为。

增设和调整各种调治构造物，也应该引起重视。引起河势变化的因素较多，一般说来，修建桥梁、设置调治构造物都会引起河道水文条件的变化，有的变化可能与原设计的目的不符。因此，调治构造物的设置往往不能一劳永逸。在桥梁的使用过程中，应结合抗洪能力评定工作勤加检查，并采取相应的工程措施。

针对以上情况，水毁预防措施有以下几点。

(1) 每年汛期前，应对公路桥梁进行一次预防水毁的技术检查。其主要内容如下：①桥梁墩台、调治构造物、引道、护坡、挡墙结构是否完好，基础是否冲空或损坏；②桥下有无杂草、树枝、石块等杂物淤塞河道，桥位上下游有无堆积物、漂浮物；③桥梁上游河道是否稳定，水流有无变化，桥梁下游是否发生冲刷；④有无挖砂取石对桥梁上下游河道造成破坏的情况；⑤调查桥梁上游附近有无水库及其设计标准，是否存在病害隐患。

(2) 为防止或减轻洪水对桥梁的危害，在雨季和洪水来临之前进行下列水毁预防工作：①做好河道清淤工作;②修理、加固、改善或增设各类调治构造物及基础防护构造物;③采取适当措施,防止漂浮物大量进入桥孔;④做好抢险物资和设备的准备。

(3)在漂浮物较多的河流,为避免漂浮物撞击桥墩,可在桥墩前一定距离处设置防撞设施。其形式可根据水流缓急、水位高低、漂浮物多少、流量大小等选择,一般可采用单桩、群桩或三角形护墩等。

(4)公路管理机构的雨天、汛期巡查和值班制度必须坚持,汛期应组织人员对所辖路线上的桥梁进行昼夜巡查,防洪指挥部门应实行全天24小时值班制度。小的水毁及时进行处理排除;发生严重毁坏,危及行车安全时,应立即在桥梁两侧设立警告标志或禁止通行标志,或由专人负责指挥车辆,防止车辆在断桥处发生跌陷失事等二次事故,并及时组织抢修,及时向上级报告。

(二)洪水期的抢险与维修

抢险的主要工作有:防止因漂浮物在桥墩处聚集阻水,加大对桥梁的冲击力;基础冲刷的紧急防护,用抛填块石、沉砂袋、柴排等防止冲刷继续扩大;引流分洪等。

洪水期间的抢险,应针对不同情况采取下列措施。

(1)监视漂浮物在桥下的通过情况,必要时用竹竿、钩杆等引导其顺利通过桥孔。对堵塞在桥下的漂浮物,应随时移开或捞起。

(2)洪水时,如桥梁墩台、引道、护坡、锥坡发生冲刷,危及构造物安全时,应采取抛石、沉砂袋或柴排等紧急措施进行抢护。但抛填不能过多,以免减少泄水面积而增大冲刷。抛填块石时,可设置临时木溜槽,以控制抛填位置。

(3)遇特大洪水,若采用抢险措施仍不能保障安全的重要桥梁,在紧急情况下,经上级主管部门批准,可用炸药炸开桥头引道宣泄洪水,以保护主桥安全度汛。

由于洪灾的情况不同,抢修工作应相机处治,果断指挥。当发生桥梁毁坏、交通中断等严重灾情时,应安排车辆绕行,并组织抢修便桥、便道,尽快恢复交通,可报请当地人民政府支持抢修工作。

在抢修便道、便桥时,应遵循下列原则。

(1)便道、便桥应选择在被毁桥梁附近较窄的河段上,两岸地形较高、工程量较小处,且不会影响恢复原桥或新建桥梁的施工。

(2)便道、便桥应就地取材、施工方便,有利于快速建成。

(3)在宽滩性河流上修筑便道、便桥时,可采用漫水式,必要时应对便道上、下游边坡做防冲处理。

(4)便桥可采用较小跨径及较短桥长,能满足宣泄水流最低要求即可,可采用钢梁桥或木桥,宜用简单的结构形式。无论何种便桥,必须满足承载力和稳定的要求。

(5)漫水便道、便桥应设置鲜明的警示水位标志,限速、限载标志、行车道宽度标志。

(6)便道、便桥宽度可根据通行要求确定,一般不小于4.5 m。

(7)便道、便桥附近应备有应急的抢修物资,以随时修复损毁的便道、便桥,保证交通顺畅。

出现需要中止交通的情况,应按规定逐级上报,同时向有关部门通报情况,通过新闻媒体或互联网,向社会发布信息。绕行便桥、便道的标志应在需要绕行的路段路口前方设立,避免给道路使用者造成返行的麻烦。

（三）冰害防治

防治冰害的方法主要有两种：一种是针对水源不大的情况的防治，即通过工程措施截流或防冻疏流，一般用于中、小桥；另一种是防治解冻时冰凌对桥墩的撞击，实行爆破的方法，一般用于大江、大河的大型桥梁。

针对冰害的具体情况，预防措施如下。

(1) 应根据以往的治理情况，结合现场调查，对桥梁冰害进行分析研究，以制订预防和抢修措施。

(2) 对河流水源不大、入冬后河面结冰，且冰面上升造成桥孔被堵或在路上形成冰坝的情况，可选择下列方法进行防护。

① 桥梁上游如有大片低洼地，可用土坝截流。

② 河床纵坡不大的河流，可于入冬初在桥位下游修筑土坝，使桥梁上、下游约 50 m 范围形成水池。水面结冰坚实后，在水池上游开挖人字形冰沟，同时在下游河床最深处挖开土坝，放尽池内存水，保持上下游进、出水口不被堵塞，使水从冰层下流走。

③ 在桥位上下游各 30～50 m 的水道中部顺流开挖冰沟，用树枝、柴草覆盖，再加铺土或雪保温，并经常检查、维修，使冰沟不被冻塞，解冻开始时将其拆除。

(3) 防止流冰对桥墩、台、桩的危害，可采取下列防护方法。

① 解冻前，对桥梁上游 5 km 河道中的冰层及其厚度进行调查、勘探。为防止流冰威胁桥梁安全，应备足抢护材料、工具和照明设备。在流冰期，由专职小组进行检查、观测和抢护，并提前在桥边设置悬梯，在墩台和破冰体之间搭设跳板以利抢护工作进行。

② 解冻临近时，在桥位下游用人工或爆破方法开挖冰池。开挖长度为河面宽的 1～2 倍，宽度为河面宽的 1/3～1/4，并不小于最大桥跨。当河面宽度小于 30 m 时，开挖长度宜增加到河面宽的 5 倍，冰池下游应开凿 0.5 m 宽的横向冰沟。当冰块很厚且有强流冰发生时，可在桥台、墩、桩、破冰体周围及桥位下游 20～25 m 范围内，开挖纵横冰沟。应经常检查冰池、冰沟，若有冻结应反复捣开。危急时刻，可在下游用撬棍、长杆、钩杆等工具，将凿开的冰块逐一送入冰层下流走。

③ 流冰临近时，应清除上游冰层。冰层厚度在 30 cm 以下的，可用人工撬拨；大于 30 cm 的，宜用炸药炸碎；对较大的流体冰，应在上游用炸药炸碎。

（四）冻害防治

对含水的岩土，当温度降至负温时，所含水将从液态转变为固态的冰，此时因体积膨胀而产生冻胀力，水还产生胶结力（冻结力）等。伴随着土中水的冻结和融化，会发生一系列冻土现象（冻胀丘、冰锥、冰湖、融冰滑塌、冰胀与融沉等），以及冻结过程水分迁移、冰的析出。这些冻土现象，构成了对工程建筑物稳定性和安全性的威胁，一般称之为冻害。

对多年冻土地区的桥梁结构，冻土融化除使地基土承载力、抗剪强度等发生急剧下降外，水分的挤渗排出还会产生融化沉降变形（简称融沉），尤其是不均匀的融沉会造成结构的破坏。防治融沉主要采用保护覆盖法，即尽量不破坏基础周围的地表覆盖层，尤其对草皮和泥炭层更应注意，以减少热量散失。对已发生轻微融沉的桥梁，应在融化前采用隔热保冻措施，用隔热性好的材料或土壤换填覆盖，保证地基土处于冻结状态。

对季节性冻土地区的桥梁结构，由于土的冻胀作用可使地基产生不均匀冻胀变形、基桩冻拔；对支挡结构物（桥台前、侧墙，挡土墙等）会在墙背产生远大于土压力的水平冻胀力，使桥台产生破坏（如八字墙外倾、前墙与侧墙开裂），使轻型桥台台身断裂等。

冻胀防治的主要措施如下。

(1) 基侧换土。将基础侧面的冻胀土挖除，换填纯净的粗颗粒不冻胀土，换土厚度不小于2.0 m或2倍桩径。若换填土下是不透水黏土层时，由于冻结时未冻水无通路挤渗排出而降低防冻胀效果，这时可加深换填深度或采用盲沟加深排水。

(2) 改善基础侧面光滑程度。将原粗糙的基础侧面，改建成表面光滑的侧面，并用工业凡士林、沥青渣油或渣油表面活性剂（活性剂可用铬盐和憎水性脂肪胺）等涂抹基础侧面，也可在侧面铺油毛毡，以减少冻结力。

(3) 分离式套管法。用于桩基础的防冻，套管可采用钢或钢筋混凝土制作，为防止套管因土冻胀而被不断拔出，可在套管底部焊板或加翼缘，套管与桩之间填充砂石与渣油（或腊）的混合料。

（五）泥石流防治

泥石流是山区公路中危害桥涵构造物的主要灾害之一。泥石流的成因较复杂，涉及气象、地形、地质等方面。按照物质组成和运动特性，泥石流可分为下列三种。

(1) 黏性泥石流。固体物质含量达40%～60%，最高可达80%，含有大量黏土和粉土并夹有石块，水和固态物质凝聚为黏稠的整体，以相同的速度做整体运动，大石块或黏土浆包裹的泥球漂浮于表面而不下沉。流经弯道时有超高和裁弯取直作用，破坏力极大。

(2) 稀性泥石流。固体物质含量在10%～40%，黏土和粉土物质含量少，水和固体物质不能形成整体，水浆构成的泥浆速度远大于石块速度，石块在床面以滚动的方式运动，并有一定的分选性。

(3) 泥流。固体物质为粉砂，平均粒径小于1 mm，含量为60%以上，其中粒径小于1 mm的粉砂占90%以上。

对泥石流的治理，可采用工程措施、生物防护等以消除其成因，改变形成泥石流的环境条件，此项工作涉及部门较多，应由人民政府协调各有关方面综合进行。公路管理机构主要考虑线路和构造物的安全，应从泥石流类型、发生频率、规模等因素判定危害程度，拟定防治方案，一般多采用绕避或疏导。当泥石流规模小、危害程度轻时，宜用疏导的方案，包括桥孔清淤、增设调治构造物等。由于泥石流的冲击破坏力大，设置调治构造物宜导不宜挑，否则可能引起调治构造物的破坏，或对下游造成新的危害。对于规模较大，破坏力强的泥石流进行防护，耗费很大，经比较可采用改道绕避的方法，使桥梁在泥石流冲积扇的上游跨越，有条件的地方，也可在泥石流形成区域采取措施安全通行。

复习思考题

1. 桥梁技术状况评定标准分哪几个等级？各类桥梁技术状况的评定标准是什么？

2. 桥梁的经常检查包括哪些内容？

3. 桥梁定期检查包括哪些内容和要求？桥梁定期检查报告的主要内容是什么？

4. 桥梁上部结构检查有哪些内容？

5. 伸缩缝的经常检查有哪些内容？桥梁伸缩缝的常见缺陷及损坏原因是什么？桥梁伸缩缝处跳车的处置措施有哪些？

6. 简述更换一般常用橡胶板伸缩缝的程序。

7. 简述钢筋混凝土桥主梁加固的方法。

8. 桥梁支座的作用、类型和常见病害有哪些？桥梁支座养护包括哪些内容？

9. 钢筋混凝土桥梁和预应力混凝土桥梁上部结构的日常养护、维修包括哪些内容？它们的常见病害及处理方法有哪些？

10. 钢筋混凝土梁产生裂缝的原因是什么？如何检查和处置裂缝？

11. 采取哪些措施能处治地基承载力不足引起的墩台基础沉降？

12. 拱桥桥台产生位移和转动，可选择哪些加固方案？

13. 桥面板突然损坏后，应急维修一般采用哪些措施？

14. 水毁预防措施有哪些？

15. 冰害、冻胀防治的措施有哪些？

学习情境 6 公路隧道养护与维修

【学习目标】

1. 知识目标

(1) 能够掌握隧道的检查与判定内容；

(2) 能够掌握隧道的维护内容；

(3) 能够掌握隧道的防护与排水方法；

(4) 了解隧道附属设施的维护方法。

2. 能力目标

(1) 能够正确认识隧道工程的维护内容；

(2) 能够正确认识隧道的检查与评定、隧道的防护与排水，能够正确识别隧道病害并采取合理的维修技术。

◈ 引导案例

公路隧道既是道路工程构造物又是地下工程结构。它涉及工程地质、结构力学、空气动力学、光学、自动控制和工程机械等多种学科，技术较为复杂。而且，公路隧道一般都处于崇山峻岭之中，无绕行可能，如果隧道内出现严重渗漏水、衬砌开裂或设施故障等情况，就会妨碍交通，进而使整个交通线完全处于中断状态，给公路交通造成恶劣影响。隧道主体结构为永久性建筑物，日本统计的隧道平均寿命为 50 年以上，我国公路的设计寿命为 30 年，但隧道作为地下工程建设其寿命应该大于 100 年。对公路隧道运营阶段的病害检测与治理应本着“预防为主、早期发现、及时维护、对症施治”的原则，要经常性地对隧道进行检查，及时发现问题，建立数据库，确定需要整治的技术指标，并采用有效措施整治，对整治完的隧道要制订质量验收标准，力争做到检测程序化、处治规范化、验收标准化。但实现这一目标还有许多内容需要进一步研究。我国交通部于 2015 年 1 月发布了《公路隧道养护技术规范》(JTG H12—2015)，其中已经对公路隧道结构检查的基本内容和采取的常规对策给出了明确的规定。

任务 1 隧道的检查与判定

一、工作任务

公路隧道的检查是为了掌握隧道的现状，发现对隧道安全和功能有影响的病害，为隧道进行合理的养护管理收集和积累资料，建立隧道养护维修的数据库，为决策提供基础数据，以便尽早采取防治病害的措施，确保隧道安全畅通。通过本任务的学习，学生应掌握隧道检查的分类，并掌握不同检查内容、频率及判定内容。

二、相关配套知识

公路隧道的检查分为日常检查、定期检查、特别检查和专项检查，其具体工作流程如图 6.1.1所示。

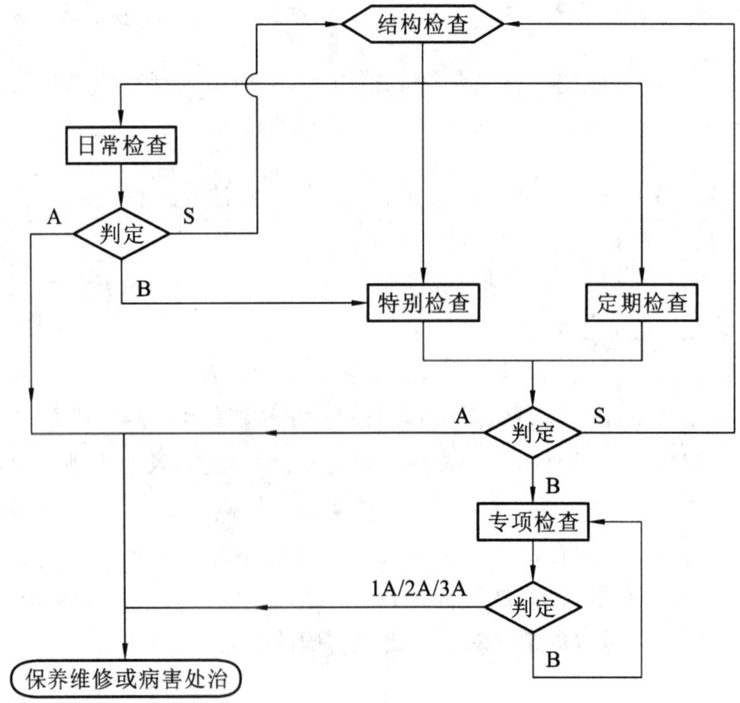

图 6.1.1 隧道检查工作流程图

日常检查、定期检查和特别检查的结果宜按表 6.1.1 的规定分为三类，专项检查的结果宜按表 6.1.2 的规定分为四类。

表 6.1.1　公路隧道日常、定期和特别检查结果的判定

判定分类	检查结论
S	情况正常（无异常情况，或虽有异常情况但很轻微）
B	存在异常情况，但不明确，应做进一步检查或观测以确定对策
A	异常情况显著，危及行人、行车安全，应采取处治措施或特别对策

表 6.1.2　公路隧道专项检查结果的判定

判定分类	检查结论
B	结构存在轻微破损，现阶段对行人、行车不会有影响，但应进行监视或观测
1A	结构存在破坏，可能会危及行人、行车安全，应准备采取对策措施
2A	结构存在较严重破坏，将会危及行人、行车安全，应尽早采取对策措施
3A	结构存在严重破坏，已危及行人、行车安全，必须立即采取紧急对策措施

当日常检查的判定结果为 B 时，应进行监视、观测或做特别检查；当特别检查或定期检查的判定结果为 B 时，应做专项检查。

（一）日常检查

日常检查主要是对外观状况进行日常的巡视检查，是为了发现隧道结构的早期破损、显著病害或其他异常情况。检查方式以目测为主，配以简单的检查工具。《公路隧道养护技术规范》（JTG H12—2015）规定日常检查的频率应不少于 1 次/月，高速公路隧道应不少于 1 次/周。在雨季或冰冻季节，应加强日常检查工作。检查以定性判断为主，检查的内容包括隧道衬砌的裂缝、错台、起层、剥落以及排水设施的破损、堵塞、积水和结冰等。检查结果应及时填入日常检查记录表，翔实记录检查项目的破损类型，估计破损范围和程度以及维护工作量，做出判定分类，并采取相应的措施。检查内容及判定标准宜按表 6.1.3 执行。

表 6.1.3　公路隧道日常检查内容及其判定

项目名称	检查内容	判定	
		B	A
洞口	边（仰）坡有无危石、积水、积雪；洞口有无挂冰；边沟有无淤塞；构造物有无开裂、倾斜、沉陷等	存在落石、积水、积雪隐患；洞口局部挂冰；构造物局部开裂、倾斜、沉陷，有妨碍交通的可能	坡顶落石、积水漫流或积雪崩塌；洞口挂冰掉落路面；构造物因开裂、倾斜或沉陷而致剥落或失稳，边沟淤塞，已妨碍交通

续表

项目名称	检查内容	判定	
		B	A
洞门	结构开裂、倾斜、沉陷、错台、起层、剥落、渗漏水（挂冰）	侧墙出现起层、剥落；存在渗漏水或结冰，尚未妨碍交通	拱部及其附近部位出现剥落；存在喷水或挂冰等，已妨碍交通
衬砌	结构裂缝、错台、起层、剥落	衬砌起层，且侧壁出现剥落状况，尚未妨碍交通，将来可能构成危险	衬砌起层，且拱部出现剥落状况，已妨碍交通，并有继续恶化的可能
	（施工缝）渗漏水	存在渗漏水，尚未妨碍交通	大面积渗漏水，已妨碍交通
	挂冰、冰柱	存在结冰现象，尚未妨碍交通	拱部挂冰，形成冰柱，已妨碍交通
路面	落物、油污，滞水或结冰，路面拱起、坑洞、开裂、错台等	存在落物、滞水、结冰、裂缝等，尚未妨碍交通	拱部落物，存在大面积路面滞水、结冰或裂缝，已妨碍交通
检修道	结构破损，盖板缺损，栏杆变形、损坏	栏杆变形、损坏；道板缺损；结构破损，尚未妨碍交通	栏杆局部毁坏或侵入建筑限界；道路结构破损，已妨碍交通
排水设施	破损、堵塞、积水、结冰	存在破损、积水或结冰，尚未妨碍交通	沟管堵塞，积水漫流，结冰，设施破损严重，已妨碍交通
吊顶	变形、破损、漏水（挂冰）	存在破损、漏水，尚未妨碍交通	破损严重，或从吊顶板漏水严重，已妨碍交通
内装	脏污、变形、破损	存在破损，尚未妨碍交通	破损严重，已妨碍交通

（二）定期检查

定期检查是按规定周期对结构的基本技术状况进行全面检查。检查的周期宜 1 次/年，高速公路隧道应不少于 1 次/年。检查宜安排在春季或秋季进行。新建隧道应在交付使用 1 年时进行首次定期检查。检查宜采用步行方式，应根据隧道的实际情况进行，选择配备必要的检查工具和设备，进行目测或量测检查。检查的内容除上述提及的结构病害外，还应扩展到运营的通风、照明、噪音、环保、路面抗滑系数等。检查时，应尽量靠近结构，依次检查各个结构部位，注意发现异常情况和原有异常情况的发展变化。对有异常情况的结构，应在其适当位置做标记。检查结果宜尽可能量化，并应及时填入“定期检查记录表”，将检查数据及病害绘入“隧道展示图”，应详细、准确地记录各类结构的基本技术状况，分析病害的成因，给出判定结论。检查内容及判定标准按表 6.1.4 执行。

表6.1.4　公路隧道定期检查内容及其判定

项目名称	检查内容	判定	
		B	A
洞口	山体有无滑坡，岩石有无崩塌的征兆；边坡、碎落台、护坡道等有无缺口、冲沟、潜流涌水、沉陷、塌落等	存在滑坡、崩塌的初步迹象，尚不危及交通	山体开裂、滑动，岩体开裂、失稳，已危及交通安全
	护坡、挡土墙有无裂缝、断缝、倾斜、鼓肚、滑动、下沉或表面风化、泄水孔堵塞、墙后积水、周围地基错台、空隙等	存在此类异常情况，尚不妨碍交通	挡土墙、护坡等产生开裂、变形、位移等，可能对交通安全构成威胁
洞门	墙身有无开裂、裂缝	墙身存在轻微开裂，尚不妨碍交通	由于开裂，衬砌存在剥落的可能，对交通安全构成威胁
	衬砌有无起层、剥落	存在起层、剥落，不妨碍交通	在隧道顶部发现起层、剥落，有可能妨碍交通
	结构有无倾斜、沉陷、断裂	墙身存在轻微的倾斜或下沉等，尚不妨碍交通	通过肉眼观察，即可发现墙身有明显的倾斜、下沉等，或洞门与洞身连接处有明显的环向裂缝，有外倾的趋势，对交通安全构成威胁
	混凝土钢筋有无外露	存在轻微的外露现象，尚不妨碍交通	混凝土保护层剥落，钢筋外露，受到锈蚀，对交通安全构成威胁
衬砌	衬砌有无裂缝、剥落	在拱顶或拱腰部位存在裂缝且数量较多，尚不妨碍交通	衬砌开裂严重，混凝土被分割形成块状，存在掉落的可能，对交通安全构成威胁
	衬砌表层有无起层、剥落	存在起层，并有压碎现象，尚不妨碍交通	衬砌严重起层、剥落，对交通安全构成威胁
	墙身施工缝有无开裂、错位	存在这类异常现象，尚不妨碍交通	接缝开口、错位、错台等引起止水板或施工缝砂浆掉落，发展下去可能妨碍交通
	洞顶有无渗漏水、挂冰	存在漏水，未妨碍交通，但影响隧道内设备的安全	衬砌大规模漏水、结冰，已妨碍交通
路面	路面上有无塌（散）落物、油污、滞水、结冰或堆冰等；路面有无拱起、沉陷、错台、开裂、溜滑	存在此类异常情况，尚不妨碍交通	路面出现严重的拱起、沉陷、错台、裂缝、溜滑，以及漫水、结冰或堆冰等，已妨碍交通

续表

项目名称	检查内容	判定	
		B	A
检修道	道路有无毁坏，盖板有无缺损；栏杆有无变形、锈蚀、破损等	道路局部破损，栏杆有锈蚀，尚未妨碍交通	道板毁坏，碎物散落，栏杆破损变形，可能侵入限界，已妨碍交通
排水系统	结构有无破损，中央窨井盖、边沟盖板等是否完好，沟管有无开裂漏水；排水沟(管)、积水井等有无淤积堵塞、沉沙、滞水、结冰等	存在沉沙、积冰，尚不妨碍交通	由于结构破损或泥沙阻塞等原因，积水井、排水管（沟）等淤积、滞水，已妨碍交通
吊顶	吊顶板有无变形、破损，吊杆是否完好，有无漏水(挂冰)等	存在此类异常情况，尚不妨碍交通	存在严重的变形、破损、漏水，已妨碍交通
内装	表面有无脏污、缺损；装饰板有无变形、破损等	存在此类异常情况，尚不妨碍交通	存在严重的污染、变形、破损，已妨碍交通

通过定期检查，应系统掌握结构基本技术状况，评定结构物功能状态，为制订维护工作计划提供依据。定期检查完成后，应提出结构定期检查报告，内容包括：①对结构的技术状况和功能状态的评价；②对结构的维护状况的评价及建议；③需要实施专项检查的建议；④需要采取处治措施的建议。此外，检查报告还应附上检查记录表、隧道展示图以及其他检测记录资料。

（三）特别检查

特别检查是隧道遭遇地震、洪水等自然灾害、发生交通事故、起火爆炸或出现其他异常事件后，其结构严重损坏时，对遭受影响的结构立即进行的详细检查。应根据受异常时间影响的结构，决定采取的检查方法、工具和设备。检查的内容应针对受异常事件影响的结构或结构部位做重点检查，并掌握其情况，如表 6.1.5 所示。

表 6.1.5　公路隧道特别检查工作的内容

状　态	部　位	检查内容
火灾事故后	附属设施	1. 主体结构被烧程度； 2. 通风管道及通风机被毁程度； 3. 照明线路、灯泡被毁程度； 4. 应急设备、监控系统被毁程度
地震灾害后	山体	山体开裂及其程度
	主体结构	1. 结构损坏及其程度； 2. 消音板材损坏程度
	洞外路线附属设施	1. 供电线路损坏及其程度； 2. 洞内管道； 3. 消音层防冻设施损坏程度

通过特别检查，应及时掌握结构受损情况，为采取对策措施提供依据。特别检查应按定期检查的标准判定，当难以判明破损的原因、程度等情况时，应做专项检查。检查结果的记录与定期检查相同。检查完成后，应提交特别检查报告，包括检查记录，评估异常事件的影响，给出判定结论(见表 6.1.2)，确定合理的对策措施。

(四) 专项检查

专项检查是根据定期检查和特别检查的结果，或者通过其他途径，判断需要进一步查明实施处治以及病害的详细情况而进行的更深入的专门检测。专项检查宜委托具有相应检测资质的专业机构实施。检查人员应对有关的技术资料、档案进行调查，并对隧道周围的地质及地表环境等展开实地调查，以充分掌握相关的技术信息，寻找结构发展变化的原因，探索其规律，确保专项检查结果的准确性。检查的项目、内容及其要求，应根据定期检查或特别检查的结果有针对性地确定(见表 6.1.6)。

表 6.1.6　公路隧道某些破损或病害的专项检查工作内容

检查项目		检查内容
结构变形检查	道路线形、高程检查	道路中线位置、路面高程、缘石高度以及纵、横坡度等测量
	隧道横断面检查	隧道横断面测量，周壁位移测量(与相邻或完好断面比较)
	净空变化检查	隧道内壁间距测量(自身变化比较)
裂缝检查	裂缝简易检查	裂缝的位置、宽度、长度、开展范围或程度等
	裂缝变形检查	裂缝的发展变化趋势及其速度，裂缝的方向及深度等
漏水检查	漏水简易调查	漏水的位置、水量、混浊、冻结及原有防排水系统的状态等
	漏水检测	水温、pH 值检查、电导度检测、水质化学分析
材质检查	衬砌强度检查	强度简易测定，钻孔取芯，各种强度试验等
衬砌及围岩状况检查	无损检查	无损检测衬砌厚度、空洞、裂缝和渗漏水等围岩状况
	钻孔检查	钻孔测定衬砌厚度等，内窥镜观测衬砌及围岩内部状况
荷载状况检查	衬砌应力及拱背压力检查	衬砌不同部位的应力及其变化，拱背压力的分布及其变化

通过专项检查，应完整掌握破损或病害的详细资料，为其是否采取某种处治措施等提供技术依据。检查的结果可按外荷载作用、材料劣化和渗漏水三种主要情况分别考虑，并进行判定分类，如表 6.1.2 所示。检查完成后，应提交专项检查报告。报告的内容应包括以下几个方面。

(1) 检查的主要步骤，包括检查的组织实施、时间和主要工作过程等。

(2) 所检查结构的技术状况，包括检查方法、试验与检测项目及内容、检测数据与结果分析以及对破损结构的技术评价等。

(3) 对病害的成因、范围、程度等情况的分析及其维修处治对策、技术以及所需资金等建议。

任务 2 隧道的维护

一、工作任务

隧道维护工作包括：洞身、洞门、路面和两端路堑、防护设施、排水系统、洞口减光设施以及通风、照明、标志、标线、监控、消防、防冻、消声等设施的检查、保养、维修和加固。通过本任务的学习，学生应掌握隧道常见病害类型及维护措施。

二、相关配套知识

隧道常见的病害有：衬砌和围岩上产生裂缝、渗漏水及结冰、挂冰、堆冰；端墙、侧墙、八字墙、翼墙、门洞等结构物倾斜、位移、鼓凸；衬砌表面风化、腐蚀、剥落；拱圈、侧墙变形及拱面松动、脱落；无衬砌隧道出现危石或大量碎落石；土隧道干裂、土块脱落，隧道山体失稳滑动，排水系统淤塞积水以及应有照明、通风设备未设或效果较差等。

三、隧道维护措施

1. 有衬砌隧道的维护

有衬砌隧道的常见病害及其维护主要有下列几种。

(1) 衬砌变形、开裂、渗漏水(挂冰)，应根据综合分析后查得的主要原因，采取针对性治理措施。由于衬砌背面存在空隙造成的，可在衬背压注水泥砂浆，使衬砌受力均匀，有效地利用衬砌强度。由于衬砌厚度不足、年久、变质、腐蚀剥落严重或裂缝区域较大而影响到衬砌强度时，可在衬砌外露面喷射水泥混凝土，其厚度一般为 8～15 cm，必要时可加配锚杆及钢筋网。对已稳定的裂缝可采用压注环氧水泥砂浆或水泥砂浆的方法加固。

(2) 衬砌表面腐蚀、剥落及灰缝脱落，可先清除表面已松动部分，分段或全面加喷一层水泥砂浆或水泥混凝土保护层，一般层厚为 3～6 cm。

(3) 端墙、侧墙、翼墙位移或开裂，应根据综合分析后查得的主要原因，采取针对性治理措施。

(4) 路面拱起、沉陷、错台、开裂，应根据综合分析后查得的主要原因，采取针对性治理措施。

2. 无衬砌隧道的维护

(1) 无衬砌隧道的围岩在长期使用过程中，由于岩石松动，或受风化、行车振动等影响，围岩发生破碎或产生危石、渗漏水等病害，应及时处治，以保证行车和人身安全。

(2) 处治围岩破碎和危石应本着“少清除、多稳固”的原则，可采取下列措施。

① 发现危石如能清除者应及时清除。对因清除会牵动周围大片岩石时，则可喷浆或压浆稳固。

② 对不宜清除的小面积碎裂,可抹水泥砂浆稳固。

③ 碎裂范围较大时,根据病害程度及范围,可采用喷射混凝土、锚喷混凝土或挂网锚喷混凝土稳固。

④ 对不能清除又无法压浆稳固的个别危石,应及时用混凝土或浆砌块石垛墙作为临时支撑,以确保安全,然后根据垛墙侵占隧道净空的具体情况及隧道所在的公路性质和交通量大小,研究永久性治理措施。

(3) 隧道内的孔洞、溶洞或裂缝均应封闭,封闭前将松动的岩石清除。对内小外大的孔洞,可在孔洞外石壁上埋设牵钉、挂钢筋网、喷射或浇注水泥混凝土封闭;对内大外小的孔洞,用素混凝土封闭;有水的孔洞应预埋泄水孔接引水管,将水从边沟排出。

3. 水下隧道的维护

(1) 水下隧道的日常检查工作内容除应符合相应规定外,根据水下隧道的特点,应对下列各部做重点检查。

① 伸缩缝、施工缝和裂缝的渗水、漏水状况。

② 洞内铁件有无锈蚀,木件有无腐朽。

③ 机电设备和照明电路的运行状况。

④ 各种排水设备的运行状况。

(2) 水下隧道必须定期进行渗漏水检查。一般应每季度检查1次,并做好检查记录。当隧道内的渗漏水明显时,应定期测量渗漏水的数量(m^3/d)。一般每月测量1次,并做好记录。

(3) 水下隧道渗漏水的处治,可参照有关规定,并根据水下隧道的特点,采取相应措施。

任务3 隧道的防护与排水

一、工作任务

公路隧道病害的类型主要有水害、冻害、衬砌裂损、衬砌侵蚀等,其中最常见的病害形式是水害,素来有“十隧九漏”之说。隧道水害不仅增加隧道内湿度,造成电路短路等事故,危及运输安全,而且还引发其他病害。隧道由于渗漏水、积水,将会造成衬砌开裂或使原有裂缝发展扩大,加重衬砌裂损。当地下水有侵蚀性时,会使衬砌混凝土产生侵蚀,并随着渗漏水的不断发展,混凝土受侵蚀危害日益严重。在寒冷地区,水是影响隧道围岩冻胀和导致衬砌开裂的重要因素。通过本任务的学习,学生应掌握隧道水害的防治措施。

二、相关配套知识

隧道水害的成因是修建隧道破坏了山体原始的水系统平衡,隧道成为所穿越山体附近地下水集聚的通道。在工程勘测设计中对其工程地质及水文地质情况了解得不够仔细，对衬砌周围地下水源、水量、流向及水质勘察不全是形成水害的主要原因。另外，缺乏反映防水材料性能的室内实验数据和对结构抗渗、抗腐蚀的具体要求以及施工和监理中存在的问题也是形成水害的原因，目前国内许多厂家生产的防水材料质量不过关也是一个很重要的原因。

隧道治水的具体措施就是防、排、堵、截相结合，刚柔相济，因地制宜，综合治理，使之既能自成体系又能互相配合，形成一个完整的隧道防治水体系。水害的处治方法主要有以下几种。

(1) 完善或者补充地表和地下截水。

(2) 在垭口和地质不利的地方采取截留和引排使水远离隧道。

(3) 贯通隧道内的原有排水系统。

(4) 衬砌背面注浆。

(5) 在渗漏水的衬砌设置排水设施，包括引水管、泻水管和引水渡槽。

(6) 在衬砌内贴防水层。

(7) 在施工缝和变形缝处用止水带、遇水膨胀橡胶等密封防水材料进行封堵。

(8) 对严重漏水的隧道应采取套拱加固。

三、隧道排水

1. 洞外排水

有坡度的隧道，其上洞口路基边沟及两侧沉砂井应经常清除泥沙杂物，疏导畅通。路面纵坡方向相反，即向洞外方向倾斜，并在适当地点横向排出路基，使上洞口路基排水不流向隧道，以避免引起隧道内边沟淤塞。隧道上洞口的路堑如出现路面地表水来不及流入侧沟而流入洞内时，可在洞门外 1 m 左右处设横向截水设施，并将沟水妥善引出。

沿河隧道在洪水季节可能进水时，可临时封闭两洞口，以保隧道安全。洪水过后，立即拆除封闭物。隧道顶山坡上的表水应使其迅速排走，尽可能保证水不渗入洞身。

2. 洞内排水

治理洞内的水，应采取“以防为主，防、排、截、堵相结合”的综合治理原则。对防水层，纵、横、竖向盲沟、明暗边沟、截水沟、排水横坡、泄水孔等应及时修理，保持完好、畅通。

隧道内渗漏水，可采取下列措施处治：①增设衬砌背面排水系统；②对裂缝集中处的漏水，可采用封闭裂缝埋管排漏的方法；③衬砌工作缝处漏水，可加设工作缝环形暗槽，将漏水通过暗槽内的半圆管排入纵向边沟；④对少量渗水，可抹防水砂浆封闭，也可在衬砌表面铺一层防水层；⑤在围岩与衬砌间压注防水水泥砂浆或水泥浆，可掺入早强速凝剂，形成密闭层以防渗漏；⑥设表层导流管。

对地下涌水，可采取下列方法处治：①设横向盲沟并加深纵向排水沟，当涌水量大时，还可加修路中心排水沟；②修建水泥混凝土路面，并在路面下设隔水层，以阻断地下涌水；③在路面与围岩之间压注防水水泥砂浆或水泥浆。

任务4 隧道附属设施的维护

一、工作任务

公路隧道的附属设施包括：通风设备、照明、监控、消防、防冻、消声设施等。这些设备、设施应定时保养、检修、更换，以保证正常使用。通过本任务的学习，学生应掌握隧道附属设施的维护措施。

二、相关配套知识

1. 通风设施的维护

通风设施的设备完好率不应低于98%。通风设施经分解性检修后应使其通风能力满足下列要求。

（1）隧道CO允许浓度应按表6.4.1取值，当为人车混合通行隧道时应按表6.4.2取值。

（2）隧道烟雾允许浓度应按表6.4.3取值。

表6.4.1 公路隧道CO允许浓度δ取值

隧道长度/m	≤1 000	≥3 000
δ /（$\times 10^{-6}$）	250	200

注：隧道长度为1 000～3 000时，可按插入法取值。

表6.4.2 公路隧道（人车混行）CO允许浓度δ取值

隧道长度/m	≤1 000	≥2 000
δ /（$\times 10^{-6}$）	150	100

注：隧道长度为1 000～2 000 m时，可按插入法取值。

表6.4.3 公路隧道烟雾允许浓度K取值

计算行车速度 V/（km/h）	100	80	60	40	10
烟雾设计浓度 K/m^{-1}	0.006 5	0.007	0.007 5	0.009	0.009 5

当实测的隧道内CO浓度和烟尘浓度低于规定的容许浓度时，可不设机械通风设备，采用自然通风。当实测的隧道内CO浓度和烟尘浓度高于规定的容许浓度时，应从安全、适用、经济等因素综合考虑，加设机械通风设备。机械通风设计按现行《公路隧道设计规范》(JTG D70—2004)的有关规定执行。

通风设备应按下列要求进行检修。

(1) 利用竖井、边窗通风者,应随时检查并清除井内杂物,保护井口及窗下不得灌进雨雪,影响通风。

(2) 对各式通风机、管道、机电、动力设备等,应每月检修一次运转情况,每年全面检修一次。

2. 照明设施的维护

隧道各照明区段的路面亮度可按《公路隧道养护技术规范》(JTG H12—2015)进行设计。未设照明设施的隧道,应在隧道洞门外设置限速标志,降低行车速度,以保证安全。

洞外附近地段应尽量保持低亮度,可在洞口设置遮阳栅、减光格栅,或种植常青的大冠树木和铺植草坪,或在洞外路面采用反射系数低的路面材料等。

为提高隧道内亮度并诱导视线,可在隧道内路面的标线,或在路缘石和侧墙高 1.2 m 以下部分刷白色反光材料,或在路面采用反射系数高的路面材料等。

为降低隧道内的烟尘浓度,提高照明效果,应加强隧道内路面、侧墙、顶棚和照明器具等的清扫(洁)工作。

隧道中设置的照明器应防震、防水、防尘,并定期检查,有损坏时应及时进行维修和添补。

3. 监控与消防设施的维护

监控设备主要包括:量测监视隧道中车辆运行环境的烟尘浓度测定仪、CO 浓度测定仪、交通量测定装置、监视电视,以及照明、通风、配电设备等自动控制设备和监视控制这些设备运转情况的监控设备。

高速公路、一级公路的长隧道和特长隧道可根据需要设置监控设备,一般公路的长隧道和特长隧道可根据具体情况,适时检测烟尘浓度、CO 浓度及交通量。所有监控设备的维护修理应符合《公路隧道养护技术规范》(JTG H12—2015)的规定。

高速公路、一级公路的长隧道和特长隧道,可根据需要设置紧急电话、报警装置、排烟设备、消防给水管网及消防器材库等。长度在 500 m 以上的高速公路、一级公路隧道,宜单独设置存放专用消防器材的洞室,并做明显标志;对存放的消防器材,应定期补充、更换。一般公路的长隧道和特长隧道可根据具体情况,简化设置,但必须在适宜位置设置消防器材库。消防相关设备应定期检查,保持完好状态。

隧道内不准存放汽油、煤油、香蕉水等易燃物品;严禁明火作业与取暖;隧道内的紧急停车带、行车(人)横洞、避车洞及错车道不准堆放杂物。

隧道内发生火灾时,应用紧急电话、报警装置或其他方法迅速向洞外发出信号,阻止车辆驶入,同时将隧道内的车辆引出洞外,以便灭火活动顺利开展。

4. 防冻与消声设施的维护

高寒冰冻区的隧道,应注意洞口构造物的抗冻保温。防冻层损坏时,可用同样的轻质膨胀珍珠岩混凝土或浮石混凝土修补;无防冻层的,可在大修、改善时加筑。

隧道内的渗漏水应顺利排入边沟,不使路面积水冻结。对局部易冻结路段的路面,应抓住时机适时撒布防冻药剂或拌砂药剂。

隧道内的消声设施如有损坏,应及时按原样修复。

复习思考题

1. 简述公路隧道的分类。
2. 简述隧道定期检查与专项检查的报告内容。
3. 有衬砌隧道的常见病害有哪些?
4. 水下隧道有哪些重点检查部位?
5. 隧道内渗漏水,可采取哪些处治措施?
6. 公路隧道的附属设施主要包括哪些?

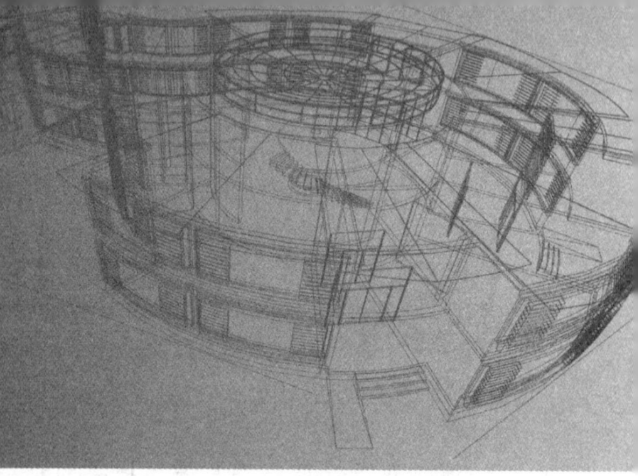

学习情境 7

公路沿线设施养护与维修、公路绿化与环境保护

【学习目标】

1. 知识目标

(1) 掌握公路沿线设施及道路交通标志养护、公路绿化与环境保护的内容；

(2) 公路绿化与环境保护破坏的原因及养护维修的基本原则、方法与评价标准，以及技术和安全作业的基本要求。

2. 能力目标

(1) 能够理解掌握公路沿线设施及道路交通标志养护、公路绿化与环境保护的内容；

(2) 理解公路绿化与环境保护破坏的原因及养护维修的基本原则、方法与评价标准；

(3) 掌握公路沿线设施养护与维修、公路绿化与环境保护技术和安全作业的基本要求。

◈ 引导案例

湛江市疏港大道自 2006 年开通以来，为拓展城市格局、拉动该市经济增长，发挥着重要作用，也为沿线城区乡村带来新的发展机遇。然而，全程 30.67 km 的疏港大道，穿越霞山和麻章两区，仅在麻章辖区南北走向不足 20 km，却有大小岔路、开口 150 多个，尽管市公路部门为改善疏港大道交通设施也做了大量工作，但沿途道路交通配套设施仍不够完善，且限速偏高，加上沿途村民交通安全意识淡薄、机动车驾驶人员交通违法行为得不到有效控制，导致短短的 5 年多时间里，疏港大道发生道路交通事故 338 宗，造成死亡 16 人、伤 470 人，直接经济损失达 365 700 元。经研究分析，疏港大道交通隐患主要有三种：一是道路岔路多，安全防护措施不足，存在很大的安全隐患。二是道路交通安全设施不完善。疏港大道麻章境内 30 个路口缺少危险信号灯（黄闪灯）；中间绿化带花草过高，影响驾驶员的视线；支线或小道缺少减速带；全路段没有路灯照明，夜间行车不安全。三是时速 100 km 的道路限速过高。疏港大道路面是按国家一级公路标准设计，最高限速为 100 km/h；而疏港大道是机非混合的开放式道路，达不到最高限速 100 km/h 所需的安全技术标准。

任务 1 概述

一、工作任务

掌握公路交通安全设施、公路绿化与环境保护等的养护要求、养护内容等。

二、知识准备

公路沿线设施的内容和范围，公路绿化及规划、栽植与管护、公路环境保护要求、公路养护环境污染及防治措施。

公路沿线设施是公路的重要组成部分，它对保障行车安全和交通通畅具有重要意义，它关系着行车、行人的安全和交通的畅通与否。因此，公路沿线设计应经常保持完整且处于良好状况。从养护管理方面来讲，沿线设施如有损坏要及时修理或更换、设施不全或没有设施的情况，要根据公路的性质、技术等级和使用要求有计划、有步骤地增设。公路沿线设施应保持完整、齐全并处于良好状态，应定期保养，并及时修理和更换损坏部分。

公路沿线设施是公路交通安全、管理、服务、环保设施等的总称，具体包括交通安全设施、公路机电系统(监控系统、收费系统、通信系统、供配电系统)、服务设施及养护房屋等。

公路养护应贯彻“预防为主、防治结合”的方针，加强预防性养护，保持公路及沿线设施良好的技术状况；应切实贯彻“科技兴交、科学养路”的方针，大力推广和应用先进的养护技术、机械装备和科学的管理方法；应重视资源节约和环境保护。

公路绿化应贯彻“因地制宜、因路制宜、适地栽树”的方针，科学规划，合理选择绿化植物品种。公路绿化规划，应根据公路等级、沿线地形、土质、气候环境和绿化植物的生物学特性，以及对绿化的功能要求，结合地方绿化规划进行编制。

新建或改建的公路绿化工程应与公路主体工程设计、施工、验收同步进行，由公路养护部门一并接养。

任务 2 交通安全设施的维护与保养

一、工作任务

交通安全设施的维护与保养的内容包括交通标志、路面标线、突起路标、轮廓标、护栏、隔离栅、防眩设施的养护和其他交通安全设施(里程碑、百米桩、公路界碑、防落网、锥形交通路标、公路防撞桶、减速垫、安全岛、平曲线反光镜、声屏障、示警柱等)的清洁完整和功能正常。

二、知识准备

公路交通标志的概念;公路交通标志的分类、检查、养护等;路面标线的种类和作用;突起路标、护栏、隔离栅、防眩设施等交通安全设施的概念、作用、养护要点等。

(一) 基本要求

(1) 交通安全设施的养护内容包括检查、保养维护和更新改造。

① 检查包括经常性检查、定期检查、特殊检查和专项检查。平时应加强日常巡查。

② 经常性检查的频率不少于1次/月,定期检查的频率不少于1次/年。

③ 遭遇自然灾害、发生交通事故或出现异常情况时,应及时进行附加的特殊检查。

④ 设施更新改造之后,应进行全面的专项检查。

(2) 因交通事故、自然灾害或其他原因造成的设施损伤应及时进行修复。

(3) 满足设施完整和外观质量、安装质量、技术性能等各项要求。

(4) 应结合设施的特点,加强对交通安全设施的养护维修和更新改造。

(5) 采用绿色植物进行隔离和防眩时,参照现行《公路养护技术规范》(JTG H10—2009)公路绿化的相关规定进行养护。

(6) 对事故多发地段和一些特殊路段,应结合公路安全保障工程的技术内容,及时改造、完善各种交通安全设施。

(7) 交通安全设施的养护质量参照现行《公路技术状况评定标准》(JTG H20—2007)的规定进行评定。

(二) 公路交通标志的养护

公路交通标志主要由标志板、支柱、连接件、基础件等部件组成,是引导行车、保证交通安全的重要设施,也是用图形符号和文字传递特定信息,用以管理交通,保证公路交通安全,协助国道顺利通行的设施,主要内容有公路标志的尺寸、形状、图案、文字、颜色和设置地等。而夜间行车安全设施的养护是保护这些设施功能完好,损坏的要及时修复或更换。

1. 公路交通标志的分类

① 主标志:包括警告标志、禁令标志、指示标志、指路标志等。

② 辅助标志:包括表示时间、车辆种类、区域或距离、警告、禁令理由等起辅助说明作用的标志,附设在主标志下。夜间交通量大的公路,应尽量采用反光标志。属于国际公路和重要的旅游公路,应同时标注汉英两种文字。

2. 公路交通标志的检查

公路交通标志的检查,除在日常巡回时检查其是否受到沿线树木等遮挡以及标志牌、支柱是否受到损伤外,一般还要定期检查。遇有暴风雨、洪水、地震、交通事故等时,还应进行临时检查。检查内容包括以下几个方面。

(1) 公路标志牌及支柱变形、损坏、污秽及腐蚀、丢失情况。

(2) 油漆及反光材料的褪色、剥落情况。

(3) 标志牌设置的角度及安装情况。

(4) 照明设置情况。

(5) 基础或底座稳固及回填土流失情况。

(6) 是否被路边树木、杂草遮蔽。

(7) 反光标志的反射情况。

此外,还需要根据公路条件或交通条件变化,检查交通标志的设置地点、指示内容、各标志间的相互位置、标志的高度和尺寸等是否适当。

3. 公路交通标志养护要求

(1) 应保持交通标志设置合理、结构安全,板面内容整洁、清晰。

(2) 标志板、支柱、连接件、基础等标志部件应完整、无缺损而且功能正常。

(3) 标志应无明显歪斜、变形,钢构件无明显剥落、锈蚀。

(4) 标志面应平整,无明显褪色、污损、起泡、起皱、裂纹、剥落等病害。

(5) 标志的图案、字体、颜色等应符合相关标准要求。

(6) 反光交通标志应保持良好的夜间视认性。

4. 公路交通标志的养护内容

(1) 检查测试交通标志的有关质量要求。

(2) 清除标志板面及其周围的污秽、杂草、杂物或树木等遮挡物,或在规定范围内挪移标志。

(3) 修复变形、弯曲、倾斜的标志板和支柱,补涂剥落的防腐涂层,增补缺损的标志件,紧固松动的连接件。

(4) 标志设置或板面内容存在误差时,应进行必要地更正。

(5) 对破损的基础进行修补。

(6) 对事故多发路段及特殊路段的交通标志,应进行必要地增补、更换。

(7) 部分路段由于路面多次维修、罩面,路面高度有所抬高,致使某些标志牌的净空已不能满足路上行驶车辆的要求时,应及时调整标志牌高度。

以上检查及养护维修的公路交通标志主要用于指示、警告、禁令及指路等主标志一类的永久性标志。下面简要介绍其他标志的有关内容。

其他标志主要有告示标志和施工标志等。告示标志是预告前方的道路情况,指示车辆改变行车路线或提醒驾驶人员提高警惕的一种临时性标志。当前方公路因道路翻浆、路基坍陷、坍方、桥梁破坏、隧道冒顶或洪水等而阻断,需指示车辆改变行驶路线时,可标示:"前方×千米处因××不能通车,请从××公路绕行"。这种告示标志应设在公路阻断处两端绕行道的交岔路口上。当公路虽遭破坏,但尚能通行或因气候原因改变行车条件,需告示车辆注意行车安全时,宜用"前方××,注意观望""××××,车辆慢行"等标示的告示牌,设置在需告示地点前 100~200 m 处的右侧路肩上。

告示标志外形为长方形,图案为白底、红边、黑字,标志板尺寸为 80 cm×120 cm 或 120 cm×80 cm,板面清洁、字体工整、醒目。一旦道路修复完成后恢复正常行车,则应立即撤除。

施工标志是保证施工正常进行和操作人员安全,以及提请车辆避让的告示和警告性标志。施工标志包括标志牌、锥形交通标志、标志灯和标志服等,在公路上的施工工地或在不断绝交通的公路上进行施工或养护作业时使用，要求施工标志颜色鲜明、醒目。

施工标志牌均采用红白相间的图案，临时设在施工作业区附近。遇有公路局部冲塌、桥梁冲断等紧急情况，可立即用施工标志牌阻挡，也可临时用土、石、树木等设置路障，以防止车辆误入而发生危险。当在公路上进行挖沟槽等作业时，除必须设置醒目的公路与桥梁养护施工标志牌外，夜间还应悬挂施工标志灯。施工标志灯一律使用红色光源，一般可用电灯、煤油灯、汽灯等。

在不断绝交通的公路上进行施工、养护和测试等作业时，为保证操作人员的安全、提请车辆避让，操作人员应穿着施工标志服。在夜间进行上述作业的人员，宜穿着施工标志服。

在高速公路进行专项工程或大修养护作业时，为安全改变交通流向，使车辆顺利通过作业区，保障养护作业的安全，必须实施交通控制。交通控制区由警告区、上游过渡区、缓冲区、作业区、下游过渡区与终止区六个部分组成。警告区长度不得小于 1 500 m，区内每隔一定距离设置限速标志、前方施工标志、前方车道变窄标志、禁止通行标志等；上游过渡区长度为 65～100 m，当车辆行驶至该区时车速应小于 40 km/h，并在该区前设置禁止驶入标志；缓冲区长度为 80 m，其与上游过渡区之间应设路障；作业区长度根据养护作业或施工的需要确定，车道与作业区之间必须设置隔离装置，并应为工程车辆提供安全的进、出口；下游过渡区长度应大于 30 m；终止区长度不应小于 30 m，在其末端应解除所有限制标志。

（三）路面标线的养护

路面标线包括车道中心线、车道分界线、车行道边缘线、减速让行线、停止线、导向箭头、接近路面障碍物标线等。公路交通标线养护的目的主要是保持交通标线和标记的颜色鲜明醒目，保持其正常的使用功能。现行《道路交通标线质量要求和检测方法》(GB/T 16311—2009)将路面标线按标线材料种类分为：溶剂型涂料标线、热溶型涂料标线、双组分涂料标线等；按标线功能分为：普通型标线、反光型标线、突起结构型振动反光标线等；按标线设置方式分为：纵向标线、横向标线。

路面标线可用路标漆、塑胶标带和其他材料（如突起路标用黄铜、不锈钢、合金铝、合成树脂以及陶瓷、白石头、彩色水泥等）制作。选用标线材料，应尽可能满足下列要求：标线材料应耐久、耐磨耗、耐腐蚀，与路面黏结力强。在恶劣气候条件下，标线材料能具有较好的辨认性。标线材料应尽可能采用防滑材料，保持一定的粗糙度。标线材料应便于施工，对人畜无害。

1. 路面标线的养护要求

(1) 具有良好的可视性，边缘整齐、线形流畅，无大面积脱落。

(2) 颜色、线形等应符合相关标准要求。

(3) 反光标线应保持良好的夜间视认性。

(4) 重新画设的标线应与旧标线基本重合。

2. 路面标线的养护内容

路面标线的养护内容主要包括清洁标线表面和标线的局部补画，具体内容有：

(1) 检查测试路面标线的有关质量要求。

(2) 清洁标线表面。

(3) 标线的局部补画。

(4) 事故多发路段及特殊路段标线的变更、增补。

（四）突起路标的养护

突起路标是安装于路面的一种块状突起结构，一般与路面交通标线配合使用，设置在车行道的边缘线外侧或车行道分界线的虚线处。

突起路标的平均寿命一般为两年左右，用于路侧边缘线，车辆较少碾压到的突起路标寿命会稍长。反光型突起路标的反光片尤其易破损，因此，突起路标的养护主要是对破损者进行更换，并及时清理突起路标可能对人、车灯造成伤害的残渣。突起路标的养护要求和养护内容主要有以下几点。

(1) 突起路标的主要养护内容是保持其反射性能。应经常清扫突起部位周围的杂物，清除反光玻璃球表面污秽，检查测试突起路标的有关质量要求，修复或更换太阳能突起路标。

(2) 突起路标的主要修理内容是保持完好的反射角度。发现松动的应予以固定；发现损坏或丢失的，应及时修复或更换。

(3) 突起路标应无严重的缺损。破损的突起路标应不对车辆和人员造成伤害，应无明显的褪色，其光度性能应保持其在夜间良好的视认性。

另外，太阳能突起路标是一种特殊形式的突起路标，可以集主动发光和逆反射性于一体，其养护内容主要是保持其 LED 发光器件的正常发光。

（五）轮廓标的养护

轮廓标是设置于道路外缘，用于诱导视线的一种设施。轮廓标上具有逆反射材料，在夜间车灯的照射下，显示出道路边缘的轮廓，对行车进行安全引导。轮廓标分为附着式和柱式两种。当路边有护栏等设施时，采用附着式轮廓标，轮廓标附设于设施之上；当路边无相关设施时，使用柱式轮廓标，轮廓标单独立于路侧。轮廓标的养护要求和内容如下。

(1) 检查测试轮廓标有关质量要求。

(2) 清洁轮廓标表面。

(3) 紧固轮廓标松动的连接件。

(4) 更换破损的轮廓标。

(5) 对事故多发路段及特殊路段应增设或更换轮廓标。

(6) 轮廓标的光度性能应保持其在夜间良好的视认性。

（六）护栏的养护

护栏是一种重要的交通安全设施，通常设置于公路两侧和中央分隔带，用于防止失控车辆越出路外或穿越分隔带闯入对向车道，同时吸收碰撞能量，保护车辆和驾乘人员生命安全。护栏根据其材料和结构特性分为半刚性护栏、刚性护栏和柔性护栏。半刚性护栏是一种连续的梁柱式护栏结构，具有一定的刚度和柔性；刚性护栏是一种基本不变形的护栏结构；柔性护栏是一种具有较大缓冲能力的韧性护栏结构。

1. 护栏的检查

护栏检查包括日常检查和每季度定期检查，检查内容如下。

(1) 各类护栏结构部分有无损坏或变形，立柱与水平构件的紧固状况。

(2) 污秽程度及油漆状况。

(3) 拉索的松弛程度。

(4) 护栏及反光膜的缺损情况。

2. 养护与维修

经常清除护栏周围的杂草及其他堆积杂物;护栏表面油漆脱落不全时,应及时涂刷;由于交通事故或自然灾害造成护栏缺损或变形的,要及时补充或更换;由于路面补强或调整路基纵断面、使护栏标高发生显著变化的,应对护栏的高度予以相应的调整;锈蚀严重的护栏,应予以更换。

3. 几种常见护栏的养护要求

1) 波形梁钢护栏

(1) 保持波形梁钢护栏的结构合理、安全可靠。

(2) 护栏板、立柱、柱帽、防阻块(托架)、紧固件等部件应完整、无缺损。

(3) 护栏质量符合相关标准要求。

(4) 护栏的防腐层应无明显脱落,护栏无锈蚀。

(5) 护栏板搭接方向正确,螺栓紧固。

(6) 护栏安装线形流畅,无明显变形、扭转、倾斜。

2) 水泥混凝土护栏

(1) 保持水泥混凝土护栏线形流畅、结构合理。

(2) 水泥混凝土护栏无明显裂纹、掉角、破损等缺陷。

(3) 水泥混凝土护栏使用的水泥、砂、石、水、外加剂、钢筋等材料质量应符合相关标准、规范及设计要求。

(4) 水泥混凝土护栏的几何尺寸、地基强度、埋置深度,以及各快件之间、护栏与基础之间的连接应符合设计要求。

3) 缆索护栏

(1) 缆索护栏各组成部件应无缺损。

(2) 缆索护栏各组成部件应无明显变形、倾斜、松动、锈蚀等现象。

(3) 缆索护栏使用的缆索、立柱、锚具等材料质量应符合相关标准、规范及设计要求。

(七) 隔离栅的养护

隔离栅是设置于高速公路和一级公路的路侧,用于防止无关人员和牲畜进入、穿越公路,同时防止非法侵占公路用地的一种隔离设施。隔离栅主要由金属网片、立柱、连接件、基础等部件组成。根据不同的金属网结构,隔离栅一般分为钢板网型、焊接网型、编织网型和刺钢丝型隔离栅。隔离栅的养护质量,主要应侧重于保证隔离栅的完整无缺。

1. 隔离栅的检查

(1) 结构部分有无损坏或变形。

(2) 有无污秽或未经交通管理部门批准的广告、启事等。

(3) 油漆老化剥落及金属构件锈蚀情况。

2. 隔离栅的养护内容

(1) 污秽严重或张贴有广告、启事而妨碍交通环境的隔离栅应定期清洗或清理。

(2) 定期重刷油漆，一般 2～4 年一次。

(3) 损坏部分按原样修复。

(4) 修补立柱或基础。

(5) 对严重锈蚀的隔离栅部件进行除锈、防腐处理或更换。

(八) 防眩设施的养护

防眩设施是为防止对向车辆的灯光对驾驶员的眼睛造成炫光，保障安全行驶而在公路的中央分隔带安装的一种设施。防眩设施目前一般使用防眩板，由金属、塑料、玻璃钢等耐候性好的材料制作而成，也有利用中央绿化带作为防眩设施的。防眩板的防眩功能主要取决于防眩板的宽度、安装高度和安装间距。

1. 防眩设施养护要求

(1) 防眩板、防眩网等设施应保持完整、清洁，具有良好的防眩效果。

(2) 防眩设施应安装牢固，无缺损。

(3) 防眩设施应无明显变形、褪色或锈蚀。

(4) 防眩设施的质量应符合相关标准要求。

2. 防眩设施养护内容

(1) 检查测试防眩设施的有关质量要求。

(2) 清洁防眩设施表面的油污和赃物。

(3) 补装、修复或更换缺损的防眩设施。

(九) 标柱

标柱是在积雪严重地段、漫水桥或过水路面两侧设置用以标明公路边缘及线形的设施。

标柱一般采用金属或钢筋混凝土制作，也可因地制宜采用木料或圬木材料制成。标柱每隔 8～10 m 安设一根，涂以黑白(或红白)相间的油漆。

标柱的养护内容主要是经常检查有无缺损歪斜，并保持位置正确、油漆鲜明。

(十) 中央分隔带

在高速公路和一级公路上，按规定应设置中央分隔带，城郊混合交通量大的路段可设置快慢车隔离带。

1. 中央分隔带的检查内容

(1) 分隔带和隔离带的排水通道是否阻塞。

(2) 路缘石缺损情况。

2. 养护与维修

(1) 及时疏通排水通道。

(2) 清除分隔带或隔离带内的杂物和过高且有碍环境的杂草。

(3) 修复或更换缺损的路缘石。

(十一) 通信设施

高速公路或汽车专用线应设置紧急电话，以便驾驶人员及时向交通管理机构报告交通事故、车辆故障和紧急救援等。特殊长、大桥梁及隧道也可根据需要设置有线电话，有条件的可安装监控、通讯及统计分析多媒体管理系统。

通信设施的养护主要是保证通信线路畅通，设备完好；安装有多媒体管理系统的地方还应配备有发电机，确保系统正常运行。

（十二）夜间行车安全设施

夜间行车安全设施包括照明设备、反光标志、反光标线、中央分隔带上的防眩板（遮光栅）等。夜间行车安全设施的养护是保护这些设施功能完好，损坏的要及时修复或更换。

任务 3 公路机电系统的维护

一、工作任务

掌握公路机电系统的养护方法。

二、知识准备

公路机电系统包含的内容，公路机电系统维护的具体内容等。

公路机电系统包括监控系统、收费系统、通信系统、供配电系统等，其维护质量标准参照现行《公路工程质量检验评定标准（机电工程）》（JTG F802—2004）执行。公路机电系统养护的主要有以下内容。

（1）应定期对监控系统的地图屏、投影显示屏、计算机系统、区域控制器、匝道控制器、车辆检测器、可变信息标志、闭路电视、气象检测仪、交通调查数据采集设备以及隧道照明、风机、消防喷淋等设备的控制系统的工作环境、状态和性能进行检查、检测和维护。

（2）应定期对收费系统的车道控制器、闭路电视、对讲系统、显示器、键盘、IC（磁）卡发卡机、IC（磁）卡读写器、票据打印机等收费车道亭内设备，以及电动栏杆机、费额显示器、摄像机、手动栏杆、电源线、雨棚信号灯、车道通信灯、雾灯、车辆检测器、不停车收费系统的路侧读写单元和天线控制器等设备进行检查、检测和维护。

（3）应定期对通信系统的光电缆传输线路、数字传输系统（包括准同步数字系列 PHD、同步数字系列 SDH、数字程控交换机、IP 网络设备、紧急电话系统和无线通信系统进行检查、检测和维护）。

（4）应定期对公路专用的供配电系统（包括高压配电装置、电力变压器、低压配电装置、配电线路和照明设备等）进行检查、检测和维护。

（5）应认真做好公路机电系统的检查、检测和维护工作记录。公路机电系统各设备的检查、检测及维护的主要项目和周期应符合相应规范要求。

任务4 公路服务设施及养护、房屋的维护

一、工作任务

能够实施公路服务设施及养护、房屋的维护工作。

二、知识准备

服务设施的内容，服务设施养护的要求、养护房屋的要求。

公路服务设施包括服务区、停车区和收费站、加油站等土建及附属设施，以及公共汽车停靠站等设施，是公路为过往车辆和人员提供停置、加油、维修和食宿、休息等服务的服务区设施，以及提供长途客车停靠站、停车场等。

现行《公路工程技术标准》(JTG B01—2003)将交通工程及沿线设施分为A、B、C、D四级：A级适用于高速公路；B级适用于一级公路、二级公路作为干线公路时；C级适用于一级公路、二级公路作为集散公路时；D级适用于三级公路、四级公路。其中规定A级、B级应设置服务区、停车区和公共汽车停靠站，C级、D级可根据需要设置加油站、公共厕所灯设施，并对设置的内容进行了规定。

服务设施的养护要求及内容包括：及时清扫场地，清除场内杂物，清理疏通排水设施，保持服务区内环境的整洁卫生；定期检查消防设备的数量和完好情况；灭火器药剂必须定期更换；服务区内的道路、房屋、立体交叉、交通标志和标线、绿化、通信等设施的养护与维修，参照现行《公路养护技术规范》(JTG H10—2009)有关章节的规定执行。

养护房屋的设置应满足公路养护生产和管理需要。养护房屋内应配备通信设备等各种必要的生产、生活、消防设施。养护房屋及周围环境应布局合理、整洁美观，设施适用、方便，并保持排水畅通。养护房屋应定期检查、维护，及时修复损坏部分。

任务5 公路绿化与环境保护

一、工作任务

掌握公路绿化和环境保护的养护内容和技术要求。

二、知识准备

公路绿化及其规划，公路树木的栽植与管护，公路养护环境保护等。

（一）公路绿化及其规划

公路绿化是国土绿化的重要组成部分，也是公路建设和养护不可缺少的内容之一。

1. 公路绿化的范围

公路绿化的范围是：公路两旁用地、渡口、道班周围和公路隔离带、防护带、交通岛、广场、桥涵、隧道、立体交叉的上下边坡及公路服务设施等场地的绿化，还包括育苗、栽种、抚育、管理、采伐更新及宣传绿化政策等。

2. 公路绿化的目的

(1) 利于路基的稳定，防止雨水冲刷。

(2) 保护路面，调节温度和湿度。

(3) 利于引导机动车辆安全行驶。

(4) 防止公路环境污染，降低行车噪声。

(5) 丰富道路两侧景观，有利于司机、乘客及沿线居民的身心健康。

(6) 扩大国土绿化面积，改善生态环境。

3. 公路绿化的意义

公路绿化能稳固路基，保护路面，延长沥青路面的使用年限；能降低公路养护成本，美化路容，诱导车辆安全行驶；能保护环境，使旅行舒适，并为国家提供一定数量的木材，也是防沙、防雪、防风、防水害的措施之一。

4. 公路绿化规划

公路绿化按其绿化的位置、作用和性质，主要划分为防护林、风景林和美化沿线景观的小型园林、花圃、草坪等。绿化规划应根据公路等级及对绿化的功能的要求、沿线地形、土质、气候环境和绿化植物的生物学特性等条件，并与地方整体绿化规划结合进行。新改建公路的绿化工程应与公路设计、施工、验收同步进行。

5. 公路绿化的总体要求

(1) 在保证交通运输安全的前提下，通过绿化和美化，丰富公路景观，改善公路沿线环境。

(2) 按“近花草，中灌木，远乔木”的顺序，由路两侧向外展开，以美化路容为主，兼顾防护功能。

(3) 突出草、花及灌木，乔木为陪衬。

(4) 高标准、多投入、见效快，四季有景，美观实用，引人入胜。

(5) 注意与周围自然环境及生态环境相协调，尽量通过和谐的修复与绿化来恢复自然景观，使公路沿线的景观更具美学价值。

6. 公路绿化的具体任务

(1) 公路绿化规划、设计和施工。

(2) 利用绿化的乔木、灌木、花草合理覆盖公路路堤、路堑、分隔带以及沿线一切可绿化的公路用地。

(3) 培植、修饰公路两侧天然生长的乔木、灌木和花草，以满足公路绿化的需要。

(4) 抚育管理保护路树和进行路树更新采伐。

(5) 培育路用苗木，加强引进、试验新品种。

(6) 清查路树资源，建立绿化档案。

(二) 公路树木的栽植与管护

1. 公路树木的栽植

栽植绿化树木应按照公路绿化工程设计及任务大小，合理安排和组织劳力，做好整地、画线、定点、挖坑工作，并及时选苗、起苗、运苗，在春、秋季和适当时期进行栽植。

(1) 行道树和风景林一般应采用明坑栽植，具有无性繁殖的树种，可埋干栽植。

(2) 防护林的栽植，应按因地制宜、因害设防的原则进行。防洪、防雪林带一般应密植，防风、防沙林带应留有适当通风空隙，防护路基边坡的灌木丛、经济林一般应密植或与乔木混栽。

(3) 选苗工作应以适合当地土壤、气候为原则，选择速生和经济价值较大的树种及健壮、优良的树苗。树苗要发育正常、有良好的顶芽，根系发达，有较多的须根，且苗茎、苗根没有受虫害或影响生长的机械损伤等。

(4) 坑栽树木一般应使洞径比根幅稍大，深度比根长稍深，能使苗根充分舒展。

(5) 移植较大的树苗或珍贵果树、花木及针叶树等时，应带土栽植，土球大小应超过树木地径10倍以上，以确保成活率。

2. 公路树木的管护

路树成活后到郁闭(绿化植物冠幅的投影面积和占地面积之比达到0.6以上时)前属于幼树，要加强抚育管理。主要是及时察看、灌溉、除草、松土、施肥、修剪、防治病虫害和补植等。

(1) 干旱季节应及时进行人工灌溉，灌水量应随树苗大小和气候土壤情况确定。

(2) 除草和松土应结合进行。在植物生长最旺盛的春季和夏季，松土深度以5～6 cm为宜，同时应除掉杂草根系，但要注意不能损伤树木根系。风沙较大地区可不松土。

(3) 对种植于瘠薄土壤且生长不良的树木，尤其是果树和经济树苗，应施肥促进其生长。

(4) 各种树木如栽后枯死，要及时进行补植。补植的树苗应与原来种植的树苗种相同，规格须大于原植树木规格，并合乎植树技术要求。对已基本成材的行道树，除株行距较大补植后不影响生长者外，一般不可补植。树冠达到郁闭时，即为成林。为了促进树木发育健壮，树形优美，透光通气，减少病虫害发生，适时开花结果，要及时修剪、抚育。修剪时期应在秋季落叶后、春季萌芽之前进行。修枝主要是把乔木、灌木的枯枝、病枝、弯曲畸形枝、过密的分枝以及影响行车的侧枝等去除。

交通比较繁忙及风景游览区的行道树或风景林带，要根据不同树种及其特性进行修剪。大树要注意干形和冠形，一般应剪成圆形或椭圆形，靠近大城市及游览区的树木可剪成球形、圆形或塔形，绿篱应剪成长方形或梯形。修剪时不得损及树干，树木冠形要相同，使其整齐美观。果树应按其特性和要求进行修剪。灌木丛除以收益为目的，应每年割条外，对有防护作用等特殊用途的灌木或乔灌混交林，应适当割条。新植灌木，次年应全部割掉，以利分蘖。草皮的修剪随草的种类和生长环境不同而不同，草高不应超过10 cm，以免叶茎过长，遮挡阳光，造成通风不良，诱发病虫害。修剪树枝要注意防止伤及树干，高矮突出和树冠大小不一应予以修剪。修枝切口要平滑，并与树干齐平。

每年秋季或春季，可在树干上距地面 1.0～1.5 m 处，涂刷稀石灰浆、石灰硫磺浆或黏土硫磺浆，以防菌染腐烂，确保公路绿化美观。在靠近村镇、风景游览区和风沙较大路段的各类新植树木，应设置支撑架杆、护栏架、树池及包扎树干等，防止人畜损坏或风摇，以确保成活率和保存率。采用各种保护方法，都应注意和环境协调。防治树木病虫害，应以预防为主，及时灭虫，开展生物、化学防治与营林措施相结合的综合防治方法，要严格检疫制度，保持林地卫生，消灭越冬虫卵、蛹，烧毁落叶虫婴、虫茧，及时清除衰弱木、病虫木等。行道树、防护林及风景林等，不宜全线（段）采用单一树种，要根据情况，有计划地配植适宜树种，分段轮换栽植不同树种（每段至少 1 km），以减少虫害的传播。

为掌握公路绿化的发展变化情况，积累资料，应建立公路绿化工程档案。从绿化、美化到竣工验收，应做好调查登记，建立公路路线（段）绿化、美化工程登记表存查制度。公路绿化、美化工程档案，要由业务领导和专职人员审核并签字。

（三）环境保护

（1）公路及沿线设施周围环境保护应符合下列要求。

① 公路环境保护应与公路建设和养护相结合，开发和利用环境。

② 公路环境保护应体现经济效益、社会效益，各种环境保护设施应因地制宜，做到技术可行、经济合理。

③ 公路养护工程应以维护生态、降低污染、保护沿线环境为目标，应采取相应措施对施工与运营期产生的污染进行处治。

④ 位于自然保护区、水源保护地、森林、草原、湿地和野生动物及其栖息地的公路，养护作业时应妥善处理施工废料、废水。废方弃置应注意保护自然水流形态，避免阻塞河道水流或造成水土流失。废水不得直接排入饮用水体和养殖水体。

⑤ 增强生态保护和水土保持意识，保护生态资源，少占土（耕）地，做好公路用地范围内的水土保持工作。对公路用地范围内环境脆弱、地质灾害易发路段，应采取生物、工程等综合措施，做好防护工作；对边坡、荒地的水土流失，应做好治理工作。

（2）公路养护应注意防治下列生活环境污染。

① 养护施工作业噪声对声环境的污染。

② 搅拌站（场）的烟尘、施工扬尘、路面清扫扬尘对环境空气的污染。

③ 公路服务区等的生活污水、路面径流、施工废水和废渣等对水环境的污染。

④ 养护施工中的废弃物环境的污染。

（3）公路养护环境污染防治应采取下列有效措施。

① 积极试验和采用无污染或少污染的新工艺、新技术、新产品。在路面养护施工中，应积极推广再生、快速修补等环保工艺，减少工程废料。

② 环境空气污染防治应结合景观绿化，选择有吸附或净化能力且适合当地气候、土壤条件的花草、灌木和乔木。在用地许可的前提下，宜种植多层次的绿化林带。

③ 沥青混合料一般应集中场站搅拌，其设备污染物排放应符合现行《沥青工业污染物排放标准》（GB 4916—1985）的有关规定。

④ 石灰、粉煤灰等路用粉状材料运输和堆放应有遮盖，有条件时其混合料应集中拌和，减少

对空气、农田的污染。

⑤ 养护作业应考虑对施工路段及便道适时洒水，减轻扬尘污染。

⑥ 公路服务区、停车区等产生的废水排放应符合现行《污水综合排放标准》(GB 8978—2002)的有关规定。

(4) 公路养护作业应采取有效措施，减少对生态环境、水环境、声环境、环境空气、社会环境的影响，并注意保护公路沿线文物古迹。

复习思考题

1. 什么是公路沿线设施？公路沿线设施的具体内容包括哪些？
2. 公路交通安全设施包含哪些内容？公路交通标志的组成是什么？
3. 试述公路交通标志的养护内容。
4. 简述公路路面标线养护基本要求和养护要点。
5. 波形梁钢护栏的养护要求是什么？
6. 公路机电系统和服务设施分别包括哪几方面？
7. 试述公路绿化的范围和意义。
8. 简述公路树木的栽植要求。
9. 简述公路树木的管护内容。
10. 公路养护环境污染防治应采取哪些有效措施？

学习情境 8

公路维护机械设备及其管理

【学习目标】

1. 知识目标

(1) 掌握维护机械设备的分类情况；

(2) 熟悉各种常用维护机械的使用；

(3) 熟悉公路维护机械人员的基本要求；

(4) 掌握维护机械设备使用管理的有关规定及工作内容。

2. 能力目标

(1) 能够正确认识公路维护机械的分类和使用；

(2) 能够正确认识公路维护机械使用管理的有关规定及工作内容。

任务 1 概述

一、工作任务

高等级公路的交通量大、车辆载重量大和高速行驶的交通特性对高等级公路的维护及管理提出新的要求，即快速、安全、优质、低耗作业，为道路使用者提供舒适而完善的服务功能。而维护施工的高效率、高质量和社会文明的进步，促使高等级公路维护主体逐渐向以机械化逐步取代人工作业方面发展。因此，必须做好对高等级公路维护机械的管理工作，才能达到通过维护机械化，提高维护质量，加快施工进度，降低维护成本，确保公路畅通，并改善劳动条件，减轻劳动强度，实现文明生产，加快高等级公路交通现代化的进程。通过本任务的学习，学生应掌握公路常用维护机械的分类。

二、相关配套知识

高等级公路维护机械按维护项目可分为：路基维护机械、路面维护机械、桥涵维护机械、隧道维护机械、绿化维护机械、日常保洁机械。高等级公路常用的维护机械设备如表8.1.1所示。

表8.1.1 高等级公路常用的维护机械设备

维护项目	常用机械设备
路基维护	挖掘机、装载机、挖掘装载机、推土机、铲运机、水泥混凝土注浆机、自卸载货汽车、平地机、振动碾、振动压路机、打夯机、稳定土路拌(厂拌)机、水车等
路面维护	沥青乳化设备、沥青改性设备、混凝土拌和设备、稀浆封层机、铣刨机、沥青路面修补设备、沥青路面再生设备、风镐、凿岩机、破碎机、打桩机、振捣器、切缝机、搅拌机、空压机、沥青洒布车、沥青灌封机、摊铺机、压路机、划线机、运输车辆、水车等
桥涵维护	桥梁检测车、水泥路面养护机械、桥梁动载试验设备、汽车起重机、塔吊等
隧道维护	隧道清洗车、隧道检测车、液压或电动升降平台、其他电工设备
绿化维护	除草机、修剪机、移树机、挖掘装载机、掘坑机、游锯、化肥农药喷洒机、洒水车、草坪移植机、运输载货汽车等
日常保洁	清扫机械、排污车、护栏清扫车、除雪机械、路面除冰机、标志牌清洗车等

任务2 各种公路维护机械设备的使用

一、工作任务

养护机械是保养、维修公路病害及损坏的机械，它是日常养护的必要工具，是修复公路病害的重要手段，本任务主要讲授各种公路维护机械设备的使用情况。通过本任务的学习，学生应熟悉并掌握各种公路维护机械的使用内容及方法。

二、相关配套知识

(一) 铲土与运输机械

1. 推土机

它是由基础车、工作装置(推土装置与松土装置)、操纵系统三大部分组成，主要用于铲土、运土、填土、平整场地、松土等作业。

(1) 推土机的分类。

① 按照基础车和行驶装置分为轮胎式和履带式两种。

② 按操纵方式分为机械操纵和液压操纵。

③ 按推土装置的构造可分为固定(直铲)式与回转(万能或斜铲)式。

④ 按发动机功率分为大型、中型、小型。

(2) 推土机的工作过程。

不同装置的推土机的工作过程不同。

① 直铲式推土机是周期作业的,其过程是铲土、运土、卸土、回驶(一般倒回)。铲土过程为:调好铲土角,低速挡行进中缓慢放铲刀,切入土壤适当深度后前进,直到铲刀前堆满土为止。运土过程为:铲刀前堆满土后行进中将铲刀提升到地面,视运距长度确定是否换挡,继续行驶到卸土点为止。卸土过程为:视需要,卸土于一堆,或稍提铲刀继续行驶将土铺于地上。返回过程为:挂倒挡返回铲土起点。

② 回转式推土机的工作过程为:当作为直铲使用时,同上;当斜铲作业时,其铲土、运土、卸土连续进行;当侧铲作业时,前置端稍低,其过程同斜铲。

2. 铲运机

铲运机广泛用于公路与铁路、港口、建筑、露天矿等工程中的土方施工作业。铲运机是一种在行进中完成土壤的铲装、运土、卸土等工序的循环作业式机械。

① 铲土过程:升起斗门,放下铲斗,斗口切入土壤适当深度,机械以低速挡向前行驶,被铲下的土层挤入斗内,直到铲斗内堆满土为止。

② 运土过程:当铲斗内堆满土后,关闭斗门,提升铲斗使其离开地面适当高度,机械重载运行到卸土地段。

③ 卸土过程:放下铲斗使其离地面一定高度(视要求),打开斗门,边走边卸土,此时将土按要求厚度铺于地上。

④ 回驶过程:卸土完毕后,关闭斗门,提升铲斗,驶回铲土始点,重复上述过程。

3. 平地机

平地机是一种多用途的铲土运输机械,主要用于土方工程中场地整形和平地作业,还可用于从两侧取土填筑不高于 1 m 的路堤,修整路基的横断面,修刮路堤和路堑的边坡,开挖边沟和路槽等。此外,还可用来在路基上拌和稳定土或其他路面材料、摊铺材料,修整和维护土路,松土、回填、清除杂草和积雪等。在平整土壤方面,由于其刮刀在前后轮之间,故其平整效果不像推土机那样对地面的不平度具有放大作用。它是路基路面施工中不可缺少的作业机械,用途十分广泛。

(1) 平地机的分类。

① 平地机按行走方式可分为拖式和自行式两种。前者因机动性差和操纵控制性能差,现已被国内外淘汰,只有在某些小型养路单位才会用到。自行式平地机按操纵方式又分为机械操纵式和液压操纵式两种,机械操纵式结构复杂,操纵性能差,也被淘汰。目前,平地机基本采用液压操纵。根据轮轴数目有四轮(双轴)和六轮(三轴)两种,前者用于轻型平地机,后者用于大中型平地机。

② 按车架方式有整体式车架和铰接式车架两种。整体式车架是将箱形双梁后车架与弓形

前车架焊为一体，车架整体刚性好；铰接式车架是将两者铰接，用油缸控制其转向角，使机器获得更小的转弯半径和更好的作业适应性。

③ 平地机还可按刮刀长度和发动机功率分为轻型、中型、重型三种。

(2) 平地机的工作过程。

平地机从事不同的作业，其工作过程也不同，它可以从事四种基本作业。

① 刮土侧移。这种作业法适用于移土填堤、整修路形时的移土、平整场地、回填沟渠、铺散料或路拌路面材料等。先根据施工对象的要求和土壤性质，调好刮土角（一般是60°～70°）和铲土角（约45°），机械以二挡或三挡行进中两侧同步下降适当高度，平地机前进中不断地切土并卸土于一侧。此过程是连续进行的。

② 刮土直移。适用于较平的场地、平整的最后阶段或铺散材料。平地机刮刀与行进方向垂直，将铲土角调大些(60°～70°)，前进中两侧同步下降少量切土，机械前进中土壤被不断地刮下同时向前运送，到达分段头后一般挂倒挡快速回到起点，重复上述过程。此时，它属于周期作业。在此过程中应尽可能使刮刀左右对称置于机架内，以免使机械承受侧向摆动力矩。

③ 刮刀刀角铲土侧移。这种作业适用于挖边沟、填路堤等场合。根据土壤性质调好铲土角（约30°）和刮土角（一般为30°～40°），机械以一挡速度前进中，铲刀前置端下降切土，侧倾角的大小视土壤性质和工作需要而定。此过程是连续进行的。

④ 机外倾斜刮土。这种作业法适用于修刷路堑边坡、路堤边坡以及边沟边坡等。先将刮刀整体倾斜于机外，然后使其上端朝前，机械以一挡前进，放刀切土。此过程是连续进行的。

（二）挖掘装载机械

挖掘装载机械是土方工程中的主要施工机械。根据其作业方式有循环（周期）作业和连续作业两种基本形式，前一种工作装置是单斗，后一种形式的工作装置是多斗。在公路工程中大多采用单斗挖掘机和单斗装载机。

1. 装载机

装载机是一种广泛用于公路、铁路、矿山、建筑、水电、港口等工程的土方施工机械，它主要用来铲、装、卸、运散装物料（土、砂、石、煤、矿等），也可对岩石、硬土进行轻度铲掘作业，短距离转运工作。在较长距离的物料转运工作中，它往往与运输车辆配合，以提高工作效率。由于其具有作业速度快、效率高、操作轻便等优点，所以装载机在国内外得到迅速发展，成为公路建设中土石方施工机械的主要机种之一。

(1) 装载机的分类。

① 按发动机功率分为：小型、中型、大型、特大型。

② 按传动形式分为：机械传动、液力机械传动、液压传动和电传动四种基本形式。

③ 按行走装置及结构分为：轮胎式和履带式。轮胎式又分车架形式和转向方式。

④ 按装卸载方式分为：前卸式、后卸式和侧卸式三种。

⑤ 按回转性分为：非回转式、全回转式和半回转式三种。

(2) 装载机的工作过程。

单斗装载机的工作过程由铲装、转运、卸料和返回四个过程组成一个工作循环。

① 铲装过程：斗口朝前平放地面，机械前行使斗插入料堆，若遇较硬土壤，机械前行过程中边收斗边升动臂到斗满时斗口朝上为止。

② 转运调整过程:向自卸车卸料,在转运过程中调整卸料高度和位置。

③ 卸料过程:向前翻斗卸料于车上。

④ 返回过程:返回途中调整铲斗位置至铲装开始处。

2. 单斗挖掘机

挖掘机是用来进行土方开挖的一种施工机械,挖掘机的作业过程是用铲斗的切削刃切土,并把土装入斗内。多斗挖掘机可以不间断地挖、装、卸,其过程连续进行;单斗挖掘机装满土后提升铲斗并回转到卸土点卸土,然后回转转台到铲装点重复上述过程。按作业特点分为周期性作业式和连续性作业式两种,前者为单斗挖掘机,后者为多斗挖掘机。由于公路工程相对土方量小且不集中,故基本上都是采用单斗挖掘机。

(1) 单斗挖掘机的类型。

按照不同的方式有不同的分法,单斗挖掘机一般有以下几种分类方法。

① 按用途的不同分为:建筑型挖掘机、采矿型挖掘机、剥离型挖掘机、隧道型挖掘机。

② 按动力装置分为:电动机驱动式、内燃机驱动式、复合驱动式(柴油机-电力驱动、柴油机-液力驱动、柴油机-气力驱动、电力-液力驱动和电力-气力驱动)等。公路用单斗挖掘机由于其流动性比较大,斗容量不太大,故一般都是采用内燃机驱动形式。

③ 按传递动力的传动装置方式分为:机械传动、半液压传动、全液压传动。

机械传动是指工作装置的动作是通过绞车(卷筒)、钢索和滑轮来实现的。挖掘机的动力装置通过齿轮和链条等传动件带动绞车、行走及回转等机构,并通过离合器、制动器控制其运动状态。通常在大中型挖掘机上采用,其特点是结构复杂、机械质量大,但传动效率高、工作可靠。

半液压传动是指工作装置、回转装置、行走装置中不全是液压传动的,一般工作装置采用双作用液压油缸执行动作,行走与回转采用机械传动或只有行走采用机械传动的单斗挖掘机为半液压传动挖掘机。

如果行走和回转采用液压马达驱动,工作装置通过油缸执行其动作,则称为全液压挖掘机。

因液压传动的传动机构结构简单、质量小,挖掘机的工作性能好,在中小型单斗挖掘机上基本都用半液压传动和全液压传动,而且有向全液压传动方向发展的趋势。

④ 按基础车的形式分为:履带式、轮胎式(一般用于市政工程各种管道沟的开挖)、汽车式。

⑤ 根据工作装置的结构形式分为:正铲挖掘机、反铲挖掘机、拉铲挖掘机、抓斗(铲)挖掘机。

⑥ 按工作装置的操纵方式分为:机械-钢索操纵式、机械-液压综合式、机械-气压综合式、全液压式。

(2) 单斗挖掘机的工作过程。

单斗挖掘机是一种循环作业式机械,每一工作循环包括挖掘、回转调整、卸料、返回调整四个过程。下面介绍机械传动式挖掘机的正铲、反铲、拉铲和抓斗的工作过程。

① 正铲挖掘机的工作过程。

先将铲斗下放到工作面的底部,然后在提升铲斗的同时使斗柄向前推压,于是铲斗强制切土,当铲斗上升到一定高度时装满土壤。斗柄回缩离开工作面,然后回转,同时调整卸料位置到卸料上方适当高度,打开斗底进行卸料。卸土完毕后,回转转台,同时调整铲斗到铲土始点,重复上述过程。在铲斗放下过程中,斗底在惯性作用下自动关闭。由于钢索只能传递拉力,当斗柄提升钢索彻底松开后,斗柄及铲斗在自重的作用下只能使斗口朝前,故它只能挖停机面以上的Ⅰ～Ⅴ级土壤或松散物料。

② 反铲挖掘机的工作过程。

先将铲斗向前伸出，让动臂带着铲斗落在工作面底部，然后将铲斗向着挖掘机方向拉转，于是它就在动臂与铲斗等重力及牵引索的拉力作用下，在工作面上切下一层土壤直到斗内装满土壤，然后使铲斗离开工作面保持平移提升，同时回转到卸料处进行卸料。卸完后，动臂带着铲斗回转并放下铲斗到工作面底部，重复上述过程。反铲铲斗有斗底可打开式和斗底不可打开式两种。前者可实现准确卸料于运输车上，后者则通过斗柄向外摆出使斗口朝下实现卸料。

③ 拉铲挖掘机的工作过程。

首先将铲斗用提升钢索提升到位，收拉牵引索（视情况也可不拉），然后同时松开提升索和牵引索，铲斗就顺势抛掷在工作面上，拉动牵引索，铲斗在自重和牵引索的作用下切下一层土壤，直到铲斗装满为止，再提升铲斗，同时适当放松牵引索，使铲斗斗底在保持与水平面成8°～10°时上升，避免土料撒出。在提升铲斗的同时将挖掘机回转至卸料处的方向，卸料时制动提升索，放松牵引索，斗内土即被抛出。卸完后转回工作面方向重复上述过程。拉铲挖掘机适宜于停机面以下的挖掘，特别适宜于开挖河道等工程。拉铲由于靠铲斗自重切土，所以只适宜于一般土料和砂砾的挖掘。

④ 抓斗挖掘机的工作过程。

其工作装置是一种带双瓣或多瓣的抓斗，它用提升索悬挂在动臂上。斗瓣的开闭由闭合索来执行，为了不使斗在空中旋转并尽快停止摆动，通过一根定位索来实现。首先固定提升索，松开闭合索使斗瓣张开。然后同时放松，张开的抓斗在自重的作用下落于工作面上，并切入土中，然后收紧闭合索，抓斗在闭合过程中将土料抓入斗内。当抓斗完全闭合后，以同一速度收紧提升索和闭合索，则抓斗被提起来，同时使挖掘机转到卸料位置使斗高度适当，固定提升索，放松闭合索，斗瓣张开而卸出土料。抓斗挖掘机适宜停机面以上和以下的垂直挖掘，卸料时无论是卸在车辆上和弃土堆上都很方便。由于抓斗是垂直上下运动，所以特别适合挖掘桥基桩孔、陡峭的深坑以及水下土方等作业。但抓斗的挖掘能力也受自重的限制，只能挖取一般土料砂砾和松散物料。对于液压操纵的单斗挖掘机，其工作装置一般只有正铲、反铲和抓斗几种，绝大部分为正铲和反铲液压挖掘机。其工作过程与机械传动的挖掘机工作过程基本相似。由于其动作是由传递双向力的油缸来实现，所以其工作能力比同级机械传动的挖掘机要高。

（三）压实机械

1. 压实机理

对路基和路面压实方法有静力式、冲击式和振动式三种。

静力式是利用机械自身重力产生的静滚压作用，使被压材料产生永久变形的方法。

冲击式是利用机械的冲击力冲击被压材料而使之压实的方法，主要用于作业量不大及狭小场地的压实作业，特别是对路肩和道路维护工程等的压实作业。

振动式是利用机械自身在压实表面进行高频振动，使被压材料产生位移和相互挤压，从而达到压实的目的。振动式压路机压实效果好，广泛用于黏性小的砂土、沥青混合料和水泥混凝土混合料等的压实。

目前，公路工程中使用最为广泛的压实机械是压路机。压路机的种类较多，按滚轮性质不同，可分为铁（钢）轮压路机和轮胎压路机；按压实方法不同，可分为静力式压路机和振动式压路机;按滚轮形状不同,可分为光面滚轮压路机和凸爪滚轮压路机。目前国内常用的是静碾压光轮压路机、轮胎压路机和振动压路机。

2. 压实机械的使用与选配

根据路桥施工的要求,正确地选择压路机种类、规格及压实参数是保证压实质量和压实效率的前提条件。

(1) 根据机械配套情况正确选用压路机。

一般来说,机械化施工程度高,则应选用压实功能大、作业效率高的压路机;机械化施工程度低,则应选用相应功能小且经济的压路机,以免浪费压路机的压实功能。在选用压路机时,还应考虑压路机与其他配套施工机械生产率之间的协调。

(2) 根据压实作业项目正确选用压路机。

光轮压路机主要用于碾压各种路面及路基垫层。在土方工程中多用来碾压路床面,对黏性土的薄层碾压有效,一般不作厚垫层的碾压之用,不适用于含水率高的黏性土,或粒径均一的砂质土等。光轮压路机的生产效率低于振动压路机。

轮胎压路机机动性好,适应各种材料,压实效果较好,影响深度大。该机轮胎的接地压力可用改变配重和轮胎气压来调节,对不同的土质,铺筑层厚度有较好的适应性。轮胎气压直接和压实效能有关,一般碾压碎石时,接地压力要提高,对黏性土等接地压力要降低。改变轮胎气压在实际操作中尚有困难,一般应预先定好充气压力,在碾压过程中通常保持不变。由于碾压过程中轮胎的弹性变形对表面产生揉压作用,对消除沥青路面的裂纹和表面热裂缝更具优越性。轮胎压路机加配重后,可使机重提高两倍左右,若加载不当,将使压实效果下降,因此,必须经试验确定。在碾压土层时,如果土中有块石或片石,将使机械行驶不稳定,施工时应将一定粒径的石头清除掉。

振动压路机因振动使土的变形阻力减小,用较轻的重量能得到较大的压实效果。该机一般对非黏性土(砂质土)或缺乏黏性的道砟的碾压效果好。重型振动压路机向深部压实的效果好,铺土厚度可厚些(1.5～2 m)。使用振动压路机时,应根据土的性质和机械质量来选定振动频率和离心力的大小。振动压路机容易在混有块石或片石的土里打滑,使用中应注意。振动压路机碾压沥青混合料达到静力式压路机同样的压实效果时,其碾压遍数少,生产率比静力式压路机高40%～50%,而且振动压路机具有良好的水饱和指标,压出的路面比较耐用。总之,振动压路机生产效率高,使用性能好,故被广泛应用于各种材料的路面和各种土质路基的碾压。

夯捣式压路机,因滚筒上的凸块形状不同而名称不一,但凸块能集中荷重,对土块、块石等能起破碎及压实作用。它适用于大土方工程现场的填土初压之用,对黏性土效果不好,对非黏性土(砂土)则不起作用。但是,对灵敏度大的高含水率黏性土,由于凸块将土揉来滚去,反而使土松软化,施工中应特别注意。

一般进行路基压实作业时,多选用压实功能大的重型和超重型静力式压路机、振动压路机等。进行路面压实作业时,为使表面密实平整,多选用中型静力式压路机、振动压路机和轮胎式压路机。若进行人行道、小面积修补桥涵等压实作业,则可选用轻型或小型压路机。

3. 路基的压实

为提高工程质量,延长道路使用寿命,路基必须经过充分的压实。对石质路基,以选用重型振动压路机进行振动压实为宜;对土质路基,各种类型压路机均有较好的适应性。这里主要介绍土质路基的压实。

首先，根据路基土质特性和所选用的压路机压实功能，确定适宜的压实厚度(见表 8.2.1)。

表 8.2.1　几种压路机的适宜压实厚度

压路机类型		适宜的压实厚度/cm	碾压遍数	适应土壤种类
静光轮压路机	(8～10 t)	15～20	8～12	非黏性土
静光轮压路机	(12～20 t)	20～25	6～8	非黏性土
轮胎压路机	(9～20 t)	20～30	6～8	亚黏土、非黏性土
拖式轮胎压路机	(30～50 t)	30～50	4～8	各类土壤
拖式羊脚碾压机	(2～6 t)	20～30	6～10	黏性土
拖式振动压路机	(14 t)	100～120	6～8	砂砾土、碎石
振动压路机	(10 t)	50～100	4～6	非黏性土

然后，测定土壤的含水量。含水量应控制在最佳含水量的±2%范围之内(见表 8.2.2)。一般情况下，土壤含水量是由工程技术人员通过试验方法测定。同时，也可以通过简易方法判断土壤的含水量，通常“手握成团，没有水痕，离地 1 m，落地散开”就说明该种土壤的含水量接近其最佳含水量。

表 8.2.2　几种土壤的最佳含水量

土壤种类	砂土	亚砂土	粉土	亚黏土	黏土
最佳含水量/(%)	8～12	9～15	16～22	12～15	19～23

压路机驾驶员应在压实作业前，检查和调整压路机各部位及作业参数，保证压路机正常的技术状况和作业性能。压路机驾驶员应在压实作业中与工程技术人员配合，随时掌握和了解压实层的含水量及压实度的变化，遵从技术人员的指导。

路基的压实作业可按初压、复压和终压三个步骤进行。

(1) 初压是指对铺筑层进行最初的 1～2 遍的碾压作业。初压的目的是使铺筑层表层形成较稳定、平整的承载层，有利于压路机以较大的作用力压实路基。

一般采用重型履带式拖拉机或羊脚碾初压路基，也可用中型静压式压路机或振动式压路机以静力碾压方式进行初压。

(2) 复压是指继初压后的 5～8 遍碾压作业。复压的目的是使铺筑层达到规定的压实度。它是压实的主要作业阶段。

复压作业中，应尽可能发挥压路机的最大压实功能，以使铺筑层迅速达到规定的压实度。例如：增加压路机配重、调节轮胎气压，使单位线荷载和平均接地比压达到最佳状况；调整振频和振幅，使振动压实功能最佳。复压作业中，应随时测定压实度，以便做到既达到压实度标准，又不过度碾压。

(3) 终压是指继复压之后，对每一铺筑层竣工前所进行的 1～2 遍碾压作业。终压的目的是使压实层表面密度平整。分层修筑路基时，只在最后一层实施终压作业。终压作业可采用中型静力式压路机或振动压路机以静力碾压方式进行碾压，碾压速度可适当高于复压时的速度。

路基的压实作业，应遵循“先轻后重、先慢后快、先边后中”的原则。先轻后重，是指开始时先使用轻型压路机进行初压，然后再换重型压路机进行复压。先慢后快，是指压路机碾压速度随碾压遍数增加而逐渐加快。先边后中，是指碾压作业中始终坚持从路基两侧开始，逐渐向路基中心移动的碾压原则，以保证路基设计拱形和防止路基两侧的塌落。

4. 路面的压实

路面主要有两大类，一是刚性路面，二是柔性路面。刚性路面主要是指由水泥混凝土修筑的路面；柔性路面主要是指由沥青混合料修筑的路面。柔性路面一般由面层、基层、垫层等结构层构成。

(1) 路面基层的压实作业。

在铺筑底基层之前，应用静力式压路机对路基按“先边后中、先慢后快”的原则碾压 3～4 遍。下承层压实作业不易用振动压路机，以免路基表层发生松散。垫层铺筑和压实后，即可铺筑和压实基层。

(2) 路面面层的压实作业。

沥青表面处治面层是由沥青和石料按层铺法或拌和法，铺筑的厚度不大于 3 cm 的一种薄层沥青路面。施工一般选在气候干燥且较热的季节。层铺法施工的沥青表面处治面层，按设计要求有单层、双层和三层三种，各层的压实方法相同。在清理后的基层或原有路面上喷洒沥青，并铺撒粒径为 5～10 mm 大的石料后，立即用轻型压路机先沿路缘石或修整过的路肩往返碾压 1～2 遍，然后按“先边后中、先慢后快”的原则碾压 3～4 遍，速度逐渐提高。双层和三层沥青表面处治路面，最后一层应多碾压 1～2 遍。

沥青贯入式面层是在初步压实的碎石层上喷洒沥青后，再分层铺撒嵌缝石料和喷洒沥青，压实后形成的一种路面结构层。沥青贯入式面层厚度一般为 4～8 mm。施工时，应选在气候干燥炎热的季节。沥青贯入式面层施工时，各作业程序应连续、不脱节，并做到当天铺筑当天压实。通常情况下，碾压作业路段以 200 m 左右为宜。

沥青碎石和沥青混凝土面层是用沥青作为结合料，与一定级配的矿料均匀拌和成混合料，并经摊铺和压实而形成的一种沥青路面结构层。它们的主要区别在于矿料的级配不同。沥青碎石混合料中细矿料和矿粉较少，压实后表面较粗糙；沥青混凝土混合料，矿料级配严格，细矿料和矿粉较多，压实后表面较细密。

沥青碎石和沥青混凝土面层的施工方法主要有热拌热铺、热拌冷铺、冷拌冷铺等。我国目前多采用热拌热铺法施工。碾压时，沥青混合料的温度对压实质量有很大的影响，因此，应按表 8.2.3 所列的温度值控制沥青混合料的温度。若沥青混合料温度过低，则难以压实。

表 8.2.3　沥青混合料的碾压控制温度

沥青料种类	碾压温度/℃
石油沥青细粒料	100～110
石油沥青粗粒料	90～100
煤沥青混合料	65～77

沥青混合料路面压实一般先初压，再复压，最后终压。中、下面层碾压顺序一般是轮胎压路机—钢轮振动压路机—轮胎压路机—钢轮静力式压路机，上面层碾压顺序一般是轮胎压路机—钢轮静力式压路机。当碾压厚度小于 4 cm 时，也可直接用钢轮静力式压路机碾压。

（四）路面工程施工机械

1. 稳定土路面机械

稳定土是由土和稳定剂拌和而成。稳定剂主要包括无机料（石灰、水泥、粉煤灰等）和有机料（液态沥青和其他化学剂）两大类。用来把土和稳定剂进行破碎、撒铺、拌和及压实等工作的机械统称为稳定土路面机械，这些机械包括：粉料撒布机、洒水车、稳定土拌和设备、摊铺设备和压实机械等。

（1）稳定土厂拌设备。

稳定土厂拌设备具有设备比较完善，可根据设计要求拌和各种不同配合比的稳定土材料，且土壤和稳定剂的配合比准确，拌和均匀，成品料质量稳定，便于计算机自动控制和生产率高等优点，是修筑高等级公路基层和底基层的必备设备，主要适用于集中拌和道路、机场和广场等基层和底基层的稳定土材料。但它需要较多的配套机械设备（如汽车、装载机、摊铺机等），施工成本较高。目前，国内生产的稳定土厂拌设备主要有 WBC30、WBC50、WBC100、WBC200 四种型号，其中 WBC200 运用最广泛。

稳定土厂拌设备组成复杂，是一种自动连续作业的大型设备，用于拌和各种类型的稳定土混合料，要求级配和配合比准确，拌和均匀。在使用中，除按照设备使用说明书的要求进行严格操作、维修与保养外，还应特别注意以下问题。

① 保证各皮带输送机的正常运行。皮带输送机是稳定土厂拌设备中使用比较多的机械，其运行是否正常将直接影响设备的正常运转。在工作过程中，必须加强对皮带输送机的监控，当发现皮带跑偏时，应及时予以调整，否则将可能造成撕裂皮带等严重事故。

② 加强设备在工作中的全过程质量管理。稳定土混合料的制备过程包括原材料的堆存、称量配料、搅拌及混合料的运输等项工序。各工序的好坏都会影响到混合料的最终质量，必须对拌和的全过程加强质量管理。

（2）稳定土拌和机。

稳定土拌和机可以就地拌和或破碎土块，拌和效率高，但土壤和稳定剂的配合比不够准确，污染较严重。目前，常用于稳定土质量要求相对较低的道路、广场、机场等的基层或底基层的稳定土施工中。

稳定土拌和机的类型较多。按动力传动的形式分为机械式、液压式和混合式；按行走方式分为履带式、轮胎式和混合式；按移动形式分为自行式、单拖式和悬挂式；按转子的数量分为单转子式和多转子式；按转子的配置位置分为中置式和后置式；按转子旋转的方向分为正转式和反转式。

现代公路基层施工是采用大规模、连续性的机械化施工。稳定土拌和机是基层路拌法施工的核心机械，为充分发挥其作业能力，应注意以下事项。

① 确保配套机械的完好率。与稳定土拌和机配套的施工机械有挖掘机、推土机、装载机、自卸汽车、粉料撒布机、平地机、洒水车、压路机等机械。在机械化施工作业时，除应确保稳定土拌和机无故障外，还要确保其配套机械的完好率，以保证机械化施工的连续作业。

② 选择合理的施工路段。从理论上讲，施工路段越长，其生产率越高。但从施工的综合因素考虑，则存在一个最经济的施工路段。根据施工单位的实践经验证明，一般以 500～1 000 m 为宜。在决定施工路段时，应选择各种施工机械掉头较方便的地方较好，因为机械掉头困难、掉

头时间过长等都会影响生产效率。

2. 沥青洒布机

沥青洒布机是在以贯入法、表面处治法修筑路面，稳定土壤以及路拌沥青混合料等工程中，用以运输、洒布液态沥青和煤焦油的一种专用机械。维护用沥青洒布机的储料箱（储存液态沥青）的容量一般不大于 400 L；公路施工用沥青洒布机的储料箱的容量一般为 3 000～20 000 L。

沥青洒布机按运行方式分为自行式、拖式和半拖式三种。自行式沥青洒布机安装在汽车底盘上，拖式和半拖式用汽车或单轴牵引车牵引。按沥青泵的驱动方式分为汽车发动机驱动和专用发动机驱动两种，后者可在较大范围内调节沥青的洒布量。

为保证沥青洒布机的正常工作，在每次洒布完毕之后都要将洒布管路中的残余沥青抽回储料箱内。若当天不再使用，还要用柴油或煤油清洗储料箱、沥青泵和管路，以防止沥青凝固在各处影响下次使用。在每次使用之前都要检查沥青泵，若发现有沥青凝固现象，需用手提喷灯烤化，直到沥青泵运转灵活为止。

为提高沥青的洒布质量，施工中应注意以下要点。

（1）要求沥青洒布机稳定行驶，其速度可按施工要求而定。

（2）要求汽车驾驶员和洒布操纵者密切配合，动作协调一致，确保洒布均匀。

（3）要保持沥青的洒布温度。因沥青的黏度和其温度成反比，而黏度又决定沥青泵的输出量。若沥青温度不当，会引起沥青泵的输出量变化，洒布不均匀，影响洒布质量。

（4）要选好喷嘴的离地高度。因喷嘴的离地高度不同，其洒布宽度不同。

（5）要求汽车轮胎有足够的气压。若轮胎气压不足，储料箱内沥青数量的变化使轮胎变形较大，从而影响到喷嘴的离地高度。

（6）要保持稳定的洒布压力。因洒布压力不同，喷出沥青的扇形形状不同，致使洒布不均匀。

（7）要注意前后两次喷油的接缝。一般纵向应重叠 10～15 cm，横向应重叠 20～30 cm。

（8）要注意安全。沥青洒布机在加注或洒布热态沥青时，温度很高，必须注意安全，防止烫伤。使用固定喷灯时，储料箱内的沥青液面应高于火管。在洒布过程中，不应使用喷灯。

3. 沥青混凝土拌和机

（1）设备组成。

沥青混凝土拌和机是拌制沥青混凝土的专用设备，主要设备组成有砂石料的烘干与加热设备、砂石料的筛分与称量设备、相应的升运设备、沥青的加热与保温设备、沥青的称量设备、拌和设备、传动系统和操纵系统、配套设施等。

（2）工艺流程。

沥青混凝土拌和机的拌和工艺流程为：将砂石料烘干加热至 160～200 ℃，筛分后按比例称量；将沥青加热熔化至 120～160 ℃保温，按容量或质量称量；将热砂石料（加入适量的石粉）与热沥青均匀拌和成所需的混合料，出料温度宜为 110～170 ℃。

这种拌和工艺的优点是：配比准确、适应性高、可拌和任何比例的材料，可根据技术要求控制拌和时间，所有工序的操作、计量等均可由特制的设备、仪表和显示器等电气设备实行自动控制，这样既可以节省人力，又可以提高生产率。

（3）沥青混凝土拌和机的使用要求。

拌和机在工作前需进行全面的检查。如检查各部件紧固螺栓是否松动，拌和机内是否有余料，传动皮带是否跑偏，各机组及辅助设备安装是否正确，沥青管路接头是否漏气，电气系统是否完好等。对移动式拌和机;就位后还需放下前后支腿,将平板车抬起,并保持水平位置,使轮胎卸荷。

每一种沥青混凝土拌和机都有其使用技术规程,因此在使用时,必须按其技术说明书上的有关技术规程进行操作。

拌和机在启动时,一般逆着运料流程进行。当烘干筒达到一定的温度后才能启动冷料输送机和配料给料装置。拌和机在正式拌和成品料之前,应先用热砂石料预拌 2～3 次,以便给拌和机壳体预热。在正式拌和时,应先将热砂石料与石粉在拌和机内干拌 10～15 s 后,再喷入沥青拌和。在工作过程中,供料应均匀,以防止热料仓各料斗内物料堆积过多,发生串仓现象,而影响砂石料的配合比。

拌和机当天不再工作,停机时,应将烘干筒、料斗、料仓以及拌和机内余料卸空;停机后,应用柴油或煤油清洗沥青系统,以防止堵塞沥青供应管路或卡死沥青泵,影响下次使用。

4. 沥青混凝土摊铺机

沥青混凝土摊铺机是摊铺沥青混凝土路面的专用机械。它可将已拌制好的沥青混合料按一定的技术要求(横断面形状和厚度),迅速而均匀地摊铺在已整好的基层或底基层上,并给予初步捣实和整平。这既大大增加了铺筑路面的速度,节约了成本,又提高了路面的质量。

沥青混凝土摊铺机的分类如下所述。

(1) 按行走装置分为轮胎式和履带式两种。

轮胎式摊铺机一般为全桥驱动,其前轮为实心光面轮胎,实心的目的是为了防止因料斗内混合料重量的变化引起前轮的变形,而影响到摊铺厚度的变化,后轮为充气或充气液两相轮胎,可提高其爬坡及附着能力。轮胎式摊铺机可获得较大的行驶速度,机动性好,在弯道上摊铺可实现较平滑过渡。

履带式摊铺机的履带为无履刺式。履带式摊铺机可获得较大的牵引力,接地比压低,对路基不平度敏感性较差。但其行驶速度较低,在弯道处摊铺会形成锯齿状。

(2) 按动力传动系统分为液压式、机械式和液压机械式三种。

液压式摊铺机的行走、供料、分料,熨平板和夯实板的振动,熨平板的延伸等均采用液压传动。目前摊铺机向着全液压的方向发展,并广泛采用机电液一体化技术。

机械式摊铺机的行走、供料、分料采用机械传动,结构复杂,操作不便。由于传动链多,且中心距较大,故多采用链式传动,调速性和速度匹配性较差。

液压机械式摊铺机的结构是机械式和液压式摊铺机的综合。因而,其结构特点和使用性能介于二者之间。

(3) 按摊铺宽度分为小型、中型、大型和超大型四种。

① 小型摊铺机摊铺宽度一般小于 3.6 m,主要用于沥青混凝土路面的维护和低等级路面的摊铺。

② 中型摊铺机摊铺宽度一般为 4～5 m,主要用于二级以下公路的修筑和维护作业。随着自动调平系统的应用,该机型也可用于一级公路的摊铺。

③ 大型摊铺机摊铺宽度为 5～10 m,主要用于高等级路面的摊铺,传动形式以液压机械式和全液压式为主。拥有自动找平系统,摊铺质量高。

④ 超大型摊铺机摊铺宽度在 10 m 以上,主要用于高速公路的施工,路面纵向接缝少,整体性好。

目前，公路工程常用的摊铺机的类型有：西安筑路机械厂 LT-6 型、镇江路面机械制造厂的 ZLTLZ 型、意大利玛连尼公司的 P176 及 C300 型等。

5. 水泥混凝土搅拌机

水泥混凝土搅拌机是将一定配合比的水泥、砂子、碎石（骨料）和水等拌制成水泥混凝土的机械。

（1）搅拌机的分类。

水泥混凝土搅拌机的用途就是机械化地拌制水泥混凝土，其种类较多，分类方法和特点如下。

① 按作业方式分为循环作业式和连续作业式两种。

循环作业式的供料、搅拌、卸料三道工序是按一定的时间间隔周期进行的，即按份拌制。由于拌制的各种物料都经过准确的称量，所以搅拌质量好，目前大多采用此种类型的作业方式。

连续作业式的上述三道工序是在一个较长的筒体内连续进行的。虽然其生产率较循环作业式高，但由于各料的配合比、搅拌时间难以控制，所以搅拌质量差，目前使用较少。

② 按搅拌方式分为自落式搅拌、强制式搅拌两种。

自落式搅拌机就是把混合料放在一个旋转的搅拌鼓内，随着搅拌鼓的旋转，鼓内的叶片把混合料提升到一定的高度，然后靠自重自由撒落下来。这样周而复始地进行，直至拌匀为止。这种搅拌机一般拌制塑性和半塑性混凝土。

强制式搅拌机是搅拌鼓不动，而由鼓内旋转轴上均置的叶片强制搅拌。这种搅拌机拌制质量好、生产效率高，但动力消耗大、叶片磨损快，一般适用于拌制干硬性混凝土。

③ 按装置方式分为固定式和移动式两种。

固定式搅拌机是安装在预先准备好的基础上，整机不能移动。它的体积大，生产效率高。多用于搅拌楼或搅拌站。

移动式搅拌机本身有行驶车轮，且体积小、重量轻，故机动性能好。常应用于中小型临时工程。

④ 按出料方式分为倾翻式和非倾翻式两种。倾翻式靠搅拌鼓倾翻卸料，而非倾翻式靠搅拌鼓反转卸料。

⑤ 按搅拌鼓的形状不同，有梨形、鼓筒形、双锥形及圆盘立轴式和困槽卧轴式五种。前三种是自落式搅拌；后两种为强制式搅拌，国内目前较少使用。

⑥ 按搅拌容量分为大型（出料容量 1 000～3 000 L）、中型（出料容量 300～500 L）和小型（出料容量 50～250 L）三种。

（2）搅拌机的使用。

为保证混合料的拌制质量，必须使碎石、砂子和水泥按要求称量准确；并在搅拌前，按要求调整好水箱指示牌上指针的位置，以控制供水量。要严格掌握好搅拌时间，同时要求进料斗卸料干净，否则会影响下一份混合料的配合比。

在往进料斗内装料时，应注意装料顺序，即碎石在下、水泥在中、砂子在上，保证料斗升起时不致引起水泥飞扬。

工作完后，应向搅拌鼓内倒进一些碎石或砂子，搅拌 10 min 后再放出。否则鼓内的余料凝固后会很难清除。

6. 水泥混凝土摊铺机

水泥混凝土摊铺机是将从搅拌输送车或自卸卡车中卸出的混合料，沿路基按给定的厚度、宽度及路型进行摊铺的机械。目前，水泥混凝土摊铺机主要有两种：一种是轨模式摊铺机，另一种是滑模式摊铺机。摊铺机摊铺器的形式有螺旋式、回转铲式和箱式。

螺旋式摊铺器是利用正反方向旋转的螺旋杆（直径约 50 cm）将混合料摊开（和沥青混凝土摊铺机摊铺器相似）。螺旋杆后面有刮板，可以准确调整摊铺层厚度。这种摊铺器摊铺能力大，目前在滑模式和轨模式摊铺机上均有采用。

回转铲式摊铺器的匀料铲可回转 180°，同时可在前面的导管上左右移动，将卸下的混合料直接摊铺在路基上。匀料铲的高度可无级调整，故能随意调节布料高度。这种摊铺器比其他类型摊铺器的重量轻，容易操作，但摊铺能力较小，目前在轨模式摊铺机上采用较多。

箱式摊铺器是一装满混合料的钢制箱子。机械前进时，箱子横向移动，其下端按松铺高度刮平混合料。由于混合料全部放在箱内，重量大，故摊铺均匀准确，故障较少，但作业效率低，目前仅用在周期作业的轨模式摊铺机上。

（五）桥梁工程施工机械

1. 桩工机械

桩工机械是用于各种桩基础、地基改良加固及地下挡土连续墙、地下防渗连续墙施工和其他特殊地基基础等工程施工的机械设备，其作用是将各式桩埋入土中，以提高基础的承载能力。

现代造桥用的基础桩有两种基本类型：预制桩和灌注桩。前者用各种打桩机将其埋入土中，后者用钻孔机钻出深孔以灌注混凝土。

根据预制桩和灌注桩的施工可把桩工机械分为预制桩施工机械和灌注桩施工机械两大类。

（1）预制桩施工机械。

预制桩施工机械主要包括打桩机、振动沉拔桩机和液压静力压桩机三大类，还可用于沉井基础施工和管柱基础施工等。

① 打桩机：打桩机由桩锤和桩架组成，靠桩锤冲击桩头，使桩在冲击力的作用下贯入土中，故又称冲击式打桩机。根据桩锤驱动方式不同，可分为蒸汽、柴油和液压三种打桩机。

② 振动沉拔桩机：振动沉拔桩机由振动桩锤和桩架组成。振动桩锤利用机械振动法使桩沉入或拔出。

③ 静力压桩机：静力压桩机采用机械或液压方式产生静压力，使桩在持续静压力作用下压入至所需深度。

（2）灌注桩施工机械。

灌注桩的施工关键在于成孔，其施工方法和配套的施工机械有以下几种。

① 全套管施工法：即贝诺特法，使用设备有全套管钻机。

② 旋转钻施工法：采用的设备是旋转钻机。

③ 回转斗钻孔法：使用回转斗钻机。

④ 冲击钻孔法：使用冲击钻机。

⑤ 螺旋钻孔法：使用长螺旋钻孔机和短螺旋钻孔机。

（3）桩工机械的适用范围。

预制桩施工机械的适用范围及其特点如表 8.2.4 所示。

钻孔灌注桩基础施工工艺过程繁多，在整个施工过程中，关键环节是钻孔。因此钻孔机械的选择尤为重要，其他工艺过程的机械随钻孔机械而进行配套。钻孔机械就是灌注桩基础施工的主导机械。

表 8.2.4　预制桩施工机械的适用范围及特点

打桩机类别	适用范围	特点
柴油打桩机	1.轻型宜于打木桩、钢板桩； 2.重型宜于打钢筋混凝土桩、钢板桩； 3.不适于在过硬或过软土层中打桩	附有桩架、动力设备，机架轻，移动方便，燃料消耗少，沉桩效率高
振动沉拔桩机	1.用于沉拔钢板桩、钢管桩、钢筋混凝土桩； 2.只用于砂土、塑性黏土及松软砂黏土； 3.在卵石夹砂及紧密黏土中效果较差	沉桩速度快，施工操作简易安全，能辅助拔桩
静力压拔桩机	1.适用于不能有噪声和振动影响邻近建筑物的软土地区； 2.适用于压拔板桩、钢板桩、型钢桩和各种钢筋混凝土方桩； 3.适用于软土基础及地下铁道明挖施工	对周围环境噪声及振动影响小，桩配筋简单，短桩可接，便于运输；只适用于松软地基，且运输安装不便

钻机的种类有旋转式钻机、冲击式钻机、冲抓钻机、套管钻机、潜水钻机等，各种钻机有其各自的工作特点和适用范围。因此钻机的选择往往是顺利完成施工的重要环节。钻机的选择根据以下原则进行。

① 选择钻机类型时，必须根据所钻孔位的地质（土壤及土层结构）情况结合钻机的适用能力选型（见表 8.2.5）。

表 8.2.5　各种钻孔方法及适用范围

灌注桩类型及成孔方法		适用范围
护壁成孔灌注桩	冲击成孔	用于各种地质情况
	冲抓成孔	用于一般黏土、砂土、砂砾土
	旋转正、反循环钻成孔	用于一般黏土、砂土、砂砾土等土层，在砂砾土或风化岩层中也可应用机械旋转钻孔，但砾石径超过钻杆内径时不宜采用反循环钻孔
	潜水钻成孔	用于黏性土、淤泥、淤泥质土、砂土
干成孔灌注桩	螺旋钻成孔	用于地下水位以上黏性土、砂土及人工填土
	钻孔扩底	用于地下水位以上坚硬塑黏性土，中密以上砂土
	人工成孔	用于地下水位以上黏性土、黄土及人工填土
沉管灌注桩	锤击沉管	用于可塑、软塑、流塑黏性土，黄土、碎石土及风化岩
	振动沉管	
爆扩灌注桩	爆扩	用于地下水位以上黏性土、黄土、碎石土及风化岩

② 钻机的型号应根据设计钻孔的直径和深度结合钻机钻孔能力定。

③ 一台钻机配备有不同形式的钻头，而钻头的选择应根据地质结构情况选择。

④ 钻机的选择还应考虑钻架设立的难易程度、钻机的运输条件及钻机安装场地的水文和地质、钻机钻进反力等情况，力求所选钻机结构简单、工作可靠、使用及运输方便。

⑤ 钻机的选择要考虑其生产率应符合工程进度的要求，在保证工程质量和工作进度的前提下，生产率不宜过大。因为生产率高的钻机费用高，工程造价高。

⑥ 一个工程队如要配备两台以上钻机时，应尽可能统一其型号规格，以便于管理。根据施工需要也可配备不同型号的钻机。

2. 水泥混凝土振捣器

用混凝土拌和机拌和好的混凝土浇筑构件时，必须排除其中气泡，进行捣固，使混凝土密实结合，消除混凝土的蜂窝麻面等现象，以提高其强度，保证混凝土构件的质量。混凝土振捣器就是机械化捣实混凝土的机具。混凝土振捣器常用的分类方法有以下几种。

(1) 按传递振动的方法分为内部振捣器、外部振捣器和表面振捣器三种。

① 内部振捣器，又称插入式振捣器。工作时振动头插入混凝土内部，将其振动波直接传给混凝土。这种振捣器多用于振压厚度较大的混凝土层，如桥墩、桥台基础以及基桩等。它的优点是重量轻，移动方便，使用很广泛。

② 外部振捣器，又称附着式振捣器。它是一台具有振动作用的电动机，在该机的底面安装有特制的底板，工作时底板附着在模板上，振捣器产生的振动波通过底板与模板间接地传给混凝土。这种振捣器多用于薄壳构件、空心板梁、拱肋、箱形梁等的施工。

根据施工的需要，外部振捣器除附着式外，还有一种振动台，它是用来振捣混凝土预制品的。装在模板内的预制品置放在与振捣器连接的台面上，振捣器产生的振动波通过台面与模板传给混凝土预制品。

③ 表面振捣器，是将它直接放在混凝土表面上，振捣器产生的振动波通过振捣底板传给混凝土。由于振动波是从混凝土表面传入，故称表面振捣器。工作时由两人握住振捣器的手柄，根据工作需要进行拖移。它适用于厚度不大的混凝土路面和桥面等工程的施工。

(2) 按振捣器的动力来源分为电动式、内燃式和风动式三种，以电动式应用最广。

(3) 按振捣器的振动频率分为低频式、中频式和高频式三种。

(4) 按振捣器产生振动的原理分为偏心式和行星式两种。

任务 3 公路维护机械设备的管理

一、工作任务

我国公路建设事业一直处于大发展时期，高速公路里程逐年增加，公路养护标准的提高，对养护的要求也越来越高。公路建设项目配套机械设备数量、机型、机种的不断增加，对我们的机械设备管理提出了新要求。通过本任务的学习，学生应掌握公路维护机械设备的管理的规定，能够正确的组织与管理公路维护机械设备。

二、相关配套知识

（一）高等级公路维护机械人员的基本要求

高等级公路维护机械管理部门是一个综合管理部门，对从事现代设备管理和使用的人员，其基本要求如下。

（1）懂得机械、工程技术和现代化管理的知识，一般具有技术、经济和管理三者结合的复合型知识结构。

（2）具有现代化管理（包括组织、指挥、协调、交际和应变）的基本技能，并具有自学、吸收、消化和创新科学技术知识的能力。

（3）具有组织、协调、管理机械设备和本岗位业务有关人员及设备分配、变动、报废的能力。

（4）能够制订本岗位设备管理的工作程序、统计报表；填写资产凭证、登记台账及设备分类、设备检验标准；编制资产管理计算机程序和操作计算机；会使用一般诊断和检测工具仪器；处理分析各种数据，判断设备故障和设备状态；组织参与设备安装调试验收工作。

（5）能调查研究、综合分析设备在使用维护和安装调试中存在的问题，总结事故发生的根源，掌握设备状态的动态情况等，并能提出对策。

（6）善于发现设备资产管理和状态管理中的问题，不断创新改革，能应用现代化管理方法。

（7）能调查研究、综合分析设备选型、采购、市场等设备前期经营方面的问题，并能提出对策。

（8）能够正确处理机械技术管理和经济管理以及机械管、用、养、修、供的关系，建立健全并贯彻落实必要的规章制度，科学组织好机械管理工作。

（9）应具备一定的专业基础理论知识，并能在组织机械使用、保养、保管及制订修复工艺、鉴定状况、分析和排除故障、机械的技术改造和技术革新等实际工作中运用。

（二）高等级公路维护机械设备的使用管理

1. 维护机械的特点

（1）高等级公路维护作业内容繁杂琐碎，维护机械种类、型号相应增多，且以中小型机具为主，产品的通用化、标准化、系列化程度不高，零配件供应不足，严重影响维护机械完好率的提高。

（2）高等级公路维护作业线长、点多、面广、量大。

（3）维护机械的工作条件恶劣。

（4）维护机械应急能力高，利用率低。

2. 机械使用中的技术规定

执行维护机械使用中的技术规定是正确使用好机械的保证。机械使用环节中的规定分为：

新投入使用时的技术试验规定、新机与在大、中修后的走合期规定、正常使用中的保养规程和安全操作规程、机械停放规定和机械运输规定、一般使用条件的技术规定、特殊使用条件的技术规定。

(1) 技术试验规定。

新机械和经过大修、改造或重新安装的机械，在投入使用前，应按规定进行检查、鉴定和试运转，试验合格后方能投入使用。

(2) 走合期规定。

维护机械的走合期，应按原厂机械使用说明书中的规定执行，如无特殊规定，可按下列规定执行：以内燃机为动力能源的机械走合期为100工作小时，电动机械走合期为50工作小时，汽车1 000 km。

(3) 机械停放规定。

根据公路维护部门路段和任务的不同和需要，为使机械设备不受各种自然灾害与自然力的侵蚀，多设临时性和永久性停机场。停机场的基本要求是便于管理，不受水、火灾侵害，尽量减少日光与风等自然力的侵蚀，便于保修、加油，便于进出，方便回转和紧急疏散。

(4) 机械运输规定。

维护机械经常在所属部门的路段辖区内频繁调动。调动时按其运输方式分为自行运输、拖带运输、汽车装运和铁路装运、水路航运等。通常机务部门根据运输距离、机械本身的行走装置构造、机械质量、交通路线以及季节、气候等原因综合考虑后选择，一般取决于运输的安全性和经济性。

3. 机械设备的保养

机械保养必须贯彻“养修并重、预防为主”的原则，做到“定期保养、强制进行”，保障机械设备经常处于良好的技术状况。制订年度、季度和月份保养计划，有目的、有计划地按保养项目和保养次数进行机械保养。

机械保养可分为例行保养、定期保养和特殊保养三类。机械保养的主要作业内容有清洁、紧固、调整、润滑、防腐，称为“十字作业”。这是根据机械技术状况变化的规律，并经过多年的实践得出的，都是必不可少的养护程序。

复习思考题

1. 高等级公路维护机械按维护项目可分为哪几种？
2. 简述直铲式推土机的工作过程。
3. 简述路基压实的步骤。
4. 高等级公路维护机械人员的基本要求有哪些？
5. 维护机械使用中的技术规定有哪些？
6. 机械设备保养的工作内容分哪几个方面？

学习情境 9 公路养护管理与内容

【学习目标】

1. 知识目标

(1) 熟悉路面管理系统的组成；

(2) 掌握公路技术管理的内容；

(3) 掌握公路安全管理的内容。

2. 能力目标

(1) 能够正确认识公路路面管理系统的构成；

(2) 能够正确认识公路养护技术管理的有关规定及工作内容；

(3) 能够正确认识公路养护安全管理的工作内容。

任务 1 公路养护管理系统简介

一、任务描述

随着公路网络的逐步完善，道路等级的普遍提高，公路通车里程在不断增加，公路养护工作任务也将越来越多，越来越重，当公路基础设施的建设对国民经济的“瓶颈”制约逐渐缓解后，交通行业的管理重点也会逐步转向公路的养护和管理。随着公路交通基础设施建设飞速发展，公路养护工作的逐步深入，以往的公路养护工程管理方法和模式已很难适应现代养护管理要求，对养护管理科学化、规范化的要求越来越高，交通部也明确将公路养护成套技术、综合信息服务、智能化养护运营管理作为后一个五年规划中技术创新的重点。另外，信息技术的发展为养护管理科学化提供了技术手段和保证，如何将实际的养护工作与先进的计算机信息技术结合起来，使公路管养过程系统化、规范化和科学化，这是交通系统养护工作者们共同的迫切愿望。

二、知识准备

(一) 路面管理系统简介

路面管理系统是考虑工程费、养护维修费、利益等总成本来设计路面的系统,是通过应用系统分析和运筹学的方法,使路面管理过程系统化。它为管理部门的决策人提供方法,帮助他们找到费用与效果合理搭配的最佳方案,以提供和维持具有足够水平的路面。路面管理系统的作用是改善所做出的决定的效果,扩大它的应用范围,为决定的效果提供反馈。

路面管理系统主要适用范围为现有路面的养护管理。根据可能获得最大社会经济效益的原则和现有路网路面状况的实际信息,进行路况主客观相结合的技术评价。研究路况变化的趋势、研究道路使用者费用和路况的相互关系,采用系统的方法进行路面养护处治辅助决策。根据养护投资的不同水平估算路网可能达到的平均路况水平,供主管部门确定养护政策时参考,使有限的养路资源得到可能的最佳利用。

1. 路面管理系统的发展

我国路面管理系统的研究起始于20世纪80年代,期间陆续引进了英国的BSM路面管理系统、芬兰的FPMS路面管理系统和世界银行HDM-Ⅲ公路投资效益模型等。交通部公路科学研究所的潘玉利博士提出了我国公路路面管理系统的基本框架,并在参考国外路面管理系统模型的基础上,建立了一些符合我国实际的模型。对我国路面管理系统的发展、推广和应用做出较大贡献的应属CPMS,它是一个复杂的路面决策支持系统,包含道路信息数据管理、路网评价、路况性能分析、养护资金需求分析及资金优化分配等较多功能,其各种模型的建立多数基于回归分析技术。

近年来,由于地理信息系统的广泛应用,研究者逐渐发现GIS应用到PMS中的巨大潜力和广阔前景。国内的路面管理系统在近20年来得到了很大的发展,而且在融入GIS应用技术方面也做了有益的探索,但其进一步应用还需要深入的研究。今后路面管理系统的发展趋势主要有以下几个方面:①从路面管理拓展到设施管理;②专家系统体系的改进;③网级与项目级管理进一步相结合;④标准化与新技术;⑤数据采集技术;⑥体制与机构变革。

2. 路面管路系统的构成

我国路面管理系统基本组成分为以下四个部分。

(1) 数据采集系统。通常情况下,需要采集的数据包括:平整度、路面损坏程度、结构承载力和抗滑能力四个方面,它们是道路养护和改建计划编制的依据。

(2) 数据库管理系统。数据库管理系统由路网参照系统、数据文件和数据管理三部分组成。

(3) 项目级养护管理系统。项目级养护管理的主要功能是对各个路段进行评估,确定是否需要进行养护处治,确定处治方案,进行资金需求分析。在养护资金约束条件下,按优先排序模型进行资金合理分配,制订年度计划,以确定合理的大、中修和日常养护费用水平。

(4) 网级养护管理系统。利用项目级管理的较详细数据,对全路网或局部路网进行中、长期投资方案与路况水平的分析。根据争取达到最大社会经济效益的原则,分析各路段是否需要处治和最佳处治年份。

3. 公路桥梁管理系统

中国公路桥梁管理系统(CBMS)是一项从数据分类、数据采集、检测设备应用、数据录入存储处理、状态评价、提出决策意见和进行投资分配方案决策等一套综合管理技术(见图 9.1.1)。CBMS 基于桥梁结构工程、病害机理、检测技术和数据采集技术,运用计算机技术数据处理功能、评价决策方法和管理学理论,对现有桥梁进行状况登记、评价分析、投资决策和状态预测。

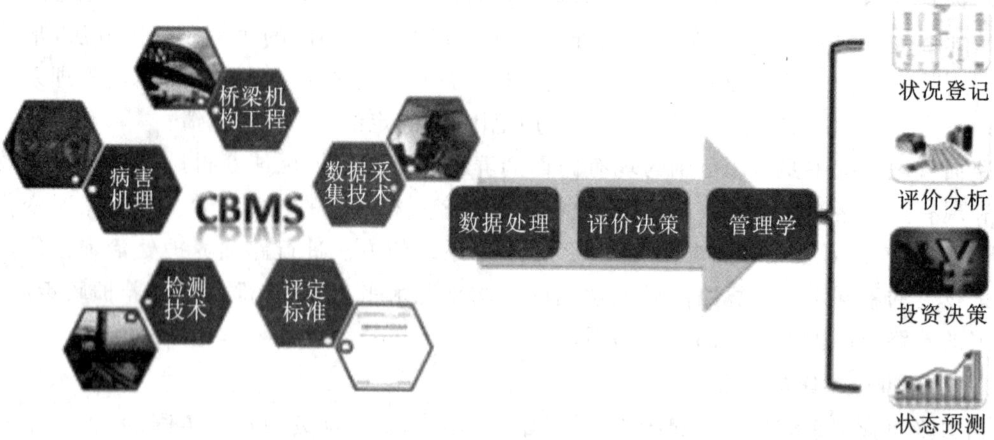

图 9.1.1　公路桥梁管理系统构架图

CBMS 的系统结构化设计是在系统分析及系统内容初步确定后进行的,运用一套标准的设计准则和图表工具,自上而下地对系统进行分解,绘制出桥梁系统结构图,确定系统的层次,使处理功能模块化、数据结构模型化、系统平台开放化,从而得到结构明晰、适应性强、可靠性高、安全性好,效率和效益都令人满意的系统实现方案(见图 9.1.2)。

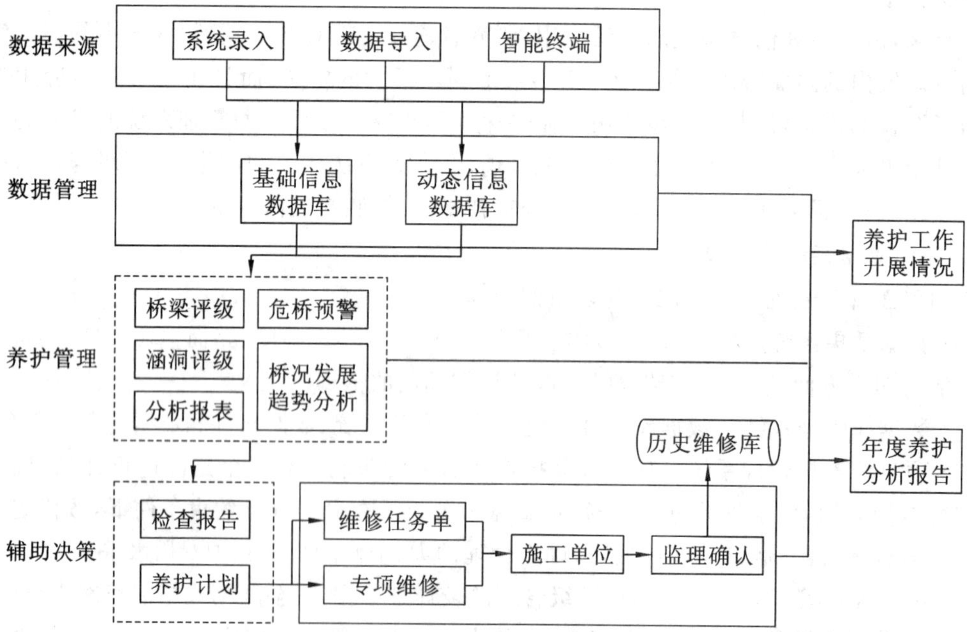

图 9.1.2　公路桥梁管理系统设计结构图

系统功能主要分为五大模块，即数据管理模块、养护管理模块、报表管理模块、辅助决策模块、系统管理模块，如图 9.1.3 所示。

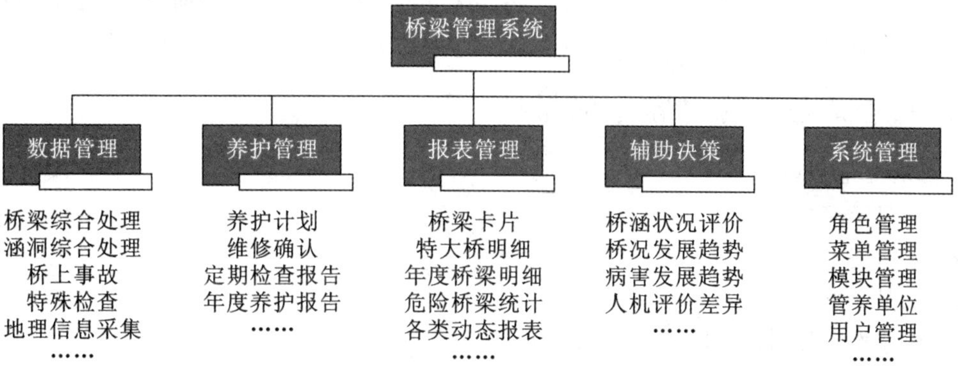

图 9.1.3 公路桥梁管理系统功能模块图

任务 2 公路养护的技术管理

一、任务描述

公路养护技术管理是道路管理的重要组成部分，它是道路管理部门合理组织设计、施工、养护的主要方法，也是为了不断提高养护、管理道路的技术水平，积极采用先进的新技术、新工艺、新材料、新设备，努力提高道路养护工程的质量和劳动生产率，全面降低原材料消耗和生产成本，确保各级道路养护工程任务高速、安全、低耗地完成。

公路养护技术管理和基本任务就是要严格贯彻国家有关道路建设的技术政策、标准、规范、办法和相应的安全规章、操作规程、管理条例，以提高养护质量，做到安全生产。

二、知识准备

（一）技术管理主要内容

（1）执行国家有关公路养护管理工作的技术政策和有关法规、标准、安全操作规程等，全面落实科学养护和规范化管理。

（2）依靠科技进步，开发先进的检测、监控技术和仪器设备，逐步推广应用路面、桥梁综合评价管理系统，实行病害监控、处治、决策科学化；做好路况、交通情况调查和有关数据信息的采集、分析、处理、应用，及时为养护生产技术工作提供经济合理、技术可靠、工艺先进的实施方案。

(3) 认真做好养护工程的检查验收、检验试验工作，注意养护、工程技术资料的收集、整理和归档工作以及技术档案的管理工作。

(4) 大力推广应用新技术、新材料、新工艺、新设备，引进技术，消化研究、吸收和创新；开发应用测试技术和计算机；结合生产实际开发软科学的研究，为技术配套和决策提供科学依据。

(二) 路况登记的内容与依据

1. 路况登记的内容

(1) 路况平面略图。

(2) 公路基本资料。

(3) 路况示意图。

(4) 构造物卡片：桥梁、隧道、涵洞、挡土墙、绿化等。

以上各表样式及图例详见《公路养护技术规范》(JTG H10—2009)附录。

2. 路况登记的依据

(1) 公路现状调查资料。

(2) 设计文件。

(3) 施工记录、检测、检验资料。

(4) 竣工文件、技术总结。

(5) 水毁修复、大修、改造资料。

公路路况资料应逐步做到计算机进行数据处理和储存。在采用计算机建立数据库时，所有数据应按《公路路况数据处理系统编目编码规则》(JTT 132—2003)执行。编目名称包括：公路路线、公路路基、公路路面、公路桥梁、公路涵洞、公路渡口、公路工区(站)房屋、公路隧道、综合部分和图例式样十个部分。

(三) 科技档案与技术档案管理

科技档案与技术档案管理是养护部门生产管理的重要环节。加强公路科技档案的管理，必须遵照集中、统一管理的原则，建立、健全科技档案，使之达到完整、准确、系统的科技文件材料归档。

档案管理工作是经济建设和科学技术管理工作的重要部分。科学技术档案是一种巨大的信息资源，充分开发和利用科技档案资源，为领导决策及时提供依据，为高速公路的建养管理提供优质服务，为提高经济、社会效益及时解决纠纷提供凭证都具有重要意义。因此，加强高速公路技术档案管理，按照集中统一管理科技档案的基本准则，按档案管理的具体要求，建立、健全科技档案，是高速公路养护管理工作的一个重要环节。

要建立、健全科技文件的形成、积累、整理、归档制度，做到每一项科研、工程等活动都有完整、准确、系统的科技文件材料归档保存。

(1) 成立技术档案室，配备专人负责管理。

(2) 建立健全各项规章制度。

① 档案室管理制度。

② 科技档案查阅制度。

③ 科技档案归档制度。

（3）科技档案部门应将接收到的档案，按专业系统的科技档案分类、大纲进行分类、编目、登记、整理，编制必要的检索工具和参考资料。

（4）重要的技术档案资料应当复制副本，分别保存，以保证科技档案在非常情况下的安全和利用。

（5）借阅、复制和销毁科技档案要有一定的批准手续，防止失密。

（6）定期检查技术档案的保管状况，包括防盗、防火、防晒、防虫、防尘等设施，对破坏或变质的档案，要及时修补和复制。

（7）为提高科技档案工作管理水平，争创"一流"，将有计划、有步骤地实现科技档案资料的计算机管理，压缩复制技术以及其他现代化保管技术的应用，逐步实现科技档案管理现代化。

各单位应设专门的技术档案，有专人负责管理，建立、健全相应的各项档案管理规章制度。

（四）档案资料主要有如下项目

（1）辖区路面的路况、桥梁及其他构造物登记表。

（2）每年专项和大、中修及水毁工程竣工资料与验收报告等资料。

（3）路面病害、桥梁和其他构造物病害的调查处理卡片报表及其他记载资料。

① 日常检查、巡查、定期检查的记录及报告。

② 新工艺、新材料、新技术等科研项目的归档资料。

③ 计划、统计报表、总结及来往文件（涉及技术管理工作）。

任务3 公路养护施工区安全管理

一、任务描述

公路养护施工安全直接关系到公路安全畅通，不仅涉及施工管理者和操作者的安全，而且涉及行驶车辆和周边环境的安全。为加强公路养护施工安全管理，保障公路事业科学、协调发展，促进和谐社会建设，特制订相关措施确保安全施工。

二、知识准备

（一）养护施工安全合同管理

养护工程的安全责任必须纳入承包合同内容，公路段部与养护道班签订安全合同，需明确安全管理要求，落实安全责任。养护道班对施工设计应当兼顾安全措施。凡是拒不执行安全规定的，要限期整改，实施处罚。公路段部应对养护道班的安全情况予以监督。

（二）施工前期安全准备

养护道班要对养护施工作业人员进行安全知识和安全技能培训。养护工程开工前，公路段部在召开技术和安全交底会议时，应对养护道班的安全工作明确具体要求，对进场施工的安全准备情况进行核查。养护道班要制订施工项目的安全管理岗位职责、制度和操作规程，配备施工安全必需的设施、设备。

（三）施工现场安全管理

养护道班施工作业人员必须穿戴安全标志服，路面施工点要按规范规定合理布置，需要部分封闭车道时应保证过渡区长度最小。施工现场要按规定摆设安全标志，倾倒的标志应及时扶正，破损的标志要随时修复。施工作业点应当采取隔离措施，防止洒落物干扰行车；现场要有专人指挥，控制并尽量减少施工与交通的相互影响，必要时请路政部门维持现场交通秩序。需要过夜的施工现场，必须安放反光标志，并适当设置警示闪光标志。加强巡查，及时发现并清除路面影响行车的抛洒废弃物件。路面施工需要进行交通分流、管制等措施时，必须事前与路政、交警部门密切协调配合。养护施工工程要尽快完成，严格执行质量和时效规定，并且认真清理施工现场，及时开放交通。凡是来不及安排处治并且直接影响交通安全的情况要采取紧急预案处理，对路面坑洞要采取临时填补措施。

（四）养护设备安全管理

养护道班的所有养护设备运行时需严格执行安全规定。操作人员必须具备相应资格、资质证书，应掌握基本知识，熟悉操作技能，养护道班要定期对机械设备操作人员进行安全检查考核。养护施工作业车辆不准带病出车，不准随意掉头和逆向行驶，夜间行车必须保持高度警觉，严禁疲劳和违规驾驶。

（五）突发紧急情况处置

养护道班应针对安全事故、交通运输事故、公共设施和设备事故等突发紧急情况分别制订处置预案措施，提前做好各项准备工作，提高处置突发紧急情况的能力，最大限度地预防和减少突发情况造成地损害。

（六）养护安全信息管理

公路段部和养护道班必须坚持路况巡查制度和紧急情况报告制度。及时掌握所辖路段的路况和养护施工信息，凡是可能影响交通安全的施工作业情况，都应当及时将信息汇集至上级部门，突发紧急情况必须及时上报，将收集的养护信息认真予以记录。

（七）安全检查考核

公路段部必须坚持安全检查和督察，长抓不懈，警钟长鸣。将养护安全工作纳入目标责任管理，分期进行考核，严格执行奖惩制度。对管理不善、监督不为、执行不力导致的重大以上养护安全责任事故，坚决实行责任追究制度。对严重违反规定且拒不整改的问题，要求停工整改。

参 考 文 献

[1] 周传林. 公路养护技术与管理[M]. 北京:机械工业出版社,2010.
[2] 李中秋. 公路养护与管理[M]. 北京:中国水利水电出版社,2012.
[3] 彭富强. 公路养护技术与管理[M]. 北京:人民交通出版社,2015.
[4] 伍石生,郭平,张倩. 公路养护与抢修实用技术[M]. 北京:人民交通出版社,2008.